治理的性质

| 构建韧性高效的现代治理体系 |

张文魁 ◎ 著

中信出版集团 | 北京

图书在版编目（CIP）数据

治理的性质 / 张文魁著. -- 北京：中信出版社，
2025.3. -- ISBN 978-7-5217-7322-4
　　I. F123
中国国家版本馆 CIP 数据核字第 20244DL269 号

治理的性质

著者： 　　张文魁
出版发行：中信出版集团股份有限公司
　　　　　（北京市朝阳区东三环北路 27 号嘉铭中心　邮编　100020）
承印者： 　　河北鹏润印刷有限公司

开本：787mm×1092mm　1/16　　印张：22.75　　　　字数：296 千字
版次：2025 年 3 月第 1 版　　　　印次：2025 年 3 月第 1 次印刷
书号：ISBN 978-7-5217-7322-4
定价：88.00 元

版权所有·侵权必究
如有印刷、装订问题，本公司负责调换。
服务热线：400-600-8099
投稿邮箱：author@citicpub.com

目录

导言 ··· V

第一章 治理的本质 ·· 1
一、治理不等于统治加管理 ··· 1
二、治理的历史痕迹和文化精神 ··································· 8
三、治理与管理的分际及交叠、错位 ····························· 12
四、治理形式的多样性和治理内核的同一性 ·············· 18
五、本质：行权与共治 ·· 22

第二章 治理的秩序 ··· 26
一、治理为何丧失秩序 ·· 26
二、达成治理秩序的核心与基础 ··································· 30
三、治理秩序的成本与可能的副产品 ····························· 38
四、结语：治理秩序与强力秩序之间的悖论 ·············· 43

第三章 治理的能效 ··· 48
一、如何审视治理能效 ·· 48
二、企业家精神、能人主义与治理主义的差异 ····· 55
三、亲创新的治理能效观 ··· 62
四、接力视角和文明进步视角的治理 ····························· 66

五、结语 ………………………………………… 70

第四章　治理中的参与行权与制衡分权 ……………… 73
　　一、参与行权的要件 …………………………… 74
　　二、制衡分权的基本逻辑 ……………………… 80
　　三、一些讨论 …………………………………… 88

第五章　治理中的选人用人与激励约束 ……………… 97
　　一、公司治理中的选人用人和激励约束 ……… 98
　　二、公共治理中的选人用人和激励约束 ……… 107
　　三、声誉、地位以及社会评价、市场评价的
　　　　重要性 ………………………………………… 115
　　四、结语 ………………………………………… 120

第六章　治理中的问责 ………………………………… 122
　　一、管理中的问责与治理中的问责 …………… 122
　　二、公司治理中的问责 ………………………… 127
　　三、公共治理中的问责 ………………………… 132
　　四、谁来问责及对什么问责 …………………… 139
　　五、一些讨论 …………………………………… 143

第七章　治理中的信息披露与透明度 ………………… 148
　　一、公司治理中的信息披露与透明度 ………… 148
　　二、公共治理中的信息披露与透明度 ………… 153
　　三、独立中介机构、分析机构与传媒的作用 … 159
　　四、对造假、误导、欺诈与腐败的惩治 ……… 165
　　五、结语 ………………………………………… 171

第八章　治理中的纵向关系 …………………………… 174
　　一、企业集团中的治理与管理 ………………… 175

二、国家治理中的纵向关系：央地关系与
　　　　分级治理 ………………………………………… 183
　　三、一些讨论 ……………………………………………… 190

第九章　国企治理及其与国家治理的关系 ……………… 197
　　一、国家治理如何影响国企治理 ………………………… 198
　　二、我国国企治理与国家治理之间的关联 ……………… 205
　　三、一些讨论 ……………………………………………… 214

第十章　作为治理机制的市场经济 ……………………… 220
　　一、市场经济不能仅仅被视为资源配置机制 …………… 221
　　二、为什么市场经济是一种治理机制 …………………… 227
　　三、市场经济与良好公共治理之间的相互促进 ………… 238

第十一章　互联网与数智化时代的治理 ………………… 247
　　一、互联网和数智化与治理的关联 ……………………… 248
　　二、一些具体的治理构建和治理改革 …………………… 254
　　三、广泛意义上的治理挑战 ……………………………… 263
　　四、结语 …………………………………………………… 268

第十二章　数据治理的底层逻辑与基础架构 …………… 271
　　一、正确理解数据和数据权利 …………………………… 271
　　二、数据治理的底层逻辑 ………………………………… 275
　　三、数据治理的基础架构 ………………………………… 284
　　四、数据治理最佳实践与全球数据治理 ………………… 289

第十三章　形式主义的经济学分析 ……………………… 292
　　一、通过焦点事件和各级文件界定形式主义 …………… 293
　　二、对层级体系和各层级任务的分析 …………………… 298
　　三、对各层级成本的分析 ………………………………… 304

四、委托代理关系分析 ·················· 312
　　五、结语 ······························ 320

第十四章　通向韧性和进步性治理 ············· 323
　　一、治理面临的新挑战 ·················· 323
　　二、给治理赋予韧性：研究与实践进展
　　　　及局限性 ·························· 325
　　三、公司治理中的韧性：最佳实践与最新进展 ······ 329
　　四、公共和社会治理中的韧性：参与、公正、
　　　　社会可信度及"用脚投票" ············· 334
　　五、治理中的进步性 ···················· 341
　　六、一些讨论 ························· 345

跋 ······································ 351

导言

治理这一术语译自英文 governance。目前，在全球范围内治理逐渐形成将专业性和公共性结合在一起的一种良善潮流，而且我国也将国家治理体系和治理能力现代化确定为全面深化改革的总目标。因此，许多文献和文件，口语和口号，都遍布着治理这一词语。

不过，如果对滥用这一词语尚可一笑置之，那么若对治理体系和治理制度缺乏正确的理解，尤其是对治理的底层逻辑及其背后的人类文明形成错误的认知，则可能恰恰走向治理的反面，导致灾难性的结果。

因此，需要对治理的本质、治理的机制、治理的构造、治理的背景、治理的目的，乃至治理的困窘和前景等，进行基础性的梳理和分析。也就是说，剖析和研究治理的性质是一项十分必要的工作，因为当专业人员以及普通读者在学习和接触有关治理的书籍资料时，如果总是被董事会、理事会以及股东会、监事会如何设立，管理层与董事会或理事会如何分工，以及董事、理事如何尽职尽责并保持一定的独立性，小股东权利如何得到保护，关联交易如何得到规范等内容所牵引和框定，那么他对治理的理解很可能过于狭隘，并且对治理的追求最终将陷入"皮之不存，毛将焉附"的境地。

出于这样的考虑，本书首先探寻治理的本质。通过梳理有关现代治理发端和发展的重要文献，解析不同国家体制、不同公司法域的治理框架和治理规则的异同，探索治理的演变轨迹以及治理的历史源流，由此得出的基本结论是：治理绝不是汉语中的统治加管理，也不是控制、掌握、规范的时髦近义词或柔性替代语。治理的本质，就是行权和共治，即远离控制权的人们积极行使权利，各类代理人分权共治。治理的技术方式，不仅包括开辟参与通道、强化制衡措施、提高运作透明度和信息真实性、诉诸法治和问责、增强激励相容机制等，还涉及必要的发声、控诉、反抗。

对治理的本质有了清醒的认识，就容易理解治理体系、治理制度。要将那些愿意顺应委托人诉求，并且有能有德又有积极性的合适人物选拔到掌握及行使控制权的岗位，使他们推进事业发展、增进委托人福祉、维护和提升弱势人群的正当权益，其实并不是自然而然的事情，甚至不是轻而易举的事情。我们需认识到，共治、制衡、问责等，往往伴随着掣肘和制约、扯皮与迟疑、分歧与冲突，因此会对人们习以为常的传统秩序构成挑战，尽管传统的统治加管理也时常爆发重大的秩序危机。

但无论如何，一旦开启迈向现代社会的程序，治理的构建便很难阻遏、很难回避。因此，我们需要顺应治理的本质，推进必要的改革，努力建设治理的基础性机制，扎实构筑治理的技术性手段，以提高治理的能效、实现治理的秩序。这些工作，既包括鼓励人们的参与能动性、优化投票和诉讼程序，又包括真正确立分权制衡框架、科学设计选人用人制度和合理使用激励约束方法，以及强化信息披露制度、提高透明度和公信力等。本书分别对这些议题进行专门分析，并得出了一些结论。

在我国，治理面临着独特的问题、包含着独特的议程，即我国治理体系的构建和改善与市场化改革的推进、市场经济的确立紧密地交织在一起。对许多人来说，市场不过是一种资源配置方式，因此市场化改革就是使市场机制在资源配置中发挥基础性或决定性作用。本书从多方面揭示，市场更是一种治理机制。不但市场经济源自普通人的一些最基本的自由权利，以及基于这些权利的机会开放秩序；而且，市场经济得以确立和发展，需要以平等为基础，需要合约精神和诚信文化，需要承认个体的经济利益和财产权利，需要对掌握控制权的人物进行分权制衡。本书警告，如果试图撇开现代治理而拥抱市场机制，最终得到的不过是"镜中之花"的市场经济。在我国，治理构建也与国有企业改革密切相关。一方面，国企的治理结构映射着公共领域的治理结构；另一方面，在企业国际化经营、全球化竞争的环境中，这种映射又会成为国际经贸协定谈判的重要内容，从而增加事情的复杂性。如何应对这种复杂局面，将影响我国改革发展的总体进程。此外，我国的治理改革如今面临着十分严峻的形式主义顽疾的困扰，本书通过分析治理中的纵向关系和委托代理博弈，剖析了形式主义的本质和根源，揭示了以各种文件和运动来整治形式主义但事与愿违的内在必然性。

我们还必须意识到，数智化浪潮的到来对治理产生了深刻影响。对信息的利用无疑是治理得以实现的基础之一。数智化一方面使信息成本呈几何级数下降，从而有利于治理的实施；另一方面，信息泡沫的堆积、信息扭曲的扩散又会伤害良好治理，而且算法程序和人工智能会显著改变传统的权责利结构和行为方式。此外，对数智化本身的构成要素，譬如数据、算法、智能决策等，应该构建怎样的治理，也面临诸多挑战。本书就这一崭新议题进行了探讨，并对这一领域的前沿问题，譬如信息规则、数据权责、人工智能治理等，提出了见解和建议。当然，数智化只是治理面临的诸多当代挑战之一。实际上，在一个更具开放度、透明度的时代，在一个权利意识和平等意识日益高涨的时代，如何增强治理的韧性与进步性，并使之与治理的能效、治理的秩序相融合，是一个难以回避的问题。不过，治理的构建以及发挥作用，最终还是依赖于各类参与者的责任感、能动性，以及社会理性。因此，人的善良、乐观、积极、奉献，永远是最后的凭借和防线。

第一章
治理的本质

治理，这个三四十年前才开始兴起的专业词语，现在成了流行词，从公司治理、网络治理、污染治理，到社会治理、基层治理、国家治理，几乎渗入各个领域。但是，到底什么是治理，它与管理、管控、监管等到底有什么区别，恐怕没有多少人说得清楚。更重要的是，治理的实质是什么，似乎没有多少人愿意深究。而如果在这些方面不"较真"，治理就有可能沦为一张包装纸。

一、治理不等于统治加管理

汉语中的"治理"一词，早在战国时代就已出现。《荀子·君道》有曰，"明分职，序事业，材技官能，莫不治理"；而《韩非子·制分》则曰，"是故夫至治之国，善以止奸为务。是何也？其法通乎人情，关乎治理也"。不过这个词语在那时还算不上一个有较为明确内容和得到广泛认同的专业词语，所以不必把现在专业性的治理术语与古代先贤论著挂钩，更不能说那个时代已经构建起当今意义上的治理体系和相关制度。后来，汉语中的这个词语还被用来形容帝王的工作，譬如《明史》就说崇祯皇帝"忧勤惕厉，殚心治理"，但应该没有哪个严肃学者认为这里指的是现代治理。

当代最早在学术领域有意识、专业性地使用治理（governance）这一英文单词的，很可能是诺贝尔经济学奖获得者奥利弗·威廉姆森（Oliver Williamson, 1975）。他在20世纪70年代中期出版的著作中，把市场机制和层级体制都视为一种治理，将治理与交易成本、交易秩序联系在一起，并提到了科斯、哈耶克等学者关于交易和秩序的思想。可以看出，他所探讨的治理，似乎出于对达成交易和实现良好秩序的思考。后来，威廉姆森（1996）又发表专著，系统地阐述了治理的概念、机制和适用性，譬如他把企业视为一种治理结构（governance structure），并强调了治理在风险缓解方面的功能，也重申了治理在追求良好秩序方面的作用。大约从20世纪八九十年代开始，这个英文单词被更多学者使用。

将治理这个概念和理念从学术界带入政策界、舆论界及公众视野的机构，应该是世界银行。1989年，世界银行（World Bank, 1989）发布了题为《撒哈拉以南非洲：从危机到可持续增长》的研究报告，认为该地区贫困难脱、增长乏力，主要源于治理危机，譬如，国家缺乏基本透明度和法律规范、官员滥用权力及严重腐败、政府切断了民众和社团的参与渠道。三年之后，世界银行（1992）又发布了《治理与发展》研究报告，提出了良好治理的分析框架，包括透明度、权力制衡、法治、公民权利的表达等。这些研究报告及主要内容，连同其他机构的相关研究和推介，产生了巨大的国际影响，从而使治理这个词及其基本内涵在全球范围内被广泛接受。这尤以联合国全球治理委员会（Commission on Global Governance，1995）对治理的描述最为典型：治理是不同利益方得以参与、协调并形成共同行为的过程，治理的改善主要应该从制衡、参与、透明度、信息真实性、可问责性等维度推进。

从威廉姆森最初的学术分析，到不久之后发展为全球范围内的政策框架，治理的概念至今已经基本成型，并得到了广泛认可。并且毫无疑问的是，治理显然不同于管理（manage）、统治（rule）、管制（regulate）、控制（control）、维护（maintain）等概念，也不是这些概念的简单综合，尽管它与这些概念有一些关联。正如英国著名学者罗兹（2020）在综述性总结中指出的，尽管"治理"似乎具有太多含义，但我们仍然可以给出一个规约性界定，即它意味着组织间的相互依赖，成员之间的连续互动和资源交换，相互博弈及建立规则，高度自治和自组织，分权的普遍化；治理的出现，在很大程度上是为了应对在长期以来形成的习惯性"统治"中遇到的种种新挑战，包括社会多元化和诉求多样化、来自普通人对控制权和等级观的蔑视、对自由选择和公平竞争的崇尚、问责意识的兴起等。总而言之，罗兹区分了当代的治理与传统的统治、刚硬的管控，强调治理是一个更具"包容性的现象"。他还认为，治理是一种秩序，这种秩序"不是由高层强加的"。

治理的理念在企业领域似乎有着更剧烈的影响，公司治理这门新兴的学科和社会运动从而兴起。事实上，大约从20世纪80年代开始，就有越来越多的学者对大企业管理层滥用权力、违背和侵犯股东利益，特别是攫取远离控制权的小股东利益的问题倾注了关切。譬如，经济学家法玛（Fama，1980）在他的著名论文中，从代理和控制权角度，论述了实际上属于公司治理层面的一个重大问题，即如何约束管理层的权力，强调了董事会作为投票决策机构发挥作用的重要性。而管理学家庞德（2001）直接从公司政治机制的角度来分析公司治理，认为公司治理围绕权力分配而展开。他把权力集中于管理层的公司称为管理型公司（managed corporation），把权力得到合理分配、多元化利益得到适当维护的公司称为治理型公司（governed corporation），这类公司的股东、董事会表现出责任感，从而参与决策和监督，并与管理层进行必要合作。而从20世纪90年代开始，出现了一些推动公司治理运动的重要文件，如1992年发布的《卡德伯里报告》（Cadbury Report）、1995年发布的《格林伯里报告》（Greenbury Report）、1998年发布的《汉普尔报告》（Hampel Report）等。这些文件引入了更加技术化的议题，譬如《卡德伯里报告》强调了增强董事会独立性的重要意义，特别是强调主要由非执行董事构成的审计委员会应该致力于建立健全公司的财务披露和内控制度；《格林伯里报告》就董事的薪酬、待遇问题提出了分析和建言，强调应该防止董事职位成为少数人养尊处优、不尽责任的虚位；《汉普尔报告》则综合并深化了上述两份报告的论述，指出提高股东参与意识和行权责任的重要性。概而言之，这几份报告关于公司治理的关注点有如下几个方面：董事会必须发挥作用，引入外部或独立董事，防止管理层滥权和内部人控制，鼓励小股东采取积极行动，对上市公司实行强制的透明度要求和信息真实性要求，强化财务纪律和财务责任，将管理层薪酬与长期业绩挂钩。这几份报告对后来的公司治理最佳实践的推进起到了重要作用。

大约从同一时期开始并持续至今，经济合作与发展组织（OECD）以及后来的二十国集团（G20）也陆续发布了几个版本的《公司治理原则》，涵盖了董事会责任、股东权利保护、利益相关者诉求、投票机制、信息披露等内容。特别是OECD（1999）于世纪之交发布的首份《公司治理原则》，奠定了公司治理的基本框架，被世界上许多国家接受，并成为此后不少国际组织和国家机构勾画治理图景的蓝本。2023年，G20和OECD（2023）发布了最新的《公司治理原则》，强调股东行使权利、董事会进行监督、法治体系发挥作用的重要性。

显而易见，即使在公司治理这样的"微观"领域，治理的概念与理念也截然不同于管理、管控。正如《卡德伯里报告》区分的那样：公司治理关注的并不是公司的业务本身，那是管理事务，治理则是要对管理者进行监督、规制和问责，因此，所有公司既需要管理，也需要治理。[①] 在其他领域，譬如公共领域、社会领域、非政府组织领域，只要是稍微熟悉治理知识、稍有国际视野的研究者和实践者，当他们提起和论及治理的时候，都不会把治理的概念与管理、管控的概念混淆。恰恰相反，治理是以合理方法和合适机制对集权管理、过度管控的否定，特别是对主要管理者和控制者的约束、监督和问责。

而且，学者在谈论治理的时候，特别是在论述公司治理的时候，往往把对于这个概念和这种理念的学术探讨至少回溯到1976

[①] 请参见 Cadbury Sir Adrian, 1992. Report of the Committee on the Financial Aspects of Corporate Governance, Gee & Co. Ltd, London。

年詹森和麦克林（Jensen and Meckling，1976）关于委托代理理论（principal-agent theory）的论文。这两位经济学家将公司股东与高管及执行董事等人之间的关系概括为委托代理关系，并指出，在很多时候，特别是在所有权与控制权相分离的情形下，代理人的行为倾向和利益导向与委托人之间存在较大偏差，因此从实现委托人利益的角度看，存在着代理成本。不少学者还会将所有权与控制权相分离的研究源头，追溯到伯利和米恩斯（Berle and Means，1932）于20世纪30年代的开创性著作，他们在这部著作中指出了管理层漠视股东利益，而热衷于自利和卸责等现象。如今，委托代理理论已经成为治理领域的基本理论之一，并被广泛引用，不但在公司领域是这样，在其他领域也是如此。譬如美国学者凯威特和麦卡宾斯（Kiewiet and Mccubbins，1991）就直接将民众与政府之间的关系定义为委托代理关系，他们认为，一个地方的普通民众不但是整个国家的委托人的一部分，也是本地政府的委托人。值得指出的是，在英文中，principal这个词还含有主角、主人、本人的意思。因此，治理中的委托代理思维蕴含着非常清晰的主从关系。这种主从关系思想与我国古代的一些重要思想，譬如"民贵君轻"思想，即孟子提出的"民为贵，社稷次之，君为轻"思想，以及"民水君舟"思想，即《荀子》中的"君者，舟也；庶人者，水也。水则载舟，水则覆舟"，还有"民本"思想，即《尚书》中"民惟邦本，本固邦宁"的表述，都有着本质区别。

总的来看，治理概念的引入和风靡，绝不是学者和国际机构刻意标新立异、博取眼球，而是在新的时代背景下，表达一种对权力、利益和责任模式的新思考和新强音。与荀子和韩非子的时代恰恰相反,现代治理绝对不等于统治加管理。以直观的望文生义来理解治理,以文字组合方式来解释治理,都可能误入歧途。治理正视利益和诉求的多元化、分散化,将在统治加管理时代的弱势利益者纳入治理架构,特别是重视远离控制权的普通人(譬如公司中的小股东、社会中的普通民众)的正当利益与合理诉求,倾向于通过提高参与度、开放性和运作透明度,增进分权制衡和问责约束,建立激励相容和委托代理规则等方式,提高体系的效率性、公正性、稳健性。简而言之,如果将统治加管理视为独治,将治理视为共治,大致是正确的,尽管这样的理解并不完整。当然,共治在技术上比独治更加复杂、更加烦琐,所以治理的推进一方面是大势所趋,另一方面也不会一帆风顺。

不过,在我国的话语体系中,特别是在文件话语体系中,"治理"一词有着比较丰富和复杂的含义。在改革开放早期,国家也曾使用"治理"这一用语,譬如1988年十三届三中全会提出的"治理整顿",显然把治理与整顿严密地联系在一起,并且明确指出,治理经济环境,主要是压缩社会总需求,抑制通胀;整顿经济秩序,就是要整顿当时经济生活中特别是流通领域出现的各种混乱现象。[1] 而到了2013年,十八届三中全会提出,全面深化改革的总目标是完善和发展中国特色社会主义制度,推进国家治理体系和治理能力现代化。[2] 2019年,十九届四中全会则详细阐述了治理体系与治理能力现代化的命题,并郑重强调,加强

---

[1] 十三届三中全会公报请见国务院官网:https://www.gov.cn/govweb/test/2008-07/02/content_1033668.htm。

[2] 十八届三中全会公报请见中国政府网:https://www.gov.cn/ducha/2015-06/09/content_2877546.htm。

系统治理、依法治理、综合治理、源头治理，把我国制度优势更好转化为国家治理效能，为实现"两个一百年"奋斗目标、实现中华民族伟大复兴的中国梦提供有力保证。①

二、治理的历史痕迹和文化精神

当前世界范围内流行的"治理"一词，尽管是一个现代词语，但它有明显的历史痕迹。这是一个从西方起源和传播开来的词，因而含有一些起源地的文化精神。

先来看公司治理。可以说，所有国家倡导的良好公司治理，都强调股东应该奉行多关心公司事务、多参与表达并投票的积极主义，都强调董事会这样一个集体决策和监督机构要发挥应有作用，以制衡对公司事务进行日常管理的高层管理人员的巨大权力。请注意，不要错误理解董事会的集体决策，这里的集体决策不是指集体讨论、集体协商，而是指基础性的票决制度，即最终可以实行各人独立投票，以票数多少决定事务。而董事会成员的构成，尽管在股份很分散的时代比较依赖于独立董事、外部董事，但基本原则仍然是基于股东财产，由股东大会投票选出。

股东会、董事会这样的机制和机构，及其结构和功能，显然带有古希腊、古罗马甚至古日耳曼的历史文化痕迹。例如古希腊的雅典，在德拉古时代就确定了取得公民权的条件，只有能够自备武装的人方可成为公民，所有公民都有权参加公民大会，公民

---

① 十九届四中全会公报请见中国政府网：https：//www.gov.cn/xinwen/2019 - 10/31/content_5447245.htm。

大会行使选举权，选出由四百人组成的议事会及两位执政官；议事会对议案进行预审，公民大会对议案发表意见和投票。而梭伦时代则明确了以财产多寡来划分公民等级，四个等级中只有最高等级有被选举权，当然后来的伯里克利又规定官职向所有登记的公民开放，不再有财产限制。可以看出，现代公司的股东大会有雅典公民大会的影子，董事会有议事会的影子，高管人员有执政官的影子。有意思的是，梭伦时代以公民财产多寡划分等级，也有点类似于现代公司中只有大股东才有出任董事和高管的机会，而且其议事会成员承担义务职责，不领薪，只有一些津贴，这与董事的职责与津贴制度也有些相像。又如古罗马设有元老院，可选出两名执政官；也设有平民会议，可选出保民官。从古罗马的元老院和平民会议，也可以窥见现代公司的董事会和股东大会的影子。而被认为是蛮族的古日耳曼部落，也有民众大会、贵族会议等机制。日耳曼法有着较强的团体主义和属人主义特点，很难说现代德国公司的监事会（supervisory board），或称监督委员会，实际上就是一般人所理解的董事会，因为没有这个历史渊源。

　　再来看公共领域的国家治理。国家治理的历史痕迹则更加显而易见。在现代西方国家的权力结构和政府体制中，很容易看到古希腊和古罗马的公民大会、议事会、执政官，以及元老院、平民会议、保民官的影子。虽然治理这个词语的流行只是近几十年的事情，但这个流行词语指代的意义和精神，当然不是突然爆发的全新事物，而是蕴藏在久远的历史长河中，经过一步步进化，进而形塑为现代治理。这很容易理解，因为公共政府的诞生、国家的出现，比公司要早得多，古代政权结构中的合理部分被现代国家继承和改进，这是毫不奇怪的事情。譬如，古罗马有不少被称为 universitas 的组织，即现在所讲的社会团体，包括宗教团体、民间团体等，古罗马法律逐渐承认这些团体有相对独立的人格和权利、义务，并有了法人的概念，而且认为政府也具有法人资格。所以，现代西方国家的政府法人理念、政府法人应遵循的规则，就有着古老的历史痕迹。可以认为，从古罗马的源流来看，法人治理、公司治理与国家治理、公共治理的渊源其实是相同的。

需要指出的是，即使在西方世界，不同国家关于治理的实践还有一些自身特色。譬如，在公司治理方面，欧洲大陆北部国家实行双层委员会制度，德国就是其中的一个典型。德国上市公司的第一层委员会是监事会（监督委员会），由股东、管理者、普通职工代表以及银行等外部机构的代表组成；第二层委员会为管理委员会（management board），由总经理、副总经理等组成。欧洲大陆南部国家和英美等国，实行单层委员会制度，即董事会制度。不但董事会制度的决策流程更加高效，而且董事会成员的来源也没有德国监事会成员的来源那么复杂、那么具有强制性。即使都实行单层委员会制度的美国和英国也不完全一样，美国公司的董事长通常兼任掌握最高控制权的管理官员，即兼任首席执行官（CEO），英国公司的董事长与首席执行官通常分设。而在非西方国家，公司治理的特色更是常常被人提起，譬如日本在很长时期内也实行董事会和监事会并存的制度，但其监事会又与德国的监事会有本质不同。在国家治理方面，各国的不同点更是为人们熟知，譬如美国总统选举制度，由公民直接投票选举和由选举人团投票选举相结合，可谓独一无二；而在目前的法国，既有由公民直接选举的总统，又有由总统提名的总理，即实行的是双首长制度，也是独一无二的；英国和北欧一些国家则保留了国王制度，并与民选议会制度、多数党组成内阁的制度结合在一起；在亚洲，韩国的总统由直选产生，到了几经修改宪法后的21世纪，总统只能担任一届，不可以连任。可以看出，这些国家的治理都有自身特色，但它们并不总是强调自身特色，更没有有意地背离治理的普遍精神。

也就是说，无论是公司治理还是公共治理，各国难免存在自身特色，但治理的文化精神基本一致。这种文化精神就是拥有权益的普通大众（公司中的小股东或公共事务中的民众）的积极参与，在很多情况下，他们可被视为初始委托人；被选举出来的委员会履行受托委托人甚至代理人职责，以票决为基础进行决策和实施监督；执行官获得日常管理的授权成为最终代理人，但受到监督机制和问责机制的约束，同时也向他们提供激励相容机制。这种文化精神包含着对个人的独立地位、独立人格、独立判断的普遍尊重，以及自主决定、自主投票、自主担责的价值认同。可以认为，正是这样的理性主义、个体主义的价值基础，以及相应的文化精神，才使股东会、董事会等治理架构能够发挥作用；而缺乏这样的价值基础和文化精神，即使构建了股东会、董事会等表象制度，其效果和结果也会南橘北枳。还可以认为，这种文化精神及其价值基础，即使在远古时代，即使在与古希腊、古罗马远隔千山万水的东方，也会蕴含在西方之外的其他社会之中。更可以认为，在不同种族、不同土地上，这种文化精神和价值基础也普遍内化于人们的希冀和追求之中，并不因为处于西方世界还是非西方世界而存在根本分野。只是到了21世纪，在世界上的许多地方，这种文化精神和价值基础越来越多地被打上了时代潮流的烙印，并且更容易汇聚成更高的声音和更强的力量，从而使现代治理势不可挡。

三、治理与管理的分际及交叠、错位

治理是一个新兴概念，而管理是一个长久的传统概念，难道管理应该被治理全面取代吗？并非如此。最简单的回答就是，该治理的地方一定要建立治理，该管理的地方一定要加强管理。

美国著名法学家罗（Roe，2004）在分析公司治理时就着重强调：治理是指处于公司顶层，即董事会、高管、股东的那些关系；治理机制是指顶层的权力如何分配，主要是指权力在这三元之间的分配。这里的关键语句是顶层的权力分配。为什么公司治理讲的是顶层，而不是中层和基层的权力分配？道理很简单，公司的基层和中层都有上级，如果基层和中层管理人员滥用权力和从事腐败，导致弱势利益人的权益受到侵害，或者导致决策偏离合法合理的轨道，人们可以诉诸上级，由上级出面纠错、纠偏和问责、问罪。而顶层出现这些问题后再无上级的管束和教训，因此很容易理解，顶层需要引入治理，即顶层需要权力分散和相互制约，需要对当权者进行有效监督和有力问责。

显而易见，在公司顶层以下，即在中层和基层，主旋律是管理而非治理，即掌握中层和基层控制权的那些人，譬如公司的部门总经理、厂长、车间主任、班组长等，应该比较集中地行使管理权力，包括指挥生产经营、调配人财物资源等权力，而不是构建治理，即不是在部门、工厂、车间、班组层面设立类似于董事会、监事会的机构以实施分权制衡。而且一般而言，也不会在这些层面建立与股东大会投票机制类似的选举制度，譬如建立车间工人选举车间主任的制度。也就是说，维持公司中层和基层运行的关键并不是建立治理，而是健全管理乃至强化控制。譬如说，

要利用管理控制（management control）的方法和工具使生产计划有条不紊地得到实施。而在公司顶层，维持健康运行的关键则是建立治理，因为这是公司中"再无上级"之处，如果没有治理的存在，处于层级体系中的总经理或首席执行官就是万人之上、无人之下，其失职失责、滥权弄权就可能产生灾难性后果。这就是治理与管理之间的分际。

从理论上看，由于治理往往被认为隐含着某种委托代理关系，因此，是否存在委托代理关系可以作为是否应该建立治理的理论依据。毫无疑问，公司的股东与掌握控制权的人之间的关系属于委托代理关系，因而在公司股东与公司控制者之间的交互界面，即公司顶层，就应该引入治理机制、建立治理架构。而在一般情况下，在顶层以下的各个层级，管理人员与本层级普通员工之间的关系，并不能被视为代理人与委托人的关系，而属于管理人与被管理人的关系，因此部门总经理、厂长、车间主任、班组长在不违背国家法律、公司管理条例的情况下，对下属员工进行严格管理就是天经地义的事情。委托代理等治理理论为现实世界如何正确识别和确定治理与管理之间的分际，提供了有力的分析工具。

不过需要指出的是，包括委托代理理论在内的治理理论，也处于发展和演变之中。更需要指出的是，治理已经在全球范围内成为一项带有进步色彩的事业，甚至是一项回应大众呼声和弱势人群诉求的运动，因此治理理论也在进行自我修补。这里尤其值得说明的是，关于利益相关者（stakeholder）的论述（Blair，2005），在21世纪初只不过被视为一种主张（argument），如今则被越来越广泛地视为一种理论。这个理论的流行意味着应该给更加广泛的人群赋予"委托人"身份,从而意味着应该在传统的管理层面引入些许治理元素,譬如在车间、班组层面开展基层治理活动,让普通员工民主评议车间主任和班组长、让普通员工适当参与车间和班组管理等。在很久以前,这些做法在不少地方和机构,包括在我国许多单位,都曾实际存在,因为管理者在日常工作中领悟到,这样的实践可以提高普通员工的参与感、主人感,从而有助于提高群体活力和单位竞争力。但治理理论的最新发展的确为这些实践增添了飞翔的翅膀。当然也需澄清的是,这些理论发展并未推翻治理中的基础性关系,譬如股东与管理层之间基础性的委托人与代理人关系。甚至一些著名学者对治理理论的这些最新发展提出严重质疑,譬如美国著名法学家别布丘克和塔拉里塔(Bebchuk and Tallarita,2020)就认为,利益相关者理论存在根本缺陷,并不利于促进公司价值的提升和公司利益的分享。

需要特别提醒的是,治理主要应该存在于"再无上级"的顶层,不过在实际中存在许多混合性层级。这主要是因为在现实世界,一个组织中可能存在一些次级团体,它们并不应该被视为这个组织中接受上级垂直管理的下属单位。譬如在企业集团中,母公司下设若干子公司,子公司下面还有孙公司,集团内存在纵向多层级法人结构。但严格来说,子公司、孙公司并不是应该接受母公司垂直管理的下级单位。这就相当于出现了"套娃"结构,即一个大娃娃里面嵌套了诸多小娃娃,娃娃虽有大小之分并形成嵌套结构,但每个娃娃都有自己的头领,都应构建自己的治理。不过同时,里面小娃娃无法突破外面大娃娃的空间限制,即大娃娃对小娃娃构成了约束。或者说,这种结构相当于一个大金字塔里面嵌套了诸多小金字塔。可以认为,子公司的最高层级,即由股东会、董事会、首席执行官或总经理构成的治理结构层级，属于混合性层级，一方面它有完整的、相对独立的治理结构和治理机制，但另一方面又无法脱离母公司的战略指引，甚至无法摆脱母公司的业务管束。在这个混合性层级上存在着治理和管理的交叠。

对于国家组织而言，嵌套结构、混合性层级的情形更加复杂多样，从而其交叠更加不易辨清。在当代环境中，即便在许多非联邦制国家内部的地方政府，也在构建当地的议会制度、选举制度等治理框架，不再全然作为中央政府的垂直性下属单位。而在联邦制国家，地方州（邦/省）政府具有较大自主性和相对独立性，视之为次级法人也无不可，但类似子公司之于母公司，州（邦/省）政府不能摆脱混合性层级的色彩，也不能避免治理与管理之间的交叠。此外，任何国家都存在许多公司法人、社团法人，这些团体严格来说并不是国家的垂直性下属单位，它们都有各自的董事会或理事会作为自己的决策和监督机构，而且公司、社团并不是基层政权组织，因此它们的独立性更强。同时，它们也在国家的法律、规制、管理框架内运行。

治理与管理之间既存在分际，又存在交叠，从而带来"灰色地带"。这种"灰色地带"会给治理的构建带来重大挑战，也带来博弈的空间。在公司领域，如果公司的纵向多层体系既有法人化的母子公司结构，也有非法人化的事业部、分公司、工厂和车间结构，那么前者就形成治理嵌套体系，后者则形成管理科层体系。总体而言，母公司会基于财产权利逻辑，以股权比例为基础对子公司配置权力和构建治理，同时会以控股股东的影响力甚至权术来引导和掌控子公司，再加上对管理科层体系的管控，从而可以使"灰色地带"既不失控，又不至于明显违法。美国学者吉尔森和罗（Gilson and Roe，1993）描述了日本大企业集团存在的这种"灰色地带"，以及治理与管理之间的分际和交叠情形。不过，也有一些学者，譬如丹恩（2008）就用"困境""困难""挫折"来描绘欧洲一些大企业集团内的这种"灰色地带"，认为治理和管理之间的交叠情形面临越来越微妙的挑战。至于在国家内部的多层级结构中，由于无法也不应该遵循财产权利逻辑来处理多层级关系，所以不可能按照股份比例来构建嵌套性治理关系，而且中央机关也难以像公司总部那样实施严密的科层控制，"灰色地带"可能就更加广阔，而且也更容易发生困扰。总的来看，治理与管理之间的分际与交叠以及"灰色地带"的存在，使治理机制的形成和治理过程的开展注定不会那么清晰明确、固定刚硬，而是会有博弈、冲突、演化。正如英国著名学者罗兹（2020）指出的，治理虽然是为了追求一种共同秩序、共同目标，但由于处在一个相互依赖和相互博弈的现实世界，所以公共部门、私人部门、志愿者部门等部门之间存在变化不定、模糊不清的边界，以及可能存在问责主体、问责对象以及问责目的模糊不清的现象，我们只能以现代思维来应对这些问题。

需要注意的是，在应对治理与管理交叠及其带来的"灰色地带"问题方面，公共领域要比公司领域更加困难。在公司领域，财产权利逻辑的存在使公司治理的委托代理链条非常清晰。但现代公共治理的基本逻辑显然不是财产权利逻辑，而是公民权利逻辑。尽管可以仿照公司治理中的委托代理理论，把公民视为委托人，把公共政府及行政长官视为代理人，但这种委托代理关系并不像产权制度中的委托代理关系那么简单明晰。美国学者凯威特和麦卡宾斯（Kiewiet and Mccubbins，1991）就解释了这种关系。另一位美国学者奥茨（Oates，1981）则从地方公共品的角度，阐述了当地民众既是全国政府的委托人也是当地政府的委托人，同时对政府而言，公民又是被管理者。显然，公民作为委托人与股东作为委托人之间存在重要区别。此外，股东将以股份财产对其参与公司治理担责，而公民参与公共治理并不存在这样的担责机制。因此，公共治理领域不但"灰色地带"更多，而且"灰色"程度更高，从而博弈、冲突、演化会更加激烈，这些博弈、冲突、演化甚至会涉及和危及公民的一些基本权利和基本诉求。譬如在美国，女性堕胎权被很多人视为一项基本权利，20世纪70年代美国最高法院关于堕胎的判决强化了这项权利。不过到了2022年，联邦最高法院的最新判决又动摇了这项权利，导致一些州实施堕胎禁令，而俄亥俄等州却由本州公民投票修改州宪法以保护堕胎权，从而使这项权利在各州之间出现不一致。[①] 在英国，苏格兰曾于2014年就是否独立而举行公民投票，虽然多数人不赞成独立，但2022年苏格兰政府要求再次举行独立公投。英国最高法院裁定，未经中央政府同意，不得由本地区公民进行独立公投，而苏格兰首席大臣却公开抵制这项裁决。[②] 这些事例清楚地表明，在治理领域，特别是公共治理领域，博弈和演化是如何开展和推进的。

在现实世界，治理与管理之间不但可能出现交叠，更可能出

[①] 有关资料请见国务院侨办官网2023年11月10日转载的中国新闻网报道：https：//www.gqb.gov.cn/news/2023/1110/58083.shtml。

[②] 有关资料请见央视网2022年11月24日报道：https：//news.cctv.com/2022/11/24/ARTISqy2GOhGRPzmFbHlNHsU221124.shtml。

现错位。也就是说,在应该构建治理的地方,却以管理来取代;在应该强化管理的地方,却以治理来替代。譬如在企业中,公司顶层本应构建完备健全的治理框架,股东会、董事会、首席执行官或总经理本应各自发挥选举、监督、制衡、决策、执行等功能,事业部和生产车间本应受到纵向的严格管理,但顶层的治理机制遭到废弃,事业部和生产车间却如火如荼地大搞分权监督、横向制衡、职工自决,甚至民主选举。在一个国家内部,类似的错位更是屡见不鲜。错位的出现有两种情况,一种情况是无意错位,另一种情况是有意错位。无意错位是因为交叠大量、客观地存在,制度设计者难以明确清晰地区分混合性层级的治理和管理,从而相互"窜货"。有意错位就是蓄意规避治理中的监督、制衡、共治、参与,或者蓄意推卸管理中的担当、负责及科学态度、细致精神。不管是有意还是无意,治理与管理的错位很容易导致官僚主义或者程序主义的严重泛滥。

四、治理形式的多样性和治理内核的同一性

正如已经提到的那样,即使在西方国家,治理的国别特色也难以避免。当治理的全球性浪潮向世界各国蔓延时,那些与治理有较少历史和文化联系的国家,以及有较少实践积累的国家,是否可以以自己的形态来构建自己理解的治理?

至少在公司治理领域,这是一个有争议的论题。法学家罗(Roe, 2004)就强调,公司治理必然会打上国家政治模式和政治文化的烙印,例如,德国社会民主主义的政治理念和文化就在德国企业的多方参与、共同决策的公司治理中得到了映射。法学家

别布丘克和罗（2006）的研究认为，公司治理很难摆脱路径依赖，在相当长的时期里，国家和民族的历史痕迹会留存于公司治理的某些形式中，而治理的全球性浪潮则会引起规则的改变和租金的重新分配，导致公司政治问题，而公司政治会使公司治理进一步复杂化。在现实世界中，我们的确可以看到不同国家、不同地区的公司治理往往具有各自的特征。在英国和美国，公司普遍实行单层委员会制度，即董事会制度，而且许多大公司的股权结构比较分散，法律比较注重对小股东的权利保护，证券市场的披露制度和并购机制都发挥着重要作用，这就是公司治理领域所谓的盎格鲁－撒克逊模式。而具有德国特色的公司治理则被称为莱茵模式，表现为股权结构相对集中，股份的流动性稍弱，而且大银行往往也是大公司的股东，公司决策实行双层委员会制度，其中监事会中有职工代表。以日本为代表的东亚模式，其股权结构也比较集中，企业与银行的关系比较稳定，并且倾向于形成母子公司结构，因此被认为透明度不够高、董事会独立性不够强。可以看出，公司治理的形式在不同国家、不同地区的确不尽相同。

不过许多学者反对过分夸大这些形式上的不同，而强调公司治理内核的一致性。法学家汉斯曼（2006）争辩道，尽管各国的历史文化会残留于其公司法和公司治理中，但各国公司治理形式上的差异并没有阻碍实质上的趋同，这就使各国都会更加趋向于股东导向的公司治理。他甚至认为，这将是公司法领域的"历史的终结"。应该说，汉斯曼的争辩很有道理，因为即使那些喜欢将公司治理分为盎格鲁－撒克逊、莱茵、东亚等模式的学者，他们在指出各种不同模式需要应对各自独特问题的同时，也有着比较一致的关于公司治理内核的看法，即以股东积极参与、董事会职责到位等主要方式，保护股东尤其是小股东的合法权益，促进公司长期良性发展。从大多数研究和世界性事实来看，可以发现，公司治理即使形式趋同没有那么明显，但实质趋同现象的确普遍存在，也就是说，不管实行双层委员会制度还是单层委员会制度，不管叫首席执行官还是总经理，不管设立审计委员会还是监事会，都是在朝着更多呼应股东诉求和鼓励股东参与，更有效地制衡管理层或实际控制人，更进一步地提升透明度和合规性的方向前进。特别是更加注重保护那些最容易受到侵害的弱势利益人，例如小股东以及一些利益相关者的合法权益和合理诉求。

在一个全球化时代，过分强调治理形式的不同，而忽视治理内核的一致性，乃至顽固抵制国别之间的趋同实践，极有可能导致自己孤立于全球化潮流和治理趋势之外。相反，看到并承认、接受实质性趋同与融合，同时采取协调措施以推进治理改革，才会在潮流和趋势中获得新的发展机会。尤其在公司领域，企业的跨国经营，以及不同国家的企业之间的竞争、交易、合作，很容易遭遇不同治理形式的碰撞。只有以开放的态度，寻找内核的一致性，才有可能成为全球化环境中的赢家。即便像戴姆勒这样享有全球声誉的德国汽车企业，当它于世纪之交与美国著名汽车企业克莱斯勒合并的时候，仍然面临德国公司双层委员会制度与美国公司单层委员会制度的融合难题，以及工会成员进入委员会的名额分配问题，而正是实质趋同，促进了合并后公司治理的确立与运作（卡德伯里，2016）。

在公司之外的领域，治理形式的多样性也显而易见。在国家治理方面，治理形式的多样性无须多言。即使是在绝大多数国家都存在的议会，在不同国家也有不同的名字，有的叫国会，我国则称之为人民代表大会。但不管以什么样的形式存在，正如经济学家迪克西特（Dixit，2009）强调的那样，都不能把治理（governance）和政府（government）视为同义词，而且从普遍趋势来看，无疑应该从产权保护、合同实施、集体行动等方面来定义经济治理，这些都涉及法治基础，以及对政府权力的制衡。迪克西特的意思是，公共治理的内核在不同国家应该基本一致，只要这些国家真正地认同治理、构建治理。政治学家温加斯特（Weingast，1993）更是把公共领域的宪法和法治基础作为良好治理的内核看待。他认为，治理结构应该具有自我实施性，并且应该有助于约束机会主义行为，因此国家的横向分权和纵向分权都非常重要。其他许多学者和实践者在论述公共治理时，对权力约束、权利保护、法治实施、透明度提升，都有着基本一致的认同，而很少呈现国别上的异议。

当然，接受和拥抱治理的内核并不意味着忽视治理的缺陷和无力的一面。治理并非完美无缺，更不会药到病除。构建治理结构并不一定马上形成治理机制，更不一定自然获得治理能力。有结构、无机制、无能力，就不会有良好结果。进一步而言，治理内涵的共治、制衡、参与，有着不易克服的冗繁、争执、掣肘、迟缓，以及搭便车、回避义务、推卸责任等问题。更多人的参与也可能导致更严重的短视。在现实中，构建治理未必可以迅速且奇迹般地使所有发展问题迎刃而解，而治理溃败的事例则毫不鲜见，或者说，严格意义上的良好治理比较少见。如果我们看到历史上一些时期和当今一些地区实行统治加管理比治理更好，那并不稀奇，就像也有一些非开放性家族企业比规范运行的上市公司更有竞争力一样。其实，孟德斯鸠（2009）这样的哲人早就对这种疑惑进行了论述，他认为，分权肯定不如集权具有更果断的决策和更迅捷的反应，不过他又强调，在一些情形下，安全比速度更重要。也许，对治理的欢迎和疑虑将永远同时存在。

五、本质：行权与共治

治理不但不等于统治加管理，而且与之截然不同。根据治理的英文 governance 的意义，若要将治理这一词语进行分解以便于理解，可以认为治理等于共治且循理。共治是为了建立一种可以跳出弱肉强食、治乱循环的良好秩序，循理就是要将大多数普通个人的基本权利、正当利益、公平机会及其正义诉求视为一种天理，视为人类社会的义理。在循理的逻辑中，共治的机制、框架和方式方法得以逐渐确立和不断改进。

这是一个历史性进步的过程。在人类迄今为止的历史长河中，绝大多数地区的绝大多数时间，实行的是统治加管理，大多数人对此习以为常，而且人们常常赞美历史中偶尔出现的统治加管理下的太平盛世。不过即使在远古时期，也曾有扩大决策参与度、增强对权力的监督和约束、照顾弱势人群的利益等方面的思想和实践。因此把现代治理的历史痕迹和文化精神追溯到古希腊和古罗马，并不是故作高深，而是实事求是，因为人类的良好愿望应该在很早以前就已然存在。即使在中国，周王朝"周召共和"的故事也流传至今。我们相信，一些被认为现今仍然比较缺乏治理内核和治理意识的国度，在它们的历史长河中，应该不乏对类似愿望的追求和尝试，很可能只是失去了正式的历史记载，而口口相传的民间寓言和神话故事则闪烁着这方面的真情。只有到了当今，这种共同愿望才成为全球性潮流和全球性事业，并且得到学术提炼和提升，从而使治理成为大趋势。

治理的本质，就是行权和共治，即远离控制权的人们积极行使权利，各类代理人分权共治。它的技术方式，包括开辟参与通道、强化制衡措施、提高运作透明度和信息真实性、诉诸法治和问责、增强激励相容机制等，以及必要的发声（voicing）、控诉（complaining）、反抗（protesting）。虽然更多的人，譬如公司中的小股东和公共事务中的普通民众，他们积极行使权利会导致更加烦琐的程序和更加高昂的成本，甚至引发不同人群的争端和对立，但历史潮流和时代趋势就是这样，平等意识和权利诉求会不断推动这种历史潮流和时代趋势。分权共治也可能是好坏参半，好的一面是可以避免决策的武断、片面、偏向某些特定人物和群体，并且具有一定的纠错机制；坏的一面很可能是决策过于迟缓、平庸淹没精华等。而那些具体的技术方式，在现代社会可能变得越来越复杂，或者说变得越来越具有专业性，从而引发一些"专业专制"方面的问题。譬如通过互联网平台和数智化方式进行投票和参与，使不熟悉互联网和数智化手段的人们被排除在外，造成新的不公平；法治手段涉及大量诉讼，需要律师介入，使那些无法支付相关费用的人望而却步。这些问题不一而足。此外，行权需要普通人强化自己的行动主义（activism，或称积极主义）精神，而不是安于现状、逆来顺受、麻木不仁、寄望他人；共治则需要掌握控制权的人增加合作态度，而不是一味地相互掣肘、攻讦、拆台。不过可以预料，这些问题都不会长期阻碍治理的蔓延和发展，因为现代人总会以现代的办法克服这些问题。总之，治理不是统治加管理，不管带来的结果是好还是不好，它都是更多人的参与和表达,而不是接受照料和恩赐。而且历史已经证明并将继续证明,治理带来的收益会多于付出的成本。

本章参考文献

别布丘克,马克·罗. 公司所有权和公司治理中的路径依赖理论 [M]//杰弗里·戈登,马克·罗,编. 公司治理:趋同与存续. 北京:北京大学出版社,2006.

珍妮特·丹恩. 公司集团的治理 [M]. 北京:北京大学出版社,2008:76-77.

亨利·汉斯曼. 公司法历史的终结 [M]//杰弗里·戈登,马克·罗,编. 公司治理:趋同与存续. 北京:北京大学出版社,2006.

阿德里安·卡德伯里,公司治理和董事会主席 [M]. 北京:中国人民大学出版社,2016:242-243.

马克·罗. 现代政治与所有权的分离 [M]//杰弗里·戈登,马克·罗,编. 公司治理:趋同与存续. 北京:北京大学出版社,2006.

罗兹. 理解治理:政策网络、治理、反思与问责 [M]. 北京:中国人民大学出版社,2020:40-52,91-99.

孟德斯鸠. 论法的精神 [M]. 北京:商务印书馆,2009.

约翰·庞德. 超越管制:政治化的公司控制权 [M]//沃尔特·萨蒙. 公司治理. 北京:中国人民大学出版社,2001.

Bebchuk, L., and R. Tallarita, 2020. The Illusory Promise of Stakeholder Governance. *Cornell Law Review*, 106: 91.

Berle, A., and G. Means, 1932. *The Modern Corporation and the Private Property*. Macmillan Press.

Blair, M., 2005. Closing the Theory Gap: How the Economic Theory of Property Rights Can Help Bring Stakeholders Back into Theory of Firm. *Journal of Management and Governance*, 9: 33-40.

Commission on Global Governance, 1995. *Our Global Neighborhood*. Oxford University Press; http://www.gdrc.org/u-gov/global-neighbourhood/.

Dixit, A., 2009. Governance Institutions and Economic Activity. *American Economic Review*, 199 (1): 5-24.

Fama, E., 1980. Agency Problems and the Theory of the Firm. *Journal of Political Economy*, 88 (2): 288-307.

G20/OECD, 2023. *Principles of Corporate Governance 2023*. OECD Publishing, https://doi.org/10.1787/ed750b30-en.

Gilson, R., and M. Roe, 1993. Understanding the Japanese Keiretsu: Overlaps between Corporate Governance and Industrial Organization. *Yale Law Journal*, 102: 871-887.

Jensen, M., and W. Meckling, 1976. The Theory of Firm, Managerial Behaviour, Agency Cost and Ownership Structure. *Journal of Financial Economics*, 3 (4): 305-360.

Kiewiet, R., and M. Mccubbins, 1991. *The Logic of Delegation*. University of Chicago Press.

Oates, W., 1981. On Local Finance and the Tiebout Model. *American Economic Review*, 171 (2): 93 –98.

OECD, 1999. Principles of Corporate Governance. https: //www. yourarticlelibrary. com/corporate-governance/oecd-principle-of-corporate-governance/99356.

Roe, M., 2004. The Institutions of Corporate Governance. Harvard Law School John Olin Center Discussion Paper Series, 488.

Weingast, B., 1993. Constitutions as Governance Structure: The Political Foundations of Secure Markets. *Journal of Institutional and Theoretical Economics*, 14 (1): 286 –311.

Williamsom, O., 1975. *Markets and Hierarchies: Analysis and Antitrust Implications*. Free Press.

Williamson, O., 1996. *The Mechanisms of Governance*. Oxford University Press.

World Bank, 1989. *Sub-Saharan Africa: From Crisis to Sustainable Growth: A Long-Term Perspective Study*. Washington, D. C.

World Bank, 1992. *Governance and Development*. Washington, D. C.

第二章
治理的秩序

在主体多元化、利益差异化、表达和诉求多样化日益得到正视的时代，特别是在传统弱势者的权益得到不断伸张的情形下，治理似乎正在成为一件必需品。但是，在一定程度上，治理又是一件奢侈品，从技术和机制的角度来看，因为实现良好治理比实现强势统治加管理更加困难。共治、制衡、参与、分享、兼顾、透明，往往意味着冗长和低效，而且不时滑向纷争和对抗。尽管从本质上讲，治理应该比统治加管理可以获取更大的共识和合力、更多的智慧与效率，并且治理这个词可能隐含着某种程度上共同建立秩序的意思，但良好治理不易建立，而糟糕治理带来的秩序崩溃、能力丧失、效果背离预期的情形并不鲜见。因此，必须关注治理的失序、失能、失效等议题。

一、治理为何丧失秩序

熟悉公司治理的人或许都知道美国苹果公司董事会曾经驱逐又请回乔布斯的故事。那段时间，苹果公司的治理秩序一度陷入动荡，公司业绩和公司前景也阴晴不定。① 事实上，美国上市公司每年都有一些类似事例。我国的公司治理秩序动荡的事例也不少。过去几年，就有万科公司新进入大股东与董事会对峙的事例②，以及康佳公司股东争夺控制权和战略决定权的事例③。即使一些老牌大公司也时常出现治理秩序动荡的情况，譬如在丰田汽车公司，曾任董事长兼首席执行官的丰田章男对电动车战略持犹豫不决态度，美国机构投资者批评丰田董事会缺乏独立性、丰田章男本人无法胜任领导职位，这导致丰田章男不得不卸任首席执行官职务，但日本本国股东却支持丰田章男继续担任董事长，因而股东之间矛盾不已，公司人心浮动。④ 在现实中不难看到，如果公司大股东或管理层频繁更换，不但会导致人心惶惶，而且影响业务的正常开展；即使在家庭或家族成员合股的公司，股东抢夺公章、霸占账册、私签合同的事情也时有发生，从而动荡不已。此外，我国上市公司中有一些无大股东和实际控股人的企业，这些企业看起来"治理结构"健全，治理程序合法，但时常陷入争斗与分裂的漩涡。而在国家治理领域，有很多国家的"治理结构"看起来像模像样，既有民选议会，又有看似独立的法院，还有可以发挥监督作用的新闻媒体机构，但类似的混乱戏码更吸引眼球。而在实行强势统治加管理的地方，尽管比治理失序

---

① 有关资料请见《史蒂夫·乔布斯传》，中信出版集团，2023年出版。
② 有关资料请见：何雪晴，赵惠民. 基于股权结构视角的"宝万控制权之争"分析 [J]. 财务与管理，2017（8）。
③ 有关资料请见《中国经济周刊》官网2015年10月13日的报道：http://finance.ce.cn/rolling/201510/13/t20151013_6686142.shtml。
④ 有关资料请见澎湃新闻2023年6月14日的报道：https://www.thepaper.cn/newsDetail_forward_23477434。

更加恶劣的事情时有发生，但人们通常以为，"旧"统治加管理的"坏"是一直存在的，所以对此见怪不怪；但是，"新"治理却有这样那样的"不好"，是难以被人们接受的。

任何群体、团体与机构都需要维持基本秩序，哪怕是由强力压制一些人的权利和自由而建立起来的秩序，否则，就会陷入集体福祉损失和发展机会丧失的境地。美国保守主义思想家柯克（2018）说过一句非常经典的话：秩序是人类的第一需要。他指出，秩序意味着系统性、全局性、稳定性的和平；如果不理解何为秩序，那就请看其反面吧——冲突、暴力，以及正常工作被停止，正常生活遭破坏，等等。美国著名政治理论家福山（2014）则指出，人类既是群居动物，又是相互争抢的动物，所以秩序和失序与人类的各种组织纠缠不休；人们总是在探讨如何到达丹麦，也就是既能够实现和平稳定有秩序，又能保持自由、民主和繁荣。对于治理秩序，英国著名学者罗兹（2020）明确指出，治理通过相互博弈和建立规则，可以实现一种基于分权、参与、协调、合作的秩序，这是一种包容性的有序状态。

实证研究更有说服力。世界银行（2012）曾经专门对秩序与发展问题进行过国别研究，其研究报告精辟地指出，人与人之间虽然存在一些共同的价值观念和行为准则，例如应该讲求利益方面的公平、权利方面的正义，以及基本的公开性和透明度等，但这些观念和准则往往难以自我实施，因此并不能自然而然地导致和平稳定的秩序；在治理最薄弱的地方，最容易产生不稳定以及重复性暴力。公司治理专家虽然不像政治理论家那样精于研究政治体系的秩序和失序，但常被引用的詹森和麦克林（1976）的经典文章所讲的委托代理关系，本质上就是分析公司中的内在冲突问题。而科克兰和沃蒂克（Cochran and Wartick, 1988）在界定公司治理含义时就认为，公司治理的核心无非就是如何妥善解决公司中不同利益方的冲突问题，主要是股东、董事、管理者之间的冲突问题，以利于公司保持基本秩序，并在寻求共同利益的基础上获得良好发展。为什么要关注他们之间的冲突，寻求他们之间的和谐呢？正如霍尔和墨菲（Hall and Murphy, 2002）的研究表明的，如果缺乏恰当的机制，一般而言，掌握控制权和战略资源的管理者对增进自己的利益比增进股东的利益更有兴趣。因此，只要在利益不一致的地方就可能出现失序，尤其是在权力和资源不均等的地方，且权力和利益得到日益正视和伸张的时代，就更有可能出现失序。治理恰好把这样的地方推向这样的时代。这意味着，治理的失序可能比统治加管理的失序更容易出现，尽管后者的破坏性往往大得多。

是学者和国际机构把这样的地方推向这样的时代吗？也许是这样。不过，正如亚里士多德指出的，人类天生需要参与，而不仅仅是接受分配和给予。所谓天生，就是自从有人类以来，或者更确切地说，自从人类社会出现组织和团体以来，参与的愿望就自然而然地出现。事实上，正如上一章指出的，治理的历史痕迹至少可以追溯到亚里士多德所处的古希腊时代。当然，在中国的悠久历史中应该也有类似的痕迹，只不过被后来的选择性史料掩盖。也就是说，权力和资源分布不均是自古一直延续至今的事情，必定要接受当今时代的挑战；而人们的参与要求在历史上的大多数时期都受到严重压制，只不过在当今时代得到了前所未有的释放。因此，学者和国际机构不过是呼应了时代的要求、顺应了时代的潮流，而非无中生有。单就治理最活跃的公司领域而

第二章　治理的秩序　29

言，在当今时代，随着股份制的普及和资本参与度的空前提高，当公司由大量股东出资构成时，当众多小股东根本不可能染指公司的管理权力时，怎么可能继续维持统治加管理那样的模式？因此，追寻治理秩序无疑是必然趋势。在社会领域、公共领域，这种追寻更是时代潮流。

二、达成治理秩序的核心与基础

毫无疑问，统治加管理也会失序，甚至比治理失序更加剧烈，更加具有破坏力。不过，其维持秩序的时间也可能更长一些，或者其维持秩序的手段和技术更简单粗暴一些，而不像治理那样，似乎每天、每月、每年都在制衡、争执、诉讼。在治理环境中，尤其当分歧、争执与种族、宗教等问题纠缠在一起的时候，秩序会遇到更大的挑战。但是，当不得不正视和认可主体多元化、利益不一致、诉求不相同这种现实时，当不得不处于一个共治与制衡的体系中时，要达成治理秩序，而不是追求统治加管理的秩序，究竟需要什么样的核心机制？是以广开言路、兼听诉求、反复商讨、尽力协调来化解争执和掣肘、来求得一致与和谐吗？这些当然很重要。不过，达成治理秩序的核心机制，不是商谈，而是投票。

事实上，与很多人想象的恰好相反，商谈机制在实现良好的统治加管理秩序时，而不是在实现治理秩序时，会更加重要。让更多的人表述意见，与更多的人进行商讨，不但可以集中智慧，避免偏颇，而且是一种协调方式，可以起到润滑和妥协作用。这是一种典型的管理手段，也是一种典型的管理技巧。在管理学中，除强调组织、指挥等基于强制性权力的功能之外，也很强调软性的协调功能。管理学现在越来越注重领导力的建立，其实领导力在很大程度上就是领导艺术问题，包括如何通过商谈尽量把不一致转化为一致，把反对方转化为支持方。而在统治体系中，为了实现更好的统治，统治者的礼贤下士、听取诤言、征询民意，甚至一定程度的主动分权，都是很好的统治艺术。因此，在关于古代明君贤臣的传说中，不乏统治者兼听则明的故事，譬如中国历史上战国时期秦国的秦孝公与商鞅、甘龙、杜挚等人商讨国政，就是一个著名事例。而在关于帝王术的书籍中，更会有一些如何征询臣下意见、如何与皇室其他重要人物进行协商的内容，譬如《贞观政要》就是许多帝王的必读书，唐太宗也被许多君臣视为榜样。在统治加管理体系中，商谈以及征询、兼听，就好比统治与管理者手中的掸子，可以清扫掉许多灰尘。

而在治理体系中，商谈当然不可或缺，但远非那么重要。在治理体系中，永远都有掸子扫不到、清理不干净的地方，因为在这个体系中，主体多元化、利益差异化、表达和诉求多样化是天经地义的。也就是说，不同的人必定存在不一致。在这样的情况下，就需要投票机制来达成秩序。

在公司治理中，不管如何界定权利和权力，不管如何设置机构和人员，最核心的机制还是投票表决、投票选择。不管是哪个国家的公司法、证券法，都规定了比较详细的股东投票、董事投票制度来确定重要人选，做出重要决策。G20 和 OECD（2015）颁布的《公司治理原则》明确指出，股东的投票权利是治理的最基本要素；为了保证股东投票的顺利进行，应防止公司董事会和管理层故意在程序和方式方法上设置障碍，譬如将会场设在偏远地点、禁止代理投票、只能举手投票,以及不向股东提供有关信息、不允许股东查询有关资料等;这个原则还基于目前信息化、全球化的现实,鼓励公司采用互联网技术来减少投票障碍。这份文件煞费苦心地列明了一些具体细致的投票注意事项,目的是保障投票机制得到切实实施。如果不是至关重要,怎会如此事无巨细?在现实中,公司的重大事务都需要经过投票决定,譬如2022年,美国著名游戏公司暴雪是否接受微软公司收购,就由股东会投票决定,最后代表98%以上股份的股东投票同意这项收购。①《中华人民共和国公司法》《中华人民共和国证券法》(以下分别简称《公司法》《证券法》)也明确列示了股东、董事的投票权利和股东会、董事会的投票机制。而在公共治理中,投票机制更具核心地位,不管商谈和辩论如何透彻,最后都需要投票来决定最重要的人选和政策。公共治理领域的投票决定机制不但存在于国家层面,也存在于地方层面。当然,投票机制在公司领域和公共领域遵循着不同逻辑。在公司治理领域,行使股东权利秉持的基本逻辑是财产权利,即不同的个人如果持有不同比例的股份,那么就有数量不同的表决权票数。而在公共治理领域,现代社会一般不再区分个人和家庭财产的多寡,而是秉持个人权利逻辑或公民权利逻辑,实行一人一票制度。

其实通过考察治理的历史渊源就可以发现,早在古希腊,无论是公民大会还是议事会,投票制度都居于核心位置,这与我国古代典籍乐于记载的明君兼听、从善如流之类的做法是两码事。

---

① 有关资料请见腾讯网转载《齐鲁晚报》2022年4月29日的报道:https://new.qq.com/rain/a/20220429A02S5N00。

也就是说，治理框架下的重要工作是投票，统治加管理框架下的重要工作顶多就是明君兼听、从善如流。而到了当今时代的现代治理中，投票机制的核心意义怎么强调都不过分。真正的投票机制的确立，意味着个人可以按照自己的理解和意志来表达意见，做出自己的选择。这意味着个体主义得到确立。是否有投票制度在很大程度上决定着社会的性质和历史的走向。众所周知，古希腊时代就有公民大会的选举和表决制度，但通常并不是投票，而是公民聚集到现场，即到公共场所（republic，拉丁语为 res publica）以举手方式进行表决。雅典选择官员的方式除了直接选举，也可采取抽签方式，这反而可以避免操纵。而在古罗马，平民会议最初实行口头表决，后来逐步发展为公开的记名投票制度，再后来又引入秘密投票法（Lex Gabinia），以防止投票者受到威胁、恐吓或感到难为情，据说罗马哲学家西塞罗认为秘密投票可以保障个人的自由权利。投票制度在西方世界重新得到更广泛的行使，应该与个人权利的复兴有很大关系。英国学者麦克法兰（2020）就认为，英国的个人主义和投票制度在中世纪之后走在整个欧洲的前列，至少从13世纪开始，英格兰就是这样一个社会：个人比团体更重要，甚至财产所有权也是个人化而非家庭化的。而在中国古代历史上，很少看到个人投票以及个人财产所有权的史料。当然到了20世纪，特别是21世纪，几乎所有社会都认识到个人投票的重要性。

不过也需指出，投票决定机制并不一定意味着完全平等和完全正义。首先，投票有可能被操纵，譬如被强权要挟、被暴力威胁、被人情裹挟，以及被金钱收买、被虚假信息欺骗、被极端思想蛊惑等。即使到了现代社会，要想彻底解决这些问题也殊为不易。其次,投票也有可能在技术上存在偏向性。投票是高度技术性的工作,如何设置投票资格和被投票资格,本身就可能导致倾向性结果。更进一步,要不要给投票人分类、分组,要不要采取多种形式的投票,如何认定无效票,都具有高度的技术性,且影响投票结果。再次,投票率暗藏玄机。投票率几乎不可能达到100%,因为总会有一些人放弃投票。这时,如何影响具有不同选择倾向的人群的投票率,实际上就影响了最后选择,但低投票率的人群如果对最后选择并不满意,就会出现冲突。即使不存在上述问题,投票也难以排除经济学中所谓的"社会选择"困境,即由投票决定的集体选择与一部分人的个体偏好存在冲突。此外,有许多议题,特别是公共事务、社会生活、人类和平与发展中的许多议题,并不适合通过投票来选择解决方案。这些议题往往与文化碰撞、资源争夺、种族矛盾、宗教冲突、制度分歧,甚至与领土纷争等联系在一起,如果通过投票机制寻找解决方案,反而徒添争端。

尽管如此,也没有更好的方案来取代投票,以达成治理秩序。更现实的路径是寻找更加合理的投票制度,并激发人们的投票积极性。譬如在公司领域,我国在20世纪八九十年代构建公司法律和公司治理时,主流声音是"同股同权",即一个公司中的所有股东按照同样比例的股份有同样多的投票权,并认为这是一种天经地义的平等制度;但后来发现,一些国家有着"不同股、不同权"的制度,即允许设立类别股份,不同类别股份有不同比例的投票权,由此我国也开始引入这样的制度,并且还引入了累计投票制度。在具有公司法悠久历史的英国,进入21世纪之后,也进行了公司治理的重大改革,其中一项内容就是投票制度改革，特别是优化了小型封闭型公司的投票制度，譬如关于股东大会的书面决议，仅要求简单多数或拥有75%表决权的股东通过，即视为有效（郭富青，2008）。在公共领域，投票制度经历了更加漫长和巨大的改革，譬如西方国家的成年女性、财产很少的成年男性，都是很晚才获得投票权；而具体的投票方法改革，譬如投票方式的多样化、对计票过程的严密监督等，更是不胜枚举。从历史趋势看，投票机制改革的确越来越多地考虑平等、越来越多地追求正义，因为更加平等、更加正义的秩序才是真正的治理秩序。

毋庸讳言，投票机制绝不是达成治理秩序的全部，在一些领域，在危难关头，少数人特别是那些具有高瞻远瞩能力、悲天悯人情怀、勇于决断气质的贤智者，相互合作寻求解决方案，并说服其他人接受解决方案，就极为可贵。少数人通过合作达成秩序，这在古代更为普遍，但他们往往是长老、贵族、军阀或世袭者等人物，并常常裹挟多数人服从自己的权力、利益、认知，因而存在巨大的局限；而在现代社会，如果少数贤智者受到社会监督和法律约束，可能有助于克服这些局限。但无论如何，这些方式都不是构建现代治理秩序的核心机制。

投票在哪里都可以发生，例如，小孩子的游戏中也会有类似投票的东西，而投票真的可以做出决定与选择，投票真的被相信和接受，那一定不是小孩子的游戏。而投票成为治理秩序核心的基础是法治。没有法治的保证和认可，投票就是游戏。

所有的公司治理，不管是什么模式，不管有哪种形式，都以公司法、证券法、合同法等法律和经济体的法治体系作为基础。我国于1993年颁布的第一部《公司法》就详细规定了股东、董事的投票制度，从而使投票结果具有法律强制效力。加拿大法学家柴芬斯（2001）在分析公司治理时就明确指出，公司主要参与者，包括股东、债权人、董事、管理者之间，存在着错综复杂的利益冲突和风险问题，法律构成了应对这些问题的治理基础。OECD（1999）在20世纪末推出第一版《公司治理原则》时，就明确指出公司治理实践，包括投票实践，应该符合法治，并且应该是透明的、可实施的；不同股东，譬如小股东和大股东，在利益、责任、能力方面存在客观差异，控制性股东还可能从事自我交易而转移利益，并且股东与董事、高管在利益和认识方面存在更加显著的矛盾冲突，因而需要法治作为公司治理的基础。而社会治理和国家治理中的投票，如果没有法治基础，更加不可想象。当然需要澄清的是，如何才算得上真正的法治，并不是本章甚至本书的任务，但可以认为：制定法律，严格甚至严酷地实施法律，并不等于法治；如果法律惩治不能机制化地覆盖到统治者和顶层管理者，则肯定不等于法治。

治理秩序的法治基础最终会体现在诉讼上。没有诉讼和判决、法律的执行，当然不是真正的法治。G20和OECD（2015）颁布的《公司治理原则》就明确指出，股东权利（当然也包括投票权利）得以执行的渠道之一，就是对管理人员和董事提出诉讼。例如，小股东集体诉讼制度目前已经成为颇有威力的诉讼方式，据说其历史可以追溯到英国13世纪衡平法院的判例，它在20世纪60年代被纳入美国联邦民事诉讼程序法之后就得到了广泛应用。当然，诉讼也包括一些股东或者债权人及其他人对其他股东的诉讼，特别是对滥用控股权的大股东的诉讼，以及对不当行使决策权的管理层的诉讼。在2007年次贷危机前后，美国花旗集团当时的董事长、临时首席执行官、前首席执行官就被一些股东起诉,起诉事项是这些高管在次贷证券投资上的决策失误及由此导致的巨额损失。① 在公共治理领域,投票也可能引发诉讼,譬如在2020年美国总统大选中,特朗普认为他与拜登之间存在选票争议,并引发了诉讼,当时落选的特朗普在2023年被佐治亚州地方检察院正式起诉,罪名包括虚假陈述、唆使公职人员违法以改变总统大选的投票结果。② 在更早的2000年美国总统大选中,候选人戈尔与布什之间的得票差距极小,这也引发了计票方面的诉讼。③ 而要应付大量诉讼,法庭体系和法官队伍的建立健全就至关重要。英国之所以能成为基于投票和法治而获得秩序的典范,很大程度上在于它很早就建立了法庭体系和法官队伍,正如英国历史上著名的法学家黑尔(2016)阐述的,当社会和平和正当秩序被错误、暴虐、邪恶破坏时,就可以用普通法将它们祛除。

当然,对诉讼的判决要成为一种秩序,关键在于判决能否得到较为普遍的认可,并得以有效执行。譬如2000年美国总统大选的计票诉讼,戈尔和布什双方的上诉经历了若干回合,不同法庭对计票方式等事项也存在分歧,但最后,戈尔还是接受了联邦最高法院的判决,不再继续争执,而承认布什胜选。④ 如果大量判决得不到当事人的接受和社会的认可,即使一个法律严密、法院遍布的社会,也很难说存在基于法治的治理秩序;相反,这样的

---

① 有关资料请见《中国日报》2007年11月9日的报道:http://www.chinadaily.com.cn/hqcj/2007-11/09/content_6243496.htm。
② 有关资料请见《新京报》2023年8月15日的报道:http://m.bjnews.com.cn/detail/1692069160129384.html。
③ 有关资料请见图宾著《法庭上的巅峰对决》,上海三联书店,2017年。
④ 同上。

社会充斥着对法治的蔑视、对治理的无视，很有可能走向社会动乱和暴力革命。从根本上说，司法判决要得到普遍的认可和尊重，前提条件就是法律本身应该大体公正、良善，法官队伍大体清正、有操守。因为法律判决不但涉及法律条款的历史变迁，还在一定程度上取决于法官个人的宽严把握和认知倾向，如果法律不是以公正、良善作为基础，法官不能保持基本的清正和节操，那么判决就会陷入混乱和无耻的境地。因此，基于法治的治理秩序的达成，并不是通过一些法律条文就能实现。

而在一个全球化的环境中，由于不同国家的公司法、证券法、合同法以及选举法、民法、刑法都存在差异，同时，一个国家的公司乃至政府机构，不可避免地会进入其他国家开展经营、从事工作，所以在当今时代，无论在公司领域还是公共领域，基于法治的治理秩序的达成还会面临不同国家法治体系的冲撞，面临国家之间的博弈，特别是大国博弈。这种冲撞和博弈，一方面可能促成治理秩序的形成，另一方面也可能导致失序和失控，因为迄今为止并不存在一个全球政府和全球法院，也不存在一套得到全球共同遵循的投票规则和司法判决体系。如果试图建立一套得到全球共同遵循的投票规则和司法判决体系，则意味着许多国家要在法治主权方面做出让步和妥协。但是，全球化很难停下自己的步伐。如果全球治理秩序跟不上全球化的脚步，全球性的失序和失控将会加剧。这是一个严峻的新挑战。

三、治理秩序的成本与可能的副产品

不管是投票，还是诉讼，以及多元共治、相互制衡中的协商与妥协，都牵扯众人而非一人，都耗费精力、时间和金钱。正如 G20 和 OECD（2015）颁布的《公司治理原则》所言：长期以来，人们认为在股权分散的公司，个体股东难以承担采取行动的成本，也难以通过投入资金来监控效果。这就是说，要实现治理秩序，就须承担必要的成本。其实，公司治理秩序的成本又何止股东个人投入的时间和金钱。公司要给股东发送股东大会的通知，要应付股东查询账册和其他经营信息，要耗费时间准备股东大会；公司管理人员和董事还要应付可能发起的诉讼，而任何诉讼一旦发生，将消耗大量的司法资源，并且旷日持久。如此等等，可谓成本巨大。而公共领域的治理则涉及更多的人，即使不出现"众口难调"的困境，也存在高昂的通信联络成本、会议组织成本。再以美国总统大选为例，据称 2016 年希拉里与特朗普的竞选费用总计超过 60 亿美元，2020 年特朗普与拜登的竞选费用总计超过 100 亿美元，而且从准备初选到结束大选往往要耗费一两年的时间。另外，处理争执和纠纷的金钱成本和时间成本也非常高昂，在 2000 年美国总统大选中，由于戈尔与布什在佛罗里达州的得票差距只有一千多票，戈尔要求重新计票，并提出手工重新计票，而布什向法院提出诉讼，要求法院下令立即停止人工计票，理由之一就是一地人工重新计票在逻辑上可以引发全国进行同样的操作，从而产生高昂成本并引发次生纠纷。[①] 但在统治加管理体制中，至少在统计数据上可以大量地避免这些成本，程序也要简单明了得多。

在治理秩序下，还可能存在一些难以避免的副产品。首先就

---

① 有关资料请见图宾著《法庭上的巅峰对决》，上海三联书店，2017 年。

第二章 治理的秩序 39

是决策的低效率。众人投票、分权共治，怎么会有集中决策那么迅速？在市场竞争中，如果公司重大决策迟缓，就会造成"黄花菜都凉了"的局面。对大公司而言，重大决策往往需要由董事会做出，而董事可能有七八人或者十几人，不但每个人对事情的判断不同，而且每个人的冒险精神、进取心态也不同，所以可能争执不下，不断延宕下去。从好的方面说，这样可以避免风险，从不好的方面说，则可能贻误商机。所以在中国市场上经常可以发现，治理结构和治理机制更加完善、更加成熟的公司，譬如源于西方发达国家的跨国公司，在改进产品、调整价格、增加投资等方面的决策通常慢于中国本土企业，特别是慢于非上市的民营企业。这样的治理虽然比较有秩序，但显然不利于及时应对市场变化。为了缓解这样的局面，公司当然可以更加切实地划分决策权力，尽量把日常决策权授予总经理、首席执行官等人。不过这并不能与统治加管理意义上的集权决策相提并论，后者的决策并不需要由很多人投票决定，更加有利于及时应对瞬息万变的环境。在公共治理方面，可能并不需要像公司那样快速决策以应对市场竞争，但若出现重大灾害或战争，冗长程序也会贻误时机。

　　还有一个可能的副产品就是决策不用心、管理不尽力。良好的公司治理依赖于所谓的勤勉义务（duty of care）和忠诚义务（duty of loyalty），但在实际中，董事和高管怎么做才算足够勤勉和忠诚，其实并无具体明确的标准。因此，受托责任问题和委托代理问题是公司治理理论中的关键议题。一个公司发展到一定规模，很难只有创始人这一个股东，更不可能不引入其他人担任董事和职业经理人；即使创始人仍然担任董事长、总经理，也不可能事必躬亲，所以委托代理问题就会凸显。因此，在公司治理架构中，委托人和代理人之间既要实现和谐的秩序，又要促使代理人忠诚勤勉，并不是一件容易的事。的确，公司治理可以发展出一些机制，主要就是依靠合理有效的激励机制，来提高决策者、管理者尽心尽力的程度。但在实际中往往是决策者、管理者的薪酬提高了，但公司管理并没有得到相应优化，公司业绩并没有得到相应改善。而通过建立惩罚机制，包括依靠诉讼手段来约束和惩处那些不尽心、不尽力的董事和经理，也只能起到非常有限的作用。相反，在那些不需要建立标准的公司治理架构的小公司中，所有权和控制权并没有分开，管理者的决策和经营则会比较尽心尽力，尽管这种模式的公司决策有可能更加莽撞、更加情绪化等。即使股东本人，如果不是唯一股东，或者持股比重并不高，也未必会用心地行使投票权，甚至懒得行使投票权，而是随大流、搭便车。因此，在那些股份分散的公司中，如果经营决策比家族企业更加草率、更加不负责任，那么一点儿也不奇怪。而在公共治理领域，决策的不用心、管理的不尽力，可能会更加普遍、更加严重，以至于不少人认为，帝王体制下皇帝和皇族的决策、管理，会比共和体制下行政长官的决策和管理更加尽心尽力。这种看法虽然偏颇，但并非毫无事实根据。

维持治理秩序可能产生的其他副产品，还包括过度谨慎决策等问题。譬如，公司董事、经理可能以不冒风险、不出问题、不惹诉讼为导向，一碰到有争议或存在不确定性的事项，就不拿主意或者弃权，又或者反对。在这种情况下，争执可能消失，秩序也可能产生，但并不利于企业的长远发展。现代市场经济是一个充满风险和不确定性的体系，而且利益关系错综复杂，在这样一个体系中开展企业竞争就无法回避争议和风险。董事、经理也是理性的个人，他们从个人的安稳和利益出发，选择过于谨慎的决策，这毫不奇怪；甚至一些个人过于洁身自好，刻意回避做抉择的责任。这种风格的决策最终会导致企业的平庸化、衰败化。故而，如果市场经济中不断出现一些公司治理像模像样而经营发展每况愈下的企业，并不令人惊讶。公司治理秩序可能有这样的副产品，公共治理秩序也一样，譬如重要的行政官员不求有功，但求无过，不求进取，但思平安，从而导致谨小慎微和随波逐流。

治理秩序的成本和副产品还不完全限于如上方面。在一个现代和进步的社会，治理秩序的达成还会涉及更广泛的人群和更广泛的议题。譬如，公司治理越来越重视公司股东和债权人之外的利益相关者的诉求和意愿，这些利益相关者不但包括本企业职工，还包括社区居民、生态环保积极分子等。这些人群会在公司治理实践中更多地行权和表达意见，且部分地分利。因此，公司治理实践正在与企业社会责任和企业公民行动等运动结合在一起。这样的趋势无疑会提高达成公司治理秩序的成本，也会增加副产品，并且引发对治理的不同评价。我们可以看到，在治理意识更加强烈、治理机制更加完善的国家，即使开展一项重大基础设施和重要项目建设，其决策程序也会大量地引入社区居民、环保团体、人权组织、历史文化传播平台的评论意见和评估结论，这些意见和结论五花八门，甚至截然相反，从而使建设项目根本无法落地。譬如2018年，美国纽约的长岛市政府曾有意引入著名互联网企业亚马逊在该市设立第二总部，这个项目将带来数十亿美元投资和数万个就业岗位，但许多当地居民担心由此拉高房价、加剧交通拥堵而激烈反对该项目，最后导致项目流产。[①] 这到底是现代治理无法克服的成本和副产品，还是现代治理不够现代、不够因势而变，有待时间来回答。

更进一步，现代治理引入更加广泛的人群、覆盖更加广泛的议题，最后达成的治理秩序还可能导致权利滥行使、利益超分配，并可能因为行权和分利的技术措施无法及时改进，而引发无谓的烦琐程序和无谓的意见争执。譬如，一些特殊群体的利益得到特殊照顾，反而会蚕食整个社会创造财富、增进利益的积极心态；而一些团体的权利即使被许多人认为过于怪异、偏激、变态，甚至有害于其他人群，也会得到有力保护，从而加剧社会的撕裂、对立、焦虑，使整个社会放慢发展步伐，甚至陷于倒退境地。

总而言之，治理有诸多成本和副产品，无疑会引起人们对治理的怀疑情绪。因此，治理也绝不可能一成不变、一劳永逸，因为有一些成本和副产品是治理在获得正向收益时须支付的必要代价，也有另一些成本和副产品需要在未来得到消弭和祛除。

四、结语：治理秩序与强力秩序之间的悖论

统治可能会恶劣，管理可能会混乱，所以即使治理秩序有成本和副产品，相比较而言也未必是坏事。如果治理系统以不时的小失序来避免久积而爆的大失序，也许是好事。

[①] 有关资料请见东方财富网转载《中国经营报》2019年2月18日的报道：https://finance.eastmoney.com/a/201902181045659034.html。

第二章　治理的秩序

即使是实行治理、追求治理秩序，也有不同模式。审视这些不同模式的一个视角，就是依赖强力的层次和程度。这是福山（2015）在分析秩序时采用的视角，他认为，暴力在创造政治秩序方面的作用似乎是矛盾的，因为政治秩序的存在首先就是为了克服暴力，但没有一个政治秩序曾经永久地消除暴力，而只是将暴力推到更高的组织层次。福山的关注点当然不是公司治理，而是公共治理。福山强调了秩序的法治基础，但又不无刻薄地指出了暴力的作用。事情就是这样，难道法治不是以合法暴力为基础吗？

其实，不管是在有法治还是在无法治的地方，当人群之间的分歧、争斗与种族冲突、宗教争执纠缠在一起的时候，往往会导致暴力泛滥，秩序荡然无存，而更高层次的唯一强力的确有助于秩序的重建。我们可以看到，在世界上的一些欠发达地区，既没有高层级的法治秩序，也没有低层级的自发秩序，社会上暴力横行，暴力之后是更多的继发暴力，不同种族、不同集团之间战乱不断。而此时，由联合国或者其他国家派来的维和部队就成了秩序的唯一来源。这是莫大的讽刺，也是治理秩序和暴力秩序的真实揭示，因为维和部队带来的秩序依靠的是实实在在的暴力，是强大得可以震慑、阻遏其他暴力的唯一和最高强力。那里的人们只能祈求这个唯一和最高强力代表着正义、善良和进步。

不过从历史发展进程来看，正如诺贝尔经济学奖获得者诺思及其同人（2017）指出的那样，从基于暴力和特权的权利受限秩序，走向更加协同的权利开放与竞争秩序，可以使秩序更持久，更有利于促进经济繁荣。而诺思正是一位治理派而非统治加管理派的经济学家。诺思并没有忽略法治与暴力之间纠缠不清的关系，相反，他认为暴力是解释社会如何运作的核心，暴力和秩序的关系必须作为未来研究的方向。诺思的思想可以被理解为，即使达成了某种意义的治理秩序，也须以最高层级的合法暴力作为基础，但这个唯一强力不能仅仅服务于少数人的封闭性特权，而必须以理性态度促进权利的开放与竞争，以使秩序得到更多人的接受和拥护。或许，这样的唯一强力只用于祛除邪恶。

需要保持清醒的是，诺思等人的思想也存在严重漏洞。权利的开放与竞争，意味着有不同主张和诉求、不同文化和宗教、不同种族和语言、不同地域和身份的人们，都有了基本相同的权利。但的确，这些不同会带来相互竞争以及相互矛盾，直至相互冲突并陷入暴力。即使在同一国家，不同群体的人们，譬如美国信奉新教的欧洲裔白人和拉美裔、非洲裔有色人种，在诉求和倾向上有着巨大分歧，而随着时间推移和各个族裔人口数量的改变，权利开放的投票无疑会改变国家重大决策的方向。更严重的是，这些不同群体是否可以诉诸投票权利，以投票的合法性来建立各自独立的治理体系和治理秩序？国家是否可以以唯一合法暴力来阻止他们的此类投票权利，废除他们的投票有效性？无疑，这是治理秩序与强力秩序之间的潜在矛盾。而放眼整个世界，治理秩序与强力秩序之间的潜在矛盾与更多因素，譬如制度、语言、民族、文化以及价值观和集团利益等因素纠结在一起，往往形成难分难解的硬结。现在，虽然有了联合国安理会、世界贸易组织等全球性机构，有了G20、APEC（亚太经合组织）等重要平台，还有一些区域性协定，但要实现更加和谐持久的全球治理秩序，还需要更多全球性的治理规则改革，以及对规则背后的权利、责任、道义、公正等人类美好理念的皈依。

这似乎把治理引向了哲学范畴。也许正是这样,无论治理多么王道,无论统治加管理多么霸道,它们都能创造秩序。至关重要的是,现代治理秩序不但应该避免更多的损耗、创造更多的财富,还应该守护更多的正义、惠及更多的人群。也就是说,在追求秩序的时候,到底应该选择压制基本权利的秩序,还是选择伸张基本权利的秩序,对现代社会而言,答案其实不言自明。这就需要我们在心灵深处把治理秩序放在正确的位置。治理秩序不是毫无前提地自动形成。治理秩序的形成,在一定程度上是因为人们更愿意行使自己的权利、接受自己的选择结果,哪怕这个结果并不令自己满意。正如美国保守主义思想家柯克(2018)所说,秩序依赖于法律,但又不仅仅限于法律。他的意思是,心灵秩序、思想秩序,也终将发挥作用。因此,虽然达成治理秩序的基础是法治,但这是必要条件而非充分条件。

本章参考文献

布莱恩·柴芬斯. 公司法:理论、结构和运作 [M]. 北京:法律出版社,2001:49-134.

弗朗西斯·福山. 政治秩序的起源:从前人类时代到法国大革命 [M]. 桂林:广西师范大学出版社,2014:14-25.

弗朗西斯·福山. 政治秩序与政治衰败:从工业革命到民主全球化 [M]. 桂林:广西师范大学出版社,2015:490-498.

郭富青. 当今世界性公司法现代化改革:竞争·趋同·融合 [J]. 比较法研究,2008(5):103-118.

马修·黑尔. 英格兰普通法史 [M]. 北京:北京大学出版社,2016:17-48.

塞缪尔·亨廷顿. 我们是谁:美国国家特性面临的挑战 [M]. 北京:新华出版社,2005:1-79.

拉塞尔·柯克. 美国秩序的根基 [M]. 南京:江苏凤凰文艺出版社,2018:2-10.

罗兹. 理解治理:政策网络、治理、反思与问责 [M]. 北京:中国人民大学出版社,2020:40-52.

艾伦·麦克法兰. 英国个人主义的起源［M］. 北京：商务印书馆，2020：246－264.

道格拉斯·诺思，约翰·约瑟夫·瓦利斯，巴里·温格斯特. 暴力与社会秩序［M］. 上海：格致出版社，2017：1－37.

世界银行. 2011年世界发展报告：冲突、安全与发展［R］. 北京：清华大学出版社，2012：7－37.

Cochran, P., and S. Wartick, 1988. Corporate Governance: A Review of Literature. *International Corporate Governance*, Prentice Hall.

G20/OECD, 2015. *Principles of Corporate Governance*. OECD Publishing, http://dx.doi.org/10.1787/9789264236882-en.

Jensen, M., and W. Meckling, 1976. The Theory of Firm, Managerial Behavior, Agency Cost and Ownership Structure. *Journal of Financial Economics*, 3（4）：305－360.

Hall, B., and K. Murphy, 2002. Stock Options for Undiversified Executives. *Journal of Accounting and Economics*, 33（1）：3－42.

OECD, 1999. Principles of Corporate Governance. https://www.yourarticlelibrary.com/corporate-governance/oecd-principle-of-corporate-governance/99356.

第三章
治理的能效

一个公司在治理的框架和秩序下能否选拔有才能、有智慧、有德行的人担任董事和高管？能否对他们既进行有效监督又实行有力激励，以激发他们发挥才能、智慧和德行？公司经营会不会因此而繁荣兴旺、市场竞争力增强、创造的价值得到提升、股东和员工的回报得到提高？这就是治理的能力和效果问题。对于社会组织、公共机构也应该问同样的问题。显然，治理能效与治理秩序不是一回事，即使达成了治理秩序，也未必获得好的治理能效。

一、如何审视治理能效

治理，如果不能达成最基本的秩序，就无须谈及能效。但纵使能达成最基本的秩序，也未必出现良好能效。事实上在全球范围内，治理改革的诱发因素之一，就是对治理能效欠佳的不满。英国是公司制度和现代公司治理的发源地之一，但进入21世纪之后，英国公司治理改革的呼声日高，从而在2006年对公司法进行了150年以来最重大的修改。根据英国贸易和工业部公布的改革白皮书（UK Department of Trade and Industry，2005），改革的重要目的就是提高能力和促进发展。显然，如何提升能效是推进改革的基本考虑。几乎在同一时期，欧盟在全欧范围内推进公司治理改革，欧盟委员会（European Commission，2003）推出的"欧盟公司法现代化和公司治理提升行动计划"，也是要提升欧洲企业的竞争能力和经营效率。在公共治理领域，许多国家推行的治理改革大致都体现了类似思路。

不过，由于治理的本质特征在于分权共治、行权参与、透明问责等，这意味着一些人，甚至是很多人，譬如公司的众多股东或者公共领域众多普通民众，一方面不是掌握控制权的管理者，另一方面却拥有选出掌握控制权的管理者的权利。因此，审视治理能效，就应该分析这些人在行使选举权利时能否选拔出有才能、有智慧、有德行的董事、高管等人物来掌握控制权。特别是公司中的总经理或首席执行官，或者还可能包括董事长，掌握着巨大的经营管理权，他们是金字塔的塔尖人物，且常常被视为企业家，他们的才能、智慧、德行，以及有点说不清道不明的企业家精神，对公司的经营状况、发展前景具有决定性影响，因而能否将合适甚至最佳人选推到这样的位置至关重要。对社会治理和公共治理而言，首要事项仍然是优秀人物是否能被选拔出来，掌握控制权并发挥才智。因此毫无疑问，审视治理能效，就应该问一问，合适的人物能否被推到这些位置，并让他们发挥应有的作用。

但是，如饥似渴地阅研治理文献，包括公司治理文献，也不容易找到如何才可以选拔出有才能、有智慧、有德行的人物，并可以让他们最大程度地发挥其智慧和才干的有价值文章，而持困惑与疑虑态度的文献却不少。一些专家就质疑标准的公司治理机制能否选拔出足够优秀的人物，特别是能否选拔出具有突出企业家精神和强烈责任感的人物来掌握公司控制权，以促进公司长期发展。例如，美国经济学家拉让尼克和奥苏利文（2005）就认为，企业持续发展取决于创新能力，而能够支持创新的公司治理一定偏向于内部人控制，只有实行内部人控制，特别是让追求创新的内部企业家保持对企业的控制，才是促进企业发展的关键。显然，他们的方案有异于标准的公司治理方案。而美国经济学家马斯金（2011）则对公共治理机制能否选拔出有历史责任感、注重长期业绩的政府官员，表达了怀疑态度。他认为，公共治理中的选拔和问责都存在一些难以克服的缺陷。

也许标准的公司治理理论以及最佳实践流派都认为，只要股东关心自己的利益、董事尽到受托责任，以上"三有"人才自然会被选拔出来成为塔尖人物；只要实行激励相容机制，他们自然而然会为委托人利益、为公司的整体利益而奋斗，从而公司竞争力和经营绩效将得到提升，公司股东和利益相关者报酬将得到提高。但问题在于，在公司治理中，小股东会搭便车而无意致力于识别和推选"三有"人才，大股东会致力于让自己登上塔尖、掌握控制权，董事大多没有足够股份和攸关利益，高管激励即使相容也与股东利益不完全重合；即便在股东利益以及相关者利益内部也会有分歧，譬如短期视角和长期视角会有分歧、局部视角和整体视角会有分歧，更何况许多股东和利益相关者本身并不能清醒认识到公司应该怎样经营才会增进他们的利益。已有的公司治理文献并没有有力地弥补这些理论缺失和逻辑漏洞。在公共治理领域也存在同样的问题。

更进一步，人的才能、智慧、德行以及进取心等精神状态，是一个非常复杂且动态的集合。一个人在进入重要位置之前，可能并不会展示或者并不会发展出非常出众的才干和进取精神。就公司领域而言，能看出谁是好的企业家并不容易。而且，企业在不同的发展时段和不同的竞争态势下，掌握控制权的人物的才干偏向、战略取向并不一样，一些情形下需要稳健，一些情形下需要冒险；企业的高级职位由不同特质的人物形成不同组合，也会有不一样的效果，强势董事长搭配弱势总经理，弱势董事长搭配强势总经理，是常见的事情。因此，股东即使有足够的积极性来选择良好的代理人，也不一定有足够的精力和能力来选拔出这样的人。此外，在现实中，公司政治、裙带关系、官僚积习的存在，会严重干扰股东的正常判断和明智选择，会使选人问题更加复杂化。而且不难发现，在许多公司中，一些董事和高管形成盘根错节的关系，把控甚至左右着重要的人事选择，这更有可能导致平庸者胜出。而社会团体和公共组织更不容易选拔出具有战略胸襟和进取精神的塔尖人物，因为他们的进取与冒险精神在公共组织中远不如在公司组织中那样不可或缺，而他们的棱角在公共组织中远比在公司组织中更加具有锋芒，更加遭人排斥，从而使公共治理领域的"密室政治"和"权贵操纵"更易流行。此外，在普通人易受蛊惑的社会，一些居心叵测、言行极端或者爱出风头、善博眼球的人物，更容易获得关注甚至追捧、选拔，更容易坐上掌握控制权的位置，理智、善良、正派且有真才实学的人物反而不易出头，从而导致"劣币驱逐良币"，形成逆淘汰。总而言之，要想从选人用人、发挥掌握控制权的那些人物的聪明才智和进取精神的角度来审视治理的能效，文献方面存在不足，实践

第三章 治理的能效　51

方面存在困窘。

即使能够把优秀人物选拔到合适职位,特别是塔尖职位,也不是万事大吉,此后还必须有良好的激励与约束机制,使他们充分发挥智慧才干,并对他们的重大失职、错误进行问责乃至问罪。在公司治理领域,如何建立有效的激励约束机制,不但是一项重点工作,并且是一个重要研究领域。在实际中也出现了包括期权激励在内的长期激励计划,这些计划往往具有很强的技术性,甚至由专业薪酬机构进行设计。不过,我们也不难观察到,公司治理领域仍然存在大量的"激励空转"现象,即给高管人员的薪酬并不低,但薪酬与业绩挂钩的机制,特别是以薪酬促进公司长期健康发展的机制并不容易建立;同时,激励有余而约束不足的问题困扰着许多公司,即如何约束高管人员利用职权和掌握的资源以及影响力、关系网来牟取不当利益、实行不当交换,并不是一件容易的事。在公共治理领域,激励与约束机制看起来简单一些,但实际上更加难以捉摸、难以正确把握。一方面,公共治理不可能似乎也不应该实行类似于公司治理的高强度、高额度激励计划;另一方面,公共治理又难以吸引顶尖人才,难以淘汰冗余庸才。此外,公共领域官员的贪腐、滥权等问题,更是许多国家的顽疾。公共治理还面临着比公司治理更加麻烦的问责困惑,因为在公司治理中,即使董事会的薪酬计划和考核制度失效、监事会或审计委员会的监督核查缺乏威慑性,但最终都可以由市场竞争中的破产清算机制进行问责;但公共治理中不存在这样的机制,从而要么失职和失误得不到及时和有力的问责,要么被"一人有病,全体吃药"和"宁肯错杀一千,不可放过一个"的极端问责所束缚。

不过，这些困惑与问题不但没有阻止治理机制的扩张和治理框架的建立，反而刺激了治理改革，以提升选人用人、激励约束等方面的能效。在过去几十年里，许多有用、有效的技术性机制被开发出来，许多具体、细致的操作性措施被推行开来，使得优秀人物胜出的可能性和他们为委托人尽心尽力服务的积极性和能动性增强，使得对他们的不良品性和不当行为进行惩罚的可能性提高。考察过去几十年全球范围内治理改革的历史，特别是公司治理改革历史可以发现，《卡德伯里报告》《格林伯里报告》《汉普尔报告》等文件、OECD 多个版本的《公司治理原则》，以及许多国家的大量立法和修法，都致力于有关技术性机制、操作性措施的建立和完善。在社会治理和公共治理领域也可以看到类似工作。可以预见，在未来时期里，这方面工作会在全球范围内继续推进。

学术界也从完善相关指标等角度不断深化对治理能效，特别是对治理效果的分析和评判。在过去二十多年里，公司治理领域的许多学者都试图在公司治理指标与公司发展效果指标之间建立联系。他们选用的公司治理指标通常以股东大会及股东投票的参与度和规范性、董事会制度的健全性以及独立董事的比例、管理层薪酬的合理性及其与业绩之间的关系、财务透明度的高低和信息披露的合规性，以及法律诉讼的可行性等来衡量。而公司发展效果指标则以市场价值、托宾 Q 值、股东回报率、业绩成长性，以及资产、利润、创新表现等来衡量。一些研究表明，公司治理改善产生了较好的公司发展效果。例如，施莱弗和维什尼（Shleifer and Vishny，1997）的研究发现，所谓良好公司治理，其实是一套更有利于保护投资者利益的制度，这些制度有利于投资者，特别是中小投资者保证自己得到应有的回报。不过，这个研究领域也存在一些争论，一些学者认为公司治理与公司绩效之间的关系是复杂的，甚至是模糊的，譬如拉让尼克和奥苏利文（2005）就认为，如果从公司长远发展和长期绩效看，把外部投资者的利益摆在优先位置并不合适。而在公共治理领域，有关治理优良程度与发展绩效指标之间关系的学术文献要少一些。不过有一些经济学家，譬如美国经济学家巴罗（2017），以经济增长来衡量公共治理的效果，他认为良好的民主治理与持续的经济增长之间存在比较明确的关系，而经济学家马利根和萨拉伊－马丁（Mulligan and Sarai-Martin，2003）则认为，民主治理与非民主治理在经济增长方面的表现差异并没有想象中那么大。当然，更多的研究仍然侧重于改进指标，优化分析技术，以评估到底哪些因素才可以促进治理能效的提升。

总而言之，勇于实践探索的人发现，在现实世界，广泛参与行权、有效制衡分权，以及设立必要程序、讲求公开透明等治理机制，只要配之以周到适宜的方式方法，就可以在选人用人、发挥优秀人物积极作用等方面，可以在促进发展、推动经济增长、让更多人分享发展与增长成果等方面，产生良好能效。21世纪以来，推进治理的扩展和改善、促进治理能效的显现和提升的政策行动，在世界范围内不断获得进展。譬如世界银行在过去10~20年里对各经济体的营商环境进行评估，发现营商环境排名更高的经济体正是那些更加富裕繁荣的经济体。营商环境排名在一定程度上代表了公共治理的良好程度。这类工作引起了全世界的重视。我国于2020年初开始实施的《优化营商环境条例》清楚地指出，持续优化营商环境就是为了不断解放和发展社会生产力，推动高质量发展;各级人民政府及其部门应当坚持政务公开透明,全面推进决策、执行、管理、服务、结果公开;优化营商环境,应当对标国际先进水平,为各类市场主体投资兴业营造稳定、公平、透明、可预期的良好环境。该条例还专门提出了法治保障措施。显然,我国看到了良好公共治理与高质量发展之间的正向关系。2022 年,世界银行进一步改进了评估指标,鼓励各个经济体构建良好营商环境,并于 2023 年构建了更加注重公共服务质量、法治公正等指标的 Business Ready 评估体系,也体现了以公共治理改善促进经济发展的思维。还有其他一些国际机构构建了人类发展指数、幸福指数等复合指标,以更好地衡量公共治理的效果。

二、企业家精神、能人主义与治理主义的差异

有效公司治理的最重要表现,就是应该有利于企业家精神的充分发挥。不过,一些重要的经济学家(张维迎,2020)认为,由于企业家从事的工作是创新,难以得到股东、董事的理解与接受,股东投票、董事投票制度与企业家精神相冲突,所以公司治理方面的那些基础性制度是错误的。这就引出一个严重的悖论:要改善和强化公司治理,必须让股东,包括那些对公司经营、公司发展不甚了解的小股东进行投票,而他们的投票越普及、越积极,很可能越难以选出真正具有企业家精神的人,从而削弱企业发展的根本动力。很难说这个悖论在现实世界是普遍存在还是偶发存在,人们不难在企业部门找到截然相反的例证。而美国经济学家鲍莫尔(2010)则指出,企业家精神并不是高尚的代名词,

他在强调企业家的创新精神、创造价值能力的同时，也认为不应该忽略企业家可能具有的破坏性和掠夺性，认为企业家才智可以在多种用途之间进行配置，企业家到底以什么方式行事，取决于游戏规则。显然，鲍莫尔试图在企业家精神和公司治理之间寻找平衡，或者说，他不倾向于把有效的公司治理与焕发的企业家精神对立起来，有效的公司治理不过是要寻找平衡性规则而已。

企业家自己更加强调企业家精神的作用。一些著名企业家对外部股东，特别是小股东、短期股东，有些不屑一顾。譬如我国阿里巴巴的创始人曾在一封致投资者的信中明确表示，阿里巴巴实行"客户第一，员工第二，股东第三"的宗旨，因为为客户创造持久价值才能为股东创造价值，而让客户满意的最主要因素是员工；阿里巴巴治理机制中最具特色的合伙人制度，就是选出员工中出类拔萃并具有共同信念的人，让他们在公司战略上拥有很大发言权；公司渴望长期投资者而非短期股票炒作者。[①] 阿里巴巴的合伙人并不是由股东投票选出，也不是由董事会投票选出，相反，是合伙人拥有提名董事的权利，并且拥有在特定情形下任命董事的权利。由此可见，合伙人制度可以说是公司治理，但又不是典型的公司治理，甚至与我国《公司法》规定的某些权利条款相抵触。更进一步，这种把股东、员工、客户割裂开来，并且要排出一二三的思维，从治理的视角看也比较生硬。但不容否定的是，这些合伙人，特别是其中的核心人物，是公司中具有企业家精神的人物。不少评论都认为，阿里巴巴迄今为止的快速发展和强大竞争力，与合伙人制度密切相关。当然还有很多其他企

---

① 这封公开信的全文请见 https://www.ithome.com/0/102/317.htm。

业，特别是创新型企业，其发展状态的确高度依赖于创业企业家本人。

有利于创新创业者发挥作用的公司治理很可能有异于成熟大企业的公司治理。鲍莫尔（2008）就精辟地指出，好的资本主义是大企业型资本主义与企业家型资本主义的某种混合形式，这种混合形式既有利于推进创新、促进经济增长，又能构建治理框架和制度以防企业家从事破坏性和掠夺性活动。鲍莫尔的洞见在创新创业变得极为重要的当今时代，具有重要价值。实际上，其他一些把眼光从股东身上移开的学者，譬如强调员工等利益相关者作用的学者，也具有类似思维，因为股东之外的其他人，包括被划为企业内部人的重要员工，特别是从事重要研发活动、掌握重要技术的员工，以及重要经营管理岗的员工，都可以被纳入企业家的范围，都可以被视为具有企业家精神的人，都是企业的能人。美国学者布莱尔（Blair, 2005）就特别强调，这些员工对于企业发展具有极大的重要性，并认为这些员工的人力资本与股东投入的货币资本一样承担了企业风险，因而是企业的利益相关者。尽管利益相关者理论仍然存在重大争议，但的确很难说除了总经理或首席执行官的其他经营管理人员乃至科技人员，就不具备企业家精神，就不是能人。事实上，现在许多大企业都提倡内部创业创新，鼓励大企业分蘖一些小企业，这就使不少内部人焕发出其蕴藏的企业家精神和企业家才能。这些理论和实践都鼓励能人脱颖而出、掌握资源、拥有权力、开拓事业，不管他是否投入资本、是否属于股东。这样的能人主义逻辑将受到推崇：只要可以让能人脱颖而出，上升到领导岗位，发挥其领导能力，就是好制度；做不到这一点，即使看起来再规范、再漂亮的制度，也不是好制度。能与贤结合在一起，才能引向贤能主义。

能人主义或者贤能主义，从逻辑上来说很吸引人。不过，这种思维一点儿也不新鲜。贤能主义在中国以及在许多国家都非常古老，但正因为漫长历史已经显示出许多教训，所以其缺陷更是广为人知。可以说，治理主义在很大程度上就是针对能人主义、贤能主义的一种纠正。如果不理解能人主义、贤能主义不可克服的漏洞和机会主义本质，就难以理解治理的重要价值，更难以接受治理也存在的局限和缺陷。

显而易见的事实是，对于公司组织而言，塔尖人物的企业家精神、开拓创新才能等，并不是企业发展和竞争制胜的全部要素。企业繁荣兴旺、市场竞争力增强、价值得到提升，绝不仅仅依赖于企业家精神，而与很多其他因素有关，包括景气周期和市场潮流的变化、政策的关照，当然也包括股东及时注资等，此外并不排除一些偶然性和运气的成分。更何况，公司的创立和发展离不开资本投入和积累，如果不尊重和保护股东的合理利益、合法权利，这种情况就不会发生。即使企业的成功在很大程度上依赖于内部人的努力，也并非只有企业家精神，而是有多种精神发挥重要作用，譬如，管理人员的严格精神、科技人员的求索精神、操作工人的工匠精神、营销人员的灵活精神等。所有这些有益于企业发展的精神，包括很可能最重要的企业家精神，都不应该背离治理逻辑。治理逻辑有可能会让企业家精神发挥得少一些，但从长远来看，良好治理带来的秩序和能效最终让良好治理名副其实。对于许多人熟知的乔布斯被赶出苹果公司的故事应该一分为二地加以分析。苹果公司及时赶走乔布斯，真的就是公司治理的问题吗？公司适时请回了乔布斯，不正是公司治理得好吗？要知道，乔布斯被赶走，不仅仅是因为他主导的产品销售不畅、他与其他高管在产品定价上的分歧，还因为他试图以不当方式来清理积压的过时产品，以及经常性地迁怒于人、责骂众人。[1]更何况，在苹果公司的故事中，管理层把"眼前活下去"摆在比"以后改变世界"更重要的位置，并不算错。许多股东不愿任由一个企业家一意孤行、随心所欲地搞看不清前途的创新，去不断"交学费"，这也不算错。这些胆小怕事或浅薄短视的股东，即使导致企业创新少一些、慢一些，也应该享有股东的基本权利。让群体基本权利为个人执意创新让路，也未必是好主意。

而在公共治理领域，能人主义、贤能主义逻辑和思维，无疑具有更大的危害性。总体而言，企业部门是竞争性部门，大量企业进行个体之间的激烈竞争。因此，即使企业家或者能人的创新走火入魔或者激进经营、偏执发展让公司陷入绝境，以及肆意侵权、不当牟利引起众怒，但损伤范围有限，况且还有破产清算制度进行救济和惩罚。这个公司垮了，还有那个公司冒出、兴起，公司破产重组也不是什么怪事，另外还有股份转让市场让股东有逃离机会。公共治理领域如果任由能人或者被一时视为既能又贤的人物把持，特别是因此而贬低和忽视治理机制的建立，由此造成的损伤和祸害就会大得多，甚至会远远超过他们曾经带来的社会福利。历史上这样的故事层出不穷，许多能人曾经功勋卓著，但后来一意孤行、欲罢不能、贻害后世。公共治理领域的一些能人也会具备企业家精神，人们将他们称为政府企业家、社会企业家、文化企业家等。如果任由这些人物在各自的领域自由发挥异

---

[1] 有关资料请见《史蒂夫·乔布斯传》，中信出版集团，2023年。

想天开的创新精神，而不将其纳入治理框架和治理规则，则极有可能频繁地出现糟糕结果。公共治理领域没有破产清算机制，甚至没有市场中的声誉机制，很可能要等到能人的生物时钟停止走动，才会真正迎来纠错机会，也就是说，公共治理领域实际上缺乏纠错机制。

与能人主义、贤能主义相对应的治理主义，具有更加全面的视野、更加缜密的逻辑。公司治理的思维和逻辑，既认识到企业家、管理者与股东、员工之间的利益一致，也认识到利益冲突，甚至认识到攫取与欺诈。哈佛大学法学教授克拉克（Clark，1986）的巨著《公司法》基本上就是围绕股东、董事、管理层的利益冲突开展论述，因为他认为，公司内部人员有很多机会来侵害股东，主要是小股东以及债权人的利益，这在实际中也有很多案例。伯格斯特雷塞和菲利蓬（Bergstresser and Philippon，2006）发现，一些大公司的高管通过操纵会计报表等方法来引导公司股价，从而行使期权来增进自己的利益。而耶马克（Yermak，2006）的研究表明，高管薪酬与业绩不挂钩现象和任人唯亲现象也不少见。别布丘克和弗雷德（Bebchuk and Fried，2004）则指出，一些公司的董事与高管相互勾结，相互帮助连任。如果认真翻阅司法资料也不难发现，内部高管和控股股东侵害小股东利益、伤害公司整体利益而自肥的案件层出不穷。在我国上市公司中，曾经大面积出现实际控制人占用、挪用上市公司资金的情况，那些实际控制人有许多都是赫赫有名的大企业家。特斯拉公司的创始人和首席执行官马斯克可以说是公认的能人和创新者，他在2018年"临时起意"发推特声称，公司将退市私有化，而且资金已经到位，还公布了具体的退市价格。后来公司宣布不会私有化，其女友说马斯克所讲的价格是吸食大麻后的幻觉价格，但这一事件导致公司股价异常波动，一些投资者受到损失，美国证券交易委员会对此进行了调查，马斯克被迫辞去董事长职务。[1] 显然，只有采取治理主义思维、遵循治理主义逻辑，才能有效避免这些企业家、能人、创新英雄危害他人、危害企业，才能促使他们在增进自身利益、实现自我价值的同时，增进他人利益、实现他人价值。在公共治理领域，也是同样的道理，如果掌握巨大资源和巨大权力的人物，执着于想象中的社会制度创新和社会改造工程，沉迷于乌托邦试验，则可能带来巨大的社会灾难。

治理主义的思维和逻辑无疑也可以通过参与感的增强、包容性的提高、平等性的构建来获得治理的能效。从直觉来讲，普通人获得尊重和参与、行使权利、组织的透明度提高和廉洁性增强，有利于提高更多人的积极性和能动性，有利于激发他们的创造力与合作力，从而促进共同事业的发展。我们很容易看到的现象是，在那些更加尊重普通人权利、诉求、尊严的机构和社会，人们的工作热情更加高涨，合作意识更加强烈，互帮和互谅风尚更加浓厚，而且创新精神也更加蓬勃。这样的机构和社会不可能不兴旺发达。一项综合性研究（Helliwell et al., 2014）表明，这样的良善治理与国民福祉之间的确存在较大关联。而在与之相反的机构和社会中，即使人们屈从于高压制度和严酷手段，从而一时显得所向披靡，但随着时间推移，一定会陷入死气沉沉、停滞不前的境地。

---

[1] 有关资料请见金融界网站转载证券时报网报道：https：//baijiahao.baidu.com/s？id＝1613000999654701776&wfr＝spider&for＝pc。

因此，我们是否应该陷入能人主义、贤能主义的思维而不能自拔？我们是否应该忽视对委托代理关系的审视、放松对控制人权利扩张的警惕？我们是否应该放弃对独立于权力控制者的监督和问责？答案不言自明。

三、亲创新的治理能效观

尽管前文已经提到了企业家精神及其创造力的焕发，但现在还是有必要专门从促进创新的视角来论述治理能效。

在当今时代，企业竞争、经济增长和人类发展越来越依赖于创新，这几乎没有多大异义。大到一个国家和整个世界，小到一个企业和一个团体，创新能力的提高在很大程度上就意味着发展绩效的提高。这里讲的创新有着比较宽泛的含义，既包括熊彼特推崇的生产要素"新组合"，即新产品、新生产方法、新市场、新投入品、新组织等方面，也包括比较单纯的科技创新，即科学发现、技术发明等方面。事实上，即使回顾过去几万年和几千年的人类发展史，也不难理解创新是何等重要。如果没有科技创新，就不会有今天高度发达的物质文明，没有企业家创新，就不会有当今这般的经济繁荣和社会财富。

因此，考察治理能效，应该审视治理机制，乃至治理文化是否亲创新，尽管也不应忘记在促进创新和维护公平正义之间是否存在严重冲突。缺乏亲创新的机制和文化很难被认为是良好的治理。亲创新的治理，首先就应该有着亲市场的治理机制和治理文化，因为企业家的创新精神只有在市场经济中才能得以弘扬。也可以认为，市场经济本身就是一种治理机制，而不仅仅是一种资源配置机制。最早深入研究治理的经济学家威廉姆森（Williamson，2007），正是从治理机制的角度区分企业和市场，他认为市场是与企业相对应的一种治理结构。不过，威廉姆森以及其他一些有影响力的经济学家，对将市场经济作为治理机制这一论题缺乏足够系统的论述，本书将在后面用一章的篇幅作必要阐述。

当然，亲创新的治理机制与治理文化还应该可以促进科技创新。现代科技创新的历史以及以此为基础的现代产业发展的历史，要比市场经济的历史短得多。市场经济实际上有着悠久的历史。为什么在几百年之前的人类漫长历史中，科技创新没有大量出现？这当然是一个经久不衰而又众说纷纭的话题，不过这很可能既与人类知识积累尚未达到"奇点"有关，也与人类的治理机制和治理文化没有发生足够变革有关，或者说，与治理尚未得到足够扩展有关。美国经济史学家莫基尔（2020）就对历史上的科技创新机制进行了分析，他认为创新的爆发在很大程度上得益于一种新机制和一种新文化的形成，从而使更多的普通人、年轻人能够伸展个人意识、质疑已有知识、挑战既定秩序。鲍莫尔（2018）则直截了当地指出，要促进创新就需要重塑治理机制，需要改变抑制创新的游戏规则。很显然，这些学者都意识到，存在着亲创新的和疏创新的机制与文化。

在现实中，我们可以看到，活跃的产业创新和科技创新往往由畅通的探索和表达机制、平等的交流与争论氛围以及对失败和挫折的容忍文化所激发和鼓舞。这些因素其实包含在治理精神之内。扩展治理不但意味着对强权力量的限制和制衡，也意味着对真知的自由探求和对信息的平等获取，还意味着更多人的参与、行权、合作、共享，因而治理精神恰恰与创新活力不谋而合。在那些强制力量、等级权威更严重，封闭性更高、开放性更低，自由度更小、严苛性更大的社会，即使许多领域都冠之以治理之名，但也可以想象，创新活力会受到很大压制，或者造假式的所谓创新会到处流行。这样的社会可能会更有纪律、更有整齐划一的力量，但体现的不是治理能效，而是统治加管理的能效。因此这样的社会在模仿和跟随领域可以快速前进，但在创新领域很难频繁出现颠覆性成果和突破性发展。

活跃的产业创新和科技创新往往也由灵活而强劲的筹资机制推动。创新的推进，一方面需要投入大量的人力资源，特别是需要投入大量具有创造力的人才进行基础研究、开发与设计、工艺改进和质量提升等活动，另一方面需要投入大量资金。完全可以说，创新是极为"烧钱"的事业。没有大量资金投入就不可能动员大量人力资源投入，更不可能让这些人长期从事不确定性很高、风险很大、前景不明的创新活动。在当今时代，创新已不再是自发和偶现的零星活动，而是有意识、有组织的持续性和战略性事业，源源不断的资金投入更加重要。因此，亲创新的治理机制和治理文化一定包含着相应的筹资机制和筹资文化。当然，政府也可以筹集和投入大量资金进行创新，但政府资金一方面比较有限，且有特定程序和特定要求，另一方面不可能与强大的激励机制相结合，而市场化、社会化的资金则可以有效克服这些局限性。如果一个企业不能够通过内源和外源融资机制不断筹集资金，投入创新活动中，很难想象这个企业会在长期内保持较高竞争力、维持较好发展业绩，也不能认为这个企业的公司治理有着良好能效，即使它具备齐全的股东会、董事会、管理层架构，也及时公布经过独立审计的财务报告,甚至还积极参与社会公益事业。一个国家如果对市场化、社会化的创新资金投入,包括对风险资本投入,以及对相应的投资收益和财富积累,抱着疏远乃至敌视的态度,那么创新就很难持续有力地开展下去,治理能效就会大打折扣。

当然,亲创新的治理并不应该只顾一头,也就是说,良好的治理机制和治理文化也不应该对创新过程中可能出现的副产品视而不见。的确,创新往往由少数人推动,对他们的失败和挫折作出容忍,对他们的成绩和成果进行激励,可能会使这些少数人,包括直接创新者和资金投入者,获得的收益与承担的损失严重不对称,从而使收入和财富差距不断拉大。治理无非是如何看待和妥善处理这种巨大差距。我们可以看到,在创新十分活跃的美国,一方面科技日益发达、经济持续增长,另一方面财富集中度越来越高,社会舆论的反应亦趋于两极化。此外,还有一个可能出现的副产品就是垄断和不正当竞争。创新成功者会享有爆发性增长的业绩、风头甚劲的竞争力、高出一筹的效率等,同时也有可能以此建立起排斥公平竞争的势力,并实行垄断。这样的结局不但会使自己丧失继续创新的动力,也有可能阻碍他人的创新。尽管当前主流的反垄断理论和法律存在不少争议,但可以说,如何判别和应对垄断及不正当竞争是治理领域不可回避的议题。尤其是,随着数智化时代的到来,数字经济领域的反垄断与反不正当竞争、人工智能行业的治理哲学与政策以及数据治理的底层逻辑和基础架构,都值得认真探讨。

四、接力视角和文明进步视角的治理

考察治理的能效还需引入接力视角。不管是公司还是其他类型的社会团体，或者一个地区、一个国家，要取得良好的发展绩效，要实现足够程度的发达水平，很少仅通过一代"掌门人"的贤能和创新就能够实现，一般而言需要经过漫长的努力，往往需要几代"掌门人"及其管理团队的相继努力才可以积累较大成就。应对未来的无尽竞争，更需要一代又一代人的接力付出，以及相应的控制权交接。一代企业家再贤能、再有创新和开拓精神，也不可能永久地跑下去，更遑论塔尖位置本身就是腐蚀剂，会逐渐侵蚀贤能者、创新开拓者的一切优点。这是无法对抗的自然法则。创立于1975年的美国微软公司，虽由创业企业家比尔·盖茨担任首席执行官职务约25年，并将微软市值带到了近1万亿美元的高度，成为当时全球市值最高的企业之一，但2000年盖茨卸任该职务，先后由鲍尔默、纳德拉接替。特别是纳德拉在2014年接任首席执行官时只有40多岁，他积极推动微软拥抱移动互联、云计算、人工智能，投入巨资入股开发人工智能公司（OpenAI），使微软重新焕发生机，将公司市值带到了2万亿和3万亿美元的高度。这是一个典型的接力型治理的事例。

不单是在公司领域，可以说在其他几乎所有领域，都需要一棒又一棒的接力长跑，而不是只有一位选手的百米冲刺。更何况，是不是真正的贤能者和开拓创新者，是否适合继续出场赛跑，可能需要多次接棒和交棒的循环才能得以证明。苹果公司乔布斯的经历就是这样，而在公共领域更不缺乏这样的事例。如果缺乏健全的治理，不但会失去制衡、监督、问责，更会阻断那些远离控制权的人行使基本权利，包括重新选择塔尖人物的权利，并有可能导致握棒选手自我美化为唯一的冲刺能手，以及自我固化为永久选手。接力机制也是一种开放性机制，让更多人有机会接棒，以投身于实现自我价值、做大集体蛋糕、增进整体利益的进程，并养成协助现任当权者工作、等待自己当权开展工作的心态，从而有助于减少现任当权者和潜在当权者之间的紧张关系，有助于保持一个组织的平稳运行和长期发展。因此，唯有健全的治理才可以使赛跑以接力方式继续进行下去，才可以使长期能效得到证明。

当然，也不能完全从功利主义角度来看待治理能效，以及治理本身。功利主义视角无疑必须作为基础性视角，因为老百姓评价一种东西，要问这种东西"能不能当饭吃"。从功利主义视角审视治理能效，无可非议。如果治理只是被学者、国际机构说得天花乱坠，而并不能帮助企业提高发展能力和市场竞争力，并不能促进社会繁荣和提升人们福祉，那仍将是阳春白雪。不过，还需强调的是，治理能当饭吃，又不仅仅只能当饭吃。经济学大师米塞斯（1995）打了一个很有意思的比方：将由许多人中遴选出来的人与国王和皇帝进行比较，在一些时候这丝毫不利于前者，前者犯错与后者一样多，所以社会上出现了否定选举的理论，而呼吁由少数最优秀的人物来进行统治。但还是应该断然拒绝这种理论，因为究竟什么是最优秀的人，其实没有严格的评判标准，问题的核心是暴力论，即是否允许以强力来产生统治者。米塞斯的意思应该是：如果由暴力来决定谁可以上升到塔尖，那么这不是一种文明状态，哪怕这个掌握控制权的塔尖人物还算不错。

米塞斯的人类文明视角，无疑已经超出了功利主义标准。虽然他并不是研究治理的专家，况且那时尚未流行这一词语，但其精神实质无疑具有历史洞察力与强大穿透力。诺贝尔经济学奖获得者阿马蒂亚·森（2012a）也属于同一类型的思想家，他指出，权利、自由等不仅涉及发展绩效，也涉及发展目的，还关乎权威与合法性的来源。也就是说，权利和自由一方面的确可以促进发展，另一方面又独立于发展而存在。从他的角度看，如果统治加管理的能效与治理能效一样好，是不是等同于统治加管理与治理一样好？森（2012b）还试图从身份认同的角度来解构权利、自由与公平，并剖析了多元主义和包容主义，指出人类社会面临的自由困境与探寻空间，尽管他的这些思考并不是专论治理。

米塞斯和森等人的思想有着明显的文明与进步视角。实质上，他们的思想闪烁着强烈的人文主义光辉。治理终究是关于人群的发展和秩序的学问，而不能停留于主流经济学的资源配置范式，因为人类从根本上来说并不是一种与资本、土地等一样的可以任由配置的资源。莫基尔（2020）也对经济增长中的资源配置和人文精神进行了必要区分，他一方面对创新和推动创新的所谓"文化企业家"极尽赞扬之能事，但另一方面又强调创新是进步文化的产物，而进步文化包含对现有权威的质疑，对普通人伸张权利的接受，对理性的尊重，等等。也就是说，创新与进步实际上难舍难分；而发展与治理，或者说功利主义视角的治理能效与文明进步视角的治理能效也密不可分。我们完全可以认为，理解治理精神既需要理解发展成绩、竞争绩效因何而生，也需要理解文明进步的不可或缺性。而且毋庸讳言，治理包含的行权与共治、参与和制衡，恰恰代表着进步与文明。

我们可以预料，治理的扩展与改革必将伴随着进步的扩张和文明的增进。事实上，至少在公司治理领域，文明与进步正在更多地扩张和增进。在过去 10~20 年里，社会责任、公司伦理等议题迅速成为公司治理最佳实践的重要内容，并成为时代潮流。这种潮流的出现的确引发了一些激烈争论，这里姑且不议；这些具体实践是不是意味着公司治理过于"越界"，也有待时间来回答。而在社会和公共等领域的治理实践中，正有更多的文明与进步元素不断渗入，尽管对于文明和进步本身，特别是对于后者，由于涉及对不同文化、不同种族、不同肤色乃至不同生活习性、不同生物物种的态度，在不同时段还会有不同内容并将难免激起争论，但从根本上而言，经历试错和相互借鉴、各自调整进程而向前推进的文明进步，不会停止步伐。因此，伴随着文明进步进程的治理会得到技术性修正，但不会改变根本方向。

还需要指出的是，在当今时代，治理的扩展与改革、文明和进步的扩张与增进，发生在一个全球化环境中。全球化意味着多样性，因为不同族群文明、不同法律背景、不同政策倾向的治理框架和治理理念不可避免地交汇在一起。同时，这也是一个竞争性环境。竞争不但存在于一个国家、一个社会内部，更存在于不同国家、不同社会之间。在非竞争性环境中，审视和评价治理能效不会面临竞争压力。但在一个竞争性环境中，有些企业决策迟缓、保守，能效更差，有些企业决策迅速、进取，能效更好，结果就是，后一类企业极有可能在市场竞争中胜出，而且这类企业的公司治理将会受到赞扬和肯定。多样性和竞争性一方面有可能促进相互比较、学习、借鉴，并促成进化；另一方面也有可能造成治理的碰撞，激起矛盾和冲突。这些比较与冲突还容易被放到聚光灯之下，从而可能引发不同社会和不同国家之间的紧张关系。尤其是，当传统的统治加管理与现代治理迎面相撞时，究竟是前者还是后者更能应对冲撞？答案并非显而易见。

在多样性、竞争性的环境中，如果现代治理显得迟钝、软弱，而传统的统治加管理借助于新手段、新技术而拥有一副更加时代化的面孔，并且一时获得惊艳的发展业绩，从而变得更加自信和更有吸引力，这一点儿也不令人吃惊。而只秉承治理的本质，将功利主义视角的治理能效观与文明进步视角的治理能效观结合在一起，更确切地说是将治理的根本方向与人类的文明进步方向联系在一起，才不会迷惑及迷失。

五、结语

研究并倡导治理，就不应该回避治理的能效。G20 和 OECD（2015）共同发布的《公司治理原则》在前言中即指出，改善公司治理正是为了促进经济效率和可持续增长。G20 和 OECD 于 2023 年公布的这个原则的最新版本进一步强调，应该提高治理的韧性（resilience），以促进可持续增长。这些重要的治理文件就体现了提高治理能效的思维。

不过，治理并不必然都是优胜选手，而且治理根本不可能成为全能选手，正如其他体制也不可能成为全能选手一样。在实际中，治理失能和失效的事例并不鲜见。在多样性和竞争性环境中，在一个不同理念和机制相互激荡的时代，不同治理模式之间以及现代治理与传统的统治加管理之间，面临着直接竞争，而竞争态势的一时强弱取决于许多因素。而且，科技进步，特别是信息和互联网、人工智能等领域的科技创新，给治理带来了一些含混不清的不确定性因素,也许获取信息和行使权利的成本会更低,也许以假代真会变得十分容易,也许人们可以更加方便地联结在一起,也许不同族群之间的分歧和对抗会变得更加激烈和激进。同时,创新驱动使经济增长更可持续、人类福祉改善更可期待,这些因素将如何影响治理能效,我们不得而知。

但仍然应该保持这样的信念:治理终将在新的环境和时代中获得进一步改革和发展,并因为人性的光明面而变得更有能效,也更加文明和进步。这是因为,新的环境和时代是更加开放的环境,是更加求变的时代。这与治理的精神一致。更重要的是,追求治理意味着人类群体的良好发展既需要依靠许多人的投入和贡献,也应该由许多人分享发展成果,而不是仅仅依靠少数塔尖人物并由他们独享成果,尽管这需要寻找微妙的平衡。进一步而言,治理之所以为治理,尽管其精神实质相对稳定,但绝不会僵化固化,它将在新的环境和时代完善自己。30 年前治理开始成为潮流,30 年后的潮流性治理将是什么样子,我们难以也不必现在就做出准确预测。唯一准确的预测就是,在新的环境和时代,治理必将难以回避。

本章参考文献

罗伯特·巴罗. 经济增长的决定因素 [M]. 北京:中国人民大学出版社,2017.
威廉·鲍莫尔. 好的资本主义,坏的资本主义 [M]. 北京:中信出版社,2008:9-11.
威廉·鲍莫尔. 企业家精神 [M]. 武汉:武汉大学出版社,2010:28-55.
威廉·鲍莫尔. 创新力微观经济理论 [M]. 上海:格致出版社,2018:192-208.
威廉·拉让尼克,玛丽·奥苏利文. 公司治理和产业发展 [M]. 北京:人民邮电出版社,2005:257-311.
埃里克·马斯金. 问责制与宪政设计 [J]. 比较,2011 (5).
路德维希·冯·米塞斯. 自由与繁荣的国度 [M]. 北京:中国社会科学出版社,

1995：59 – 96.

乔尔·莫基尔. 增长的文化 [M]. 北京：中国人民大学出版社，2020：230 – 248.

阿马蒂亚·森. 以自由看待发展 [M]. 北京：中国人民大学出版社，2012a：1 – 85.

阿马蒂亚·森. 身份与暴力 [M]. 北京：中国人民大学出版社，2012b：15 – 32，125 – 142.

世界银行. 2011 年世界发展报告 [M]. 北京：清华大学出版社，2012：7 – 37，73 – 180.

张维迎. 从企业家精神看公司治理存在的问题 [J]. 管理视野，2020（20 – 22）.

Bebchuk, L., and J. Fried, 2004. *Pay Without Performance: The Unfulfilled Promise of Executive Compensation.* Harvard University Press.

Bergstresser, D., and T. Philippon, 2006. CEO Incentives and Earnings Management. *Journal of Financial Economics*, 80（3）：511 – 529.

Blair, M., 2005. Closing the Theory Gap: How the Economic Theory of Property Rights Can Help Bring Stakeholders Back into Theory of Firm. *Journal of Management and Governance*, 9：33 – 40.

Clark, R., 1986. *Corporate Law.* Aspen Publishers, Inc：141 – 158.

European Commission, 2003：Action Plan on Modernizing Company Law and Enhancing Coporate Governance in EU. www. ecgi. org/commission/documents/com2003. 0284en01/pdf.

G20/OECD, 2015. *Principles of Corporate Governance.* OECD Publishing, http：//dx. doi. org/10. 1787/9789264236882 – en.

G20/OECD, 2023. *Principles of Corporate Governance 2023.* OECD Publishing, https：//doi. org/10. 1787/ed750b30 – en.

Helliwell, J., H. Huang, S. Grover, et al., 2014. Good Governance and National Wellbeing, OECD Working Paper 25, https：//doi. org/10. 1787/5jxv9f651hvj-en.

Mulligan, C., and X. Sarai-Martin, 2003. Do Democracies Have Different Public Policies Than Non-democracies, NBER Working Paper 10040.

Shleifer, A. and R. Vishny, 1997. A Survey of Corporate Governance. *Journal of Finance*, 52（2）：737 – 783.

UK Department of Trade and Industry, 2005. *Company Law Reform White Paper*, London.

Williamson, O., 2007. An Interview with Oliver Williamson. *Journal of Institutional Economics*, 3（3）：373 – 386.

Yermak, D., 2006. Flights of Fancy: Corporate Jets, CEO Perquisites, and Inferior Shareholder Returns. *Journal of Financial Economics*, 80（1）：211 – 242.

第四章
治理中的参与行权与制衡分权

治理得以与统治加管理相区别,并得以实现,其基础在于较广泛、较普遍的参与和行权(以下简称参与行权)。如果只让少数"精英"掌握权力、分配资源、决定规则,而多数远离控制权的人只是被动地接受这一切,哪怕被动接受的都是"好事",那也肯定不是治理。不过,参与行权的扩大,一方面取决于掌握控制权的"精英"是否愿意对更多人开放参与行权通道,另一方面取决于那些人是否有足够的参与行权的积极性及能力。决不能忽视"另一方面",因为参与行权需要付出个人成本,包括时间、精力甚至金钱,同时很可能还需要个人具有一定的文化知识和专业水准。也就是说,参与行权并不是自然而然的事,尽管多数人的内心蕴藏着这个朴素的愿望和冲动。因此,要确立和改善治理,就不能不仔细探究参与行权的有关机制和条件。

由于普遍性的参与行权并不可能时时"在位",也不需要无论大事小事都事事"在位",因此对掌握控制权的"精英"人物实行制衡就非常重要。这往往意味着在这些人物之间要实行分权,即权力的分割与分置。不过,制衡与分权会很自然地降低权力行使的效率,并可能导致相互攻讦和拆台,使一个机构、组织、团体不像一台机器，而像堆放在一起的零部件。制衡分权如果缺乏较普遍、较广泛的参与行权作为基础，也有可能滑向几个"精英"团体分肥或纷争的泥潭，造成一个恶质的制度环境，导致普通人更加失望和冷漠。因此，对制衡分权也不能抱有不应有的理想主义幻觉，而是应该在深入分析的基础上，设计出合适的体制框架，并使之具有可持续性。

一、参与行权的要件

不拥有控制权的普通人的参与行权是治理得以实现的最坚实基础。英国可谓在公司领域和公共领域均最早实行制衡分权的国家，但在现代治理浪潮中，英国仍然致力于强化参与行权这个基础。2006年英国实行了历史上最重要的公司法改革，要点之一就是鼓励普通股东积极参与公司治理，包括鼓励他们通过互联网参与投票和发表意见，以及鼓励公司修改章程以方便间接行使股东权利等（郭洪俊，2008）。事实上，英国公司治理改革的趋势具有标志性意义，其他许多国家和地区都在21世纪采取了类似的强化股东参与行权的政策行动，譬如美国、日本、欧盟等都是如此（郭富青，2008）。OECD（2023）新近发布的《公司治理报告2023》就强调，由于大股东与小股东之间的持股比例存在巨大差距，所以小股东的参与行权变得更加重要。而在公司领域之外的其他领域，鼓励普通人参与行权也是一个重大潮流。

现在假定，并没有来自掌握控制权的人物对普通人的参与行权施加任何阻挠，更不存在法律障碍。譬如，一个人买了上市公司的股票，他参加股东大会发表意见和投票，没有任何障碍。但实际上，对许多普通人而言，尽管参与的愿望是天生的，但参与的行动并不是必然的。首先，参与意味着"动身"，即参与者要在特定时间到达特定场所。即使在现代，交通工具已十分发达，并且许多人都可以腾出时间，这仍然是一件有成本的事。哪怕借助于现代互联网技术在虚拟空间现身也有相应成本。在前现代时期，这更不容易做到。因此在很长时期里，参与是少数人的事情，而且现在也只有少部分人能够做到。于是，参与行权被一些人讥讽为"有钱又有闲"的人的游戏，也不是全无道理。其次，参与需要表达，如果一个股民对公司的情况没有一定的研究，也没有基本的财经知识，即使他喜欢发言，也无法形成有价值的意见，所以他很可能选择不参与；或者他的表达不会得到其他参与者的鼓励和认可，那么他下次就很可能不再参与。再次，行使权力意味着选择和决策，这需要必要的理性和判断力。如果一个股东投票同意公司增加注册资本，那么他就需要懂得融资和投资方面的知识，而且应该了解公司发展规划和融资条件，还需要判断增加注册资本将会导致股东利益发生怎样的变化，并决定是否愿意为能够获得未来更多利益而支付短期资本。如果他反对公司增加注册资本，也同样需要这方面的知识和理性。

由于存在诸多不便和付出，个人支付的成本与个人得到的收益不对称，这就可能导致"搭便车"行为。每个人都可能有这样的想法：自己不参与表达和投票，而让公司其他股东去做这些事情，公司获利之后自己也可分得一份，若公司受损自己也只承担一小部分。在这种想法的支配下，许多人都会放弃参与行权，那么治理就会失去基础。也就是说，参与行权是个人行动，但背后有着集体行动的逻辑，如果这种逻辑受到侵蚀和破坏，那么治理就会失去群众基础。

参与行权也需要一定的担当或者胆识。当股东会议要投票选举董事的时候，是投票给张三还是李四，一些人的内心会产生矛盾。特别是当小股东与董事候选人张三和李四都认识的时候，张三和李四的拉票就可能导致问题。投票终究可能难以保密，如果投票给张三，就可能引起李四的怨恨甚至报复。但如果张三是更合适的人选，那么就需要股东展现担当精神，不畏惧李四可能于日后施加的怨恨和报复。这并不是一件轻松的事。这还只是公司领域的参与行权。在公共领域，有许多类似且更加严重的困境。特别是在国家的基层治理中，参与行权甚至可能与宗族、宗教势力以及暴力威胁纠结在一起，使许多老百姓没有动力参与行权。换句话说，参与者中其实存在社会分类或者社会分层，类别和层次往往与种族、地域、文化、宗教以及财富、职业等联系在一起，从而构成了人们的不同身份，而不同身份的人们容易形成不同的选择，但治理的最终选择由参与行权者的人数决定，因此这并不一定会带来最好的能效。更有甚者，在缺乏担当精神的时候，如果有人愿意花钱"买"选票，就很容易成交，从而使名义上的参与行权沦为实际上的金钱支配。这样的情形并不鲜见。因此许多时候，普通人的参与行权更加难以阻止神圣权利沦为交易品；而少数"精英"如果受到比较严格的约束，或者他们有较好的德行和自我期许，反而可能会拒绝交易和胁迫。就此而言，如果治理比统治加管理在结果上显得一时更加糟糕，一点儿也不奇怪。

当然，这些问题并不能彻底阻止参与行权的发展。人们设计出了一些方法，开发了一些机制来逐步解决这些问题。首先，循序渐进地、有限地开放参与行权群体。在社会治理和国家治理方面，最开始是让有一定财产的人和识字的人参与行权，因为这些人不但更加关心权利行使对自己财产的保护，也有一定的文化知识。随着识字率的增加和有产阶层人数的增多，参与行权的群体不断扩大。当然在公司治理中，只要有了股东身份就可以不论文化水平高低和财产多少，都可以参与行权，但为了鼓励小股东参与行权，有关公司的法律法规和治理准则就开发出累计投票制度来放大小股东的局部行权效果，从而激励他们投票。其次，随着社会变得更加发达，可以尽量采取新的技术手段来促进更多人参与行权，例如英国、美国在其邮政网络变得四通八达之后，将邮寄投票合法化，并且规定了一些细节来确定邮件选票的有效性，譬如以当地邮戳日期为准来确定所投选票是否属于选举截止日之前的投票。而在互联网普及之后，无论在公司治理领域还是国家治理领域，线上投票也得到越来越多的鼓励，甚至电子签名和人脸识别都会成为鼓励参与行权的新兴技术方式。再次，即使在欠发达的社群也可以因地制宜地开发出一些简单适用的方法来克服一些常见问题，譬如识字率低、文化知识不足的问题。一个非常著名的例子就是中国共产党于20世纪三四十年代在延安实行的"豆选法"，即在选举的时候，让几个候选人坐成一排，每个人背后放一只碗，不识字的老百姓用豆子当选票，把豆子放进自己中意的候选人背后的碗里。因此，只要有推行治理的热情和决心，就可以想出许多简单有用的技术手段，来促进普通人的参与行权。

参与行权也需要一些软性基础设施来保障。首先，是信息的真实性和通畅性。不掌握控制权的普通人，不管他是小股东，还是社区平民，要参与公司或公共事务，要行使基本权利，第一要件就是应该获得公司事务或公共事务的真实信息。如果信息不准确或者完全虚假，那么他们就无法了解真实情况，就不可能做出理性判断和合理选择。如果信息渠道被压制、被阻塞，真实信息得不到扩散，同样也不能让他们做出合理选择。因此，在一个治理社会，一定要有保证信息充足、准确的软性基础设施，其中包括言论和舆论方面的自由度的法律法规等。其次，是透明度保障。透明度保障与信息真实性要求有一定关系，但又不完全一样。譬如在公共治理领域，一方面允许候选人自我宣传推介，同时又按照惯例或者出台正式制度以规定候选人必须披露个人和家庭财产状况、缴税记录等信息，组织候选人进行辩论以让选民了解他们的政策倾向。这样的透明度要求对许多候选人来说简直难以承受，但唯有如此，才能使治理的软性基础设施比较有效。在公司治理领域，上市公司每个季度和年度必须公布格式化的财务报表，并且允许投资机构到公司进行现场调研，这也属于透明度保障机制。再次，就是法治体系。这也可能是最重要的软性基础设施。也就是说，法庭能够比较独立地审查参与行权过程是否存在重大问题，并做出判决。

还有一个软性基础设施就是人们的参与义务和责任。广泛的参与行权最重要的依靠是人们的行动主义（或称积极主义）精神，而最大的敌人是人们的冷漠症。这是缺乏责任感和义务感，对自己、对家人、对团体的权益漠不关心而导致的问题。因此，社会治理比较有力的地方，大体上就是那些公民责任感比较强的地方。人们需要意识到，参与行权在许多时候是一种应尽的义务。因此，如何让更多的普通人抱有这种义务意识，并且愿意付出时间、精力以及金钱去履行义务就非常重要。现在，即使在一些有公民参与行权长期历史的西方国家中，公民的投票率低迷也是一件非常严重的事情。而在欠发达国家，要推进治理，要鼓励参与行权，即使政治家有这样的意愿和决心，也需要强化软性基础设施。当然最重要的是，参与行权没有被扭曲和操纵，并且真正产生了良好效果，才会鼓励更多的人参与行权。这是治理的良性循环。

个体能否自由平等地参与行权，这很可能与城市文化占主导地位，特别是大都市文化得到确立有很大关系。在传统社会，在事先设定的格式化社会网络中，既有的秩序关系约束和限制了许多普通人，主要是年轻人、女人、弱势人群的平等与自由，他们的独立人格和自主性往往得不到保障，从而难以自由平等地参与行权。以部落、宗族为基础结构的社会，尽管也有一些分权制衡，也开放一些参与渠道，但很难实质性地脱离统治加管理体系，而自动转向治理体系。许多现象都表明，城市文化可以解除这些束缚，特别是大都市的发展让普通人置身于由陌生人组成的人海中，同时又获得了许多改变自身位置的机会，所以参与行权具有更大的自主性。另外，这样的社会由于脱离了传统社会长期赖以维持秩序的统治加管理体系，所以也产生了巨大的治理需求。可以说，城市化是治理的强效催化剂。从本质上说，城市文化更接近于个人主义和市民主义文化，而参与行权在很大程度上建立在这种文化的基础之上。在古代，希腊城邦能够发展出民主共和制度绝非偶然。而自从工业化以来，城市化的迅速推进使许多国家进入城市化时代，大量年轻人涌向城市，这就为治理的兴起，也为治理变得可能，提供了良好土壤。

二、制衡分权的基本逻辑

制衡分权是治理的基础性机制。在英国社会，制衡分权思维具有悠久历史，但在21世纪以来的公司治理改革中，制衡机制是否得到巩固，仍然被认为是衡量改革是否成功的标志之一（UK Department for Business, Innovation and Skills, 2010，即英国商业、创新与技能部，2010）。欧盟一系列改善公司治理的行动也体现了类似思路（王彦明，2009）。OECD（2023）发布的《公司治理报告2023》就指出，在许多国家，由于股权集中度在提高，所以如何构筑有效制衡就成为一项严峻挑战。而公共领域的制衡分权则得到了更加广泛的关注，譬如世界银行（2018）在其关于治理的研究报告中就指出，制衡规则的形成，特别是权力水平在不同部门之间的分配和区分，是国家权力规范化运行、法治社会有效运作的重要保障；赖特（Wright, 1994）则从理论上阐述了分权决策与公正良好的治理之间的关系；而罗森博姆（2001）集中分析了在民主治理体系中实行分权的优点及局限性。

不过，在治理中，权力到底应该如何被分置？制衡到底应该如何设置？这些基本问题并不容易得到清晰的回答。很多人认为，最基本的分权就是把决策权和执行权分开，这样才可以实现有效制衡。但这很可能是一种错觉。在许多情况下，决策权和执行权很难得到清晰界定和正确区分，因为在许多复杂的工作场景中，决策和执行往往纠结在一起。

在公司领域，很容易看到的情况是，大股东不但担任董事，而且出任公司高管，而美国大公司的首席执行官往往会兼任董事长。所以这些人既拥有决策权又拥有执行权。许多公司的董事会都有较高比例的执行董事，使得决策权和执行权高度重叠。我国在20世纪90年代出台《公司法》的时候，试图明确划分股东会、董事会、管理层的职能和权力。这种划分权限的思路一直延续到2023年，但在实践中，却造成了很大的不适和混乱。我国截至2023年底的《公司法》明确规定，股东会是公司的权力机构，所行使的职权包括：决定公司的经营方针和投资计划、选举和更换董事并决定他们的报酬、审议批准董事会的报告、审议批准公司年度财务预算和决算方案等；董事会对股东会负责，所行使的职权包括：决定公司的经营计划和投资方案，制订公司的年度财务预算和决算方案、决定公司内部管理机构设置、聘任和解聘公司经理（实际上是指公司总经理或首席执行官）并决定他们的薪酬；经理对董事会负责，所行使的职权包括：主持公司的生产经营管理工作、组织实施年度经营计划和投资方案、提请聘任和解聘公司副经理等。由此可以看出，上述条款以列举方式来规定股东会和董事会的决策权，并将经理和副经理的职权限定在执行层面。但实际上，不但股东会要决定的公司经营方针和投资计划、董事会要决定的经营计划和投资方案很难予以明确区分，即决策权在股东会和董事会之间的划分是模糊不清的，而且管理层主持的生产经营管理工作无论如何都将包括拟订和提交经营方针和投资方案，即管理层在行使执行权的时候实际上也拥有一些决策权。2023年底，我国全国人大常委会修订通过了《公司法》，不再规定股东会拥有决定公司的经营方针和投资计划的权力，特别是不再列举经理的职权，只是规定经理对董事会负责，根据公司章程的规定或者董事会的授权行使职权。这是一个很大的改进。美国的公司法不太一样。美国标准的公司法规定，除公司章程另有规定之外，公司一切权力由董事会行使或由董事会授权行使，公司一切业务活动依照董事会指令进行；公司章程的制定和修订则由股东投票确定。由此可以看出，在美国公司法中，董事会的权力很难分解为决策权和执行权，尽管在实践中这些权力大多被授予管理层行使；但董事的选任和更换则由股东投票决定，同时基本规则的决定，即章程规定的权力划分等规则，也由股东决定。也就是说，分割权力的人或者决定权力分割规则的人，与行使权力的人是分开的，前者往往是那些行使基本权利的人或者他们的代表机构。我们可以认为，将制定基本规则的权力，特别是制定权责利分配规则的权力单独分割出来，是公司治理中制衡分权的基本逻辑之一，也可能是社会治理、公共治理中制衡分权的基本逻辑之一。

当然，仅仅把制定游戏规则的权力单独分割出来，远不是治理体系中制衡分权的全部逻辑。治理中制衡分权的另一项基本逻辑，应该是确认重要官员人选的权力、确定预算和拨付经费的权力，与行使日常控制的权力实现分立。通俗地说，就是"人事权"和"财权"应该分立，尽管人们对人和财的权力应在多大程度上分立有很大分歧。在公司领域，财务预算的决定、利润分配的决定，都属于股东会的权力。在公共领域，如果政府预算与经费拨付由行使日常行政权力的政府自行决定，或者实质上由政府自行决定，那制衡分权在很大程度上就形同虚设。对公共治理而言，征税权力是否与政府行政权力分立，本质上与确定预算和拨付经费的权力是否分立是一回事。分立的财权也包括对掌握控制权的主要人员给付薪酬的权力，譬如公司总经理或首席执行官以及国家总统的薪酬和职位待遇，一般而言应该由董事会或者议会决定。

　　财权是否分立，在较大程度上表征着制衡分权是否有效。而人事权的分设，即确认重要官员人选的权力与日常权力的行使实现分立，则更复杂也更微妙。就自然逻辑而言，应该由拥有基本权利的人来选择掌握控制权的人。这种自然逻辑就是在历史发展中形成并得到广泛认可和自觉执行的一些基本观念，譬如在历史发展中形成的财产逻辑决定了必须由股东来投票选择董事甚至总经理。财产逻辑经过定居社会数千年的巩固而得以成形，从而被人们认为天经地义。不过，在社会和公共领域却未必存在与财产逻辑同样强大、同样获得广泛共识的自然逻辑，因此不同国家、不同地区在人事权分立方面有不同做法，譬如在尊崇宗教的社会，地位较高的教士或者长老就有较大的选举宗教领袖的权力，信徒认为这样做天经地义。即使在公司治理层面，人事权分立也存在不少灰色地带，譬如对一些大公司而言，为了增强董事会的独立性，以便董事会能够对管理层形成必要的制衡，就需要引入一定比例的独立董事。而在实践中，所谓的独立董事人选往往由管理层推荐，从而使董事会提名委员会和股东会沦为确认人选的"橡皮图章"。此外，公司治理中人事权分立遵循的逻辑也会随着时代发展而有所改变。譬如在所谓的"进步"潮流中，欧美一些大公司的董事会引入了员工代表甚至社区代表，由于董事会拥有选择首席执行官的权力，这就意味着没有股份的职工和没有财产权利的社区代表也分得了一部分选举首席执行官的权力，从而使公司治理的人事权分立些微地脱离了传统的财产逻辑。

　　第三个基本逻辑是监督权的分立。这是一种更加重要，也更加复杂的机制。人事权和财权的分立在一定程度上也包含监督权的分立，但其中的灰色地带比较广阔，有较大的模糊空间，譬如关于如何用人和用钱，事实上往往由掌握控制权的机构和人物提出议案并主导。监督权则意味着对控制权的行使进行检视，并作出合规性判断，以及建议或决定进行何种惩处。

当然，监督权到底如何分立有各种不同的具体做法，并且存在一些争议。我国公司法就明确规定，要在董事会之外设立单独的监事会（股东人数较少或营业规模较小的有限责任公司可不设监事会，但需设一至二名监事），监事会也由股东会选出，其职权包括：检查公司财务、对董事和高管人员执行公司职务的行为进行监督，并可提出罢免建议或提起诉讼等。不过，许多专家认为，设立单独的监事会似乎没有必要，因为董事会就可以对高管人员进行必要的监督和问责。而且事实上，在我国，监事会往往在很大程度上形同虚设，并不能发挥应有的监督作用。这是因为一家公司的重点监督对象应该是公司中掌握最高控制权的人物，不管是总经理、董事长或是一身兼二任的人物。但我国公司中这样的人物是"班子"中的"班长"，是单位中一言九鼎的"一把手"；单独设立的监事会成员，包括监事长，也是"班长""一把手"的下属，所以根本无法"以下犯上"实施监督，更不可能发挥纠正和惩处功能。日本的公司法也曾明确规定，公司应在董事会之外设立单独的监事会，但后来多次修改公司法，其监事会已被董事会的审计委员会取代。我国也有可能效仿日本的公司法修改路径，逐步建立健全董事会的审计委员会，从而取代单独设立的监事会。但我国董事会的审计委员会也将面临与监事会类似的困境，即很难"以下犯上"。其实，西方公司也在一定程度上面临同样的困扰，后来虽然在董事会中，特别是在董事会的审计委员会中引入了较多的独立董事，使这种困扰得到一些缓解，但并没有解决根本问题。况且，西方公司治理希望独立董事发挥监督作用，其背后的基本逻辑就是这些人不讲熟人情面，且珍爱个人声誉，所以不会被管理层拉拢、收买、软化，从而真正保持独立。以身份独立来促进权力分立，特别是监督权的分立，是西方公司治理乃至社会治理和公共治理的重要动向之一，但其背后的基本逻辑在我国可能并不存在，至少并不坚实。

因此，更加重要的权力，即问责权更应该分立。这比监督权的分立更具实质意义。公司治理中的最终问责权实际上在公司之外，即在法院以及不属于内部人的股东等人手中。掌握控制权的人物如果违规并涉嫌违法，就可能被起诉，从而受到法律制裁。问责权的分立是对掌握最高控制权的人，即对总经理或董事长等"一把手"的问责权的分立，具有至关重要的意义。美国于21世纪初通过的《萨班斯－奥克斯利法案》不但规定审计机构应该对财务报告的真实性负责，而且还规定公司掌握最高控制权的人物，即首席执行官，也应该对公司财务报告的真实性负责，如果他签发了虚假财务报告，他将面临罚款甚至服刑等法律责任。由于"一把手"处在一个体系、一个机构的顶层，对其如何问责恰恰是治理机制设计的焦点之一。如果没有对"一把手"问责权的分立，治理中的制衡分权机制就没有精髓。公司治理是这样，公共治理也是这样。可以说，治理中的监督和问责权与日常控制权实行分立，其精髓并不在于一个体系、一个机构内部是否自上而下地设立了单独的监督和问责部门，更不在于这种部门的叠床架屋、无孔不入，而在于真正的问责权是否可以独立存在、独立行使。从这个意义上来讲，治理在很大程度上依赖于法治，即法院体系与行政体系分开，甚至检察体系也具有较强的自主性。这也是治理中的制衡分权与统治加管理体系中貌似存在的制衡分权的根本不同之处。

以上分析主要针对顶层的横向制衡分权。还需特别指出的是，纵向分权也会对顶层构成一定程度的制衡，甚至是比较强大的制衡。我国古代帝王非常担心诸侯坐大，从而不时采取"削藩"政策，这实际上就反映了纵向分权是一种令皇帝忧惧的制衡力量。即使到了当今时代，无论是公司治理，还是公共治理，下面层级的力量扩大，包括财力的增强、决策自主权的扩大、民意基础的雄厚等，都会对较高层级的权力、利益、责任构成重要牵制。甚至在有些情况下，较高层级的重要决策需要获得较低层级的事先首肯，才有可能得到施行。尽管这并不意味着一个机构、组织、体系的一体化受到实质性颠覆，但纵向分权往往比横向分权更容易自动形成，因为在离顶层越远的地方，来自顶层的监督和控制就越弱，就越容易通过各种"小动作"不断积蓄自己的力量；而分权最终还是由于分割化力量的存在，制衡也是因为分割化力量强大到足以构成威慑。这里并不是要确切地肯定纵向分权在构建制衡机制中的作用，只是强调制衡方式有多个维度。

当然，制衡机制比分权制度涵盖更加广泛的内容。制衡并不仅仅依赖于分权。在现代治理运动中，制衡越来越依赖于整个社会的知情和参与，以及公民意识的觉醒和张扬。即使在公司这样的微观领域，社会舆论压力对管理层的制衡，包括对最高管理者的制衡，也正在发挥更大作用。事实上，20世纪90年代公司治理运动在全球范围内的兴起，较大程度上就来自社会不满和舆论压力，譬如著名的《卡德伯里报告》《格林伯里报告》《汉普尔报告》，就是因为一些重要的上市公司爆出财务丑闻，引发了民间社会对公司内控制度及董事会功能的强烈质疑，从而促使伦敦交易所和英国其他有关机构决定对公司问题进行全面检视，并采取针对性整改政策。而20世纪末美国安然、世通等公司的倒闭，更是令证券界和公司界震惊的重大事件，也是《萨班斯－奥克斯利法案》在美国诞生的诱发因素。欧美等地的"黑幕揭发"（muckraking）运动，即一些专业化的分析机构和新闻媒体对财经界以及政界的丑闻不遗余力地揭露和抨击，也形成了强大的社会压力。21世纪以来，公众评论和舆论压力还越来越关注公司是否履行一定的社会责任，越来越在意公司董事和高管是否遵循一定的道德水平和伦理标准，这也对公司治理产生了重大影响，由此形成的制衡力量变得日益强大。企业社会责任、企业公民行为等内容不断向公司治理领域渗透，形成了生态责任、社会责任和公司治理结合在一起的ESG（Environmental、Social and Governance，即环境、社会和公司治理）运动，就是明证。而在公共治理领域更众所周知的是，公众评价和社会舆论发挥的制衡作用具有前所未有的重要性。

因此，广义的制衡机制实际上根植于全社会的开放与透明、公民意识的觉醒和勃发。这样的制衡机制也是现代社会进步性的具体体现。现在，有许多规模较小的公司都开始主动将其一部分经营行为和经营状况公之于全社会，主动以社会压力来制衡自己。而许多非政府机构，譬如慈善基金，更热衷于主动寻求社会制衡。毫无疑问，政府也将不可避免地置身于这种制衡环境之中。这种制衡机制的存在尽管给公司、非政府组织和政府机构带来了更多压力，但同时，它们也可以通过公开和透明的制衡获得更多的社会信任，从而获得信任溢价。广义的制衡机制也得益于潜在的竞争与淘汰压力，譬如股权的开放性和流动性，以及并购市场的存在，就会对公司管理层和董事会构成压力；而公共治理领域的竞争与淘汰机制也可以发挥良好作用。

三、一些讨论

参与行权与制衡分权是治理的核心内容。至今为止的治理已经形成了比较完整和稳定的参与行权、制衡分权的机制和实践，尽管不同国家、不同地区的具体措施有所不同。但是，不应该认为这套比较完整稳定的机制和实践是全知全能的上帝事先给定的框架，也不应该认为其是所有人充分协商、全体同意的结果。实际上，从历史过程来看，治理中的参与行权、制衡分权机制是经过多方长期博弈形成的，并会随着博弈力量的改变而进一步演化。也就是说，不同利益群体的力量都在动态地推动治理的成形和改革。

在公司领域，参与行权和制衡分权制度的成形及改革，就经历了较长时期的博弈过程，尽管公司治理这个专业词语的流行并没有很长历史。正如布莱尔（1999）所言，公司治理的实质就是在公司中建立规则以限定控制权、决策程序，并界定各种权利和责任，而董事会功能则是规则的核心。但又如威廉姆森（2001）以及法玛（Fama，1980）分析的，公司董事会是作为一种控制工具而内生形成的。他们的解释实际上表达了这样的观点：董事会功能的界定与实现不仅仅依赖董事会这个"机构"本身，而且是通过长期演化形成的一套正式和非正式的制度安排，如成文法、在诉讼中产生的判例法、信托文化等。长期演化在很大程度上由不同利益群体之间的互动博弈推动；互动博弈使他们的权利、责任、利益以及权力分配和制衡方式变得逐渐清晰和易于操作。青木昌彦（2001）关于制度和博弈的理论从另一个角度清楚地说明了这个过程：博弈参与者在博弈过程中的策略互动内生形成了共有信念（shared belief）系统，从而使制度可以自我实施（self-enforced）。因此一方面，大股东、小股东、管理层、各类董事，以及债权人、职工、政府机构等博弈参与者经历了大量的摩擦、纷争、冲突，形成了目前的参与行权和制衡分权的共有信念，并愿意付诸实施；另一方面，难以事先界定的各种摩擦、纷争、冲突仍然存在，各类利益群体仍然需要博弈和互动，并促进公司治理得到继续改革。因此，未来公司治理中的参与行权和制衡分权将会演化为怎样的形态，尤其是各类利益群体将会获得怎样的地位，将取决于他们在博弈过程中的策略和力量。

这听起来像政治。的确，一些学者，譬如庞德（2001）就将这个过程称为公司政治机制（corporate political mechanism），他明确指出，公司治理围绕权力分配展开。他还把权力集中于管理层（经理层）的治理称为"管理型公司"，将共同分享权力的治理称为"治理型公司"。张文魁（2004）也指出，制衡分权是重要参与方经过博弈而形成的暂时均衡，使公司权力配置在动态中寻找平衡，譬如美国公司的权力配置，特别是对公司董事以及经理的权力限制也是随着时间推移而变化的，而公司政治机制让公司治理看起来与政治舞台如出一辙。还有许多学者描述和分析了社会和公共治理领域的政治机制，包括参与行权、制衡分权方面的政治机制。譬如西拉（2021）就指出，美国在建国后很长时期里，其联邦层级的功能非常弱化，恰恰是总统及零散的联邦机构与州层级进行的博弈，以及许多政治家、企业家和社会活动家参与其中，才使联邦政府一步步"做实"，不但确立了联邦财政体系，还催生了联邦货币发行和管理体系，以及联邦反托拉斯体系，并构建了联邦和州层面的相互制衡机制。郑德龟（2008）指出，在韩国，一度由政治圈、官僚圈和企业集团构筑的"三角"结构，也因为经济社会转型的推进而一步步弱化，使制衡分权体系发生了实质性变化。这些描述和分析非常有助于我们理解治理中的参与行权、制衡分权是如何与各种势力和群体的力量联系在一起的，并如何形成暂时的均衡。毫无疑问，在其他国家，也包括我国，不可能不存在政治机制，这种机制不可能不对参与行权和制衡分权的演进产生影响。

还需要强调的是，企业组织架构的重组、公司治理和管理控制关系的重新调整，往往也是各利益方相互博弈的结果，而且它们并不一定在开始时就有明确和一以贯之的博弈策略，很多时候是"边走边看"，相机抉择。譬如美国著名的人工智能企业OpenAI 在 2023 年 12 月之前的一段时间里就经历了公司治理的重大变故，其创始人之一、时任公司首席执行官奥尔特曼一度被董事会解除首席执行官职务，从而引起全球关注。但该机构最重要的投资者微软尽管在该机构的董事会中没有任何席位，更不参与管理，但微软也借机表达了对 OpenAI 的治理进行改革的愿望，并施加了极大压力，譬如放风要把奥尔特曼聘用到微软的重要职位，以及聘用 OpenAI 的其他重要员工，以推动 OpenAI 的公司治理变革。这些变革要求包括：扩大董事会规模、重要决策应该让微软参与并讨论、让微软在某些关键事项中拥有否决权等。[①] 而在全球化环境中，国与国之间的博弈也有可能渗入公司治理层面的权责利分配博弈，譬如在 2008 年全球金融危机之后的若干年里，我国一些企业实施海外并购，中国铝业公司收购了澳大利亚力拓公司，中国吉利汽车公司收购了瑞典沃尔沃汽车公司，中国北京汽车集团入股了德国戴姆勒汽车公司等。但在这些中国企业收购国外重要企业的控制性股份或者大比例股份的过程中，各相关方，包括被并购和入股企业的董事会、管理层、工会，以及所在地政府，并购和入股方，一些重要的机构投资者，进行了密集和激烈的谈判，谈判的主要内容就是并购或入股后的企业控制权分配、技术秘密维护、员工权益保障、商业合规性等，特别是强调应该如何维持被并购或入股企业的运营独立性，防止并购方或入股方将其与并购方或入股方实行一体化运营。很难说上述这些安排是否合理合适，并且是否损害了出资并购入股的大股东的合法权益，但这就是公司参与行权和制衡分权方面的博弈。这些事例清楚地表明，参与行权、制衡分权的具体规则，治理变革的具体措施，的确是有关各方根据发展中的实际情况进行动态博弈而向前推进的结果。

在公共治理领域，政治机制对制衡分权框架的影响更加显而易见。不愿意受到制衡，更愿意集中权力，可以说是人的天性之一，特别是对那些比较强势的人物而言，更加集中和不受制约的

[①] 有关资料请见美国著名商业新闻机构 CNBC 的报道：https://www.cnbc.com/2023/11/20/microsoft-ceo-nadella-says-openai-governance-needs-to-change-no-matter-where-altman-ends-up.html，以及《中国日报》的报道：https://www.chinadailyasia.com/article/362742。

权力意味着可以更加放手大干、实现抱负。在实践中也的确可以看到，一些具有远见卓识和超群能力的强势人物在消除过多掣肘之后，成就了举世瞩目、名留青史的伟业。这种对事业的渴望诱惑着许多掌握控制权的人物的伟大自我期许，从而尝试削弱制衡分权体系。譬如在以色列，2023年时任总理就致力于推动该国的"司法改革"，主要内容是，在最高法院的法官任命委员会中增加政府代表席位，改变最高法院可以否决议会通过的法案、否决政府某些决策的权力，让议会可以通过表决来推翻最高法院的合宪审查。这实际上显著扩大了政府权力，削弱了最高法院和议会对政府的制衡。[①] 事实上，最高法院对政府的违宪审查权力也并非来自以色列某部法律，而是20世纪90年代的最高法院首席大法官通过判例形式对最高法院实行扩权的结果，即司法权自主扩张、自我授权的结果。而政府操纵议会通过"司法改革"方案，虽然同样缺乏法律依据，同样属于政府自主扩张、自我授权，但都是动态博弈中的策略性行动。对于这一"司法改革"动议和行动的态度，以色列国内民众分为不同派系，但许多民众通过游行示威方式进行抗议。这样的事例说明，在制衡分权体系的演化中，远离控制权的人也可以参与其中，发挥作用。

因此，如果仅仅把政治机制理解为精英人物及其团体进行的权力分配博弈，那就过于狭隘，而且不利于完整地审视治理。从根本上说，治理中的制衡分权模式，与不掌握控制权的人的参与行权有着内在联系。世界银行（2018）的一份发展报告就指出了

[①] 以色列"司法改革"有关资料请见腾讯网转载的《南方周末》2023年11月22日的报道：https：//new.qq.com/rain/a/20231022A07AA900。

精英博弈与公民参与的各自功能,并强调了它们之间的相互联系。对于人数较多的普通参与者而言,他们的确因为成本支付方面的困难,或者存在搭便车心理,而不愿意过多参与行权,更希望分权机制能够对掌握控制权的精英人物发挥制衡作用。但是,治理框架仍然应该保障他们最基本的参与行权的权利,譬如投票的权利以及抗议的权利,以便他们在充分认识到制衡分权制度不能发挥应有作用的时候,可以用自己的力量推动改变。尤其重要的是,对掌握控制权的人的问责结果,很可能最终还是取决于人数较多的普通参与者的态度和意见,正如世界银行(2016)的研究报告阐述的,投票、议政甚至社会运动等参与活动,最终将发挥施压和问责方面的效果。这就是治理中的普通参与者的态度所蕴含的力量。

因此,许多人的参与行权,和少数人之间的制衡分权,既相互关联又相互依赖。如果缺乏基本的参与行权机制,如果远离控制权的许多人缺乏参与行权的积极性和责任感,那么制衡分权就可能蜕变为各个精英团体之间的合谋分肥、沆瀣一气或者党争不止、恶斗不息,治理体系就有可能比贤明的统治加管理体系更加糟糕、更加乌烟瘴气。而远离控制权的人们的参与行权机制也需要借助于制衡分权体系来得以保障和强化,如果缺乏基本的分权制度,独揽控制权的专断者完全可以使用各种方式和手段,阻挠许多人的参与行权,或者扭曲和伪造他们参与行权的表达结果。譬如在一些地方,人们投票的选择倾向遭到胁迫,甚至投票的真实结果被篡改,使专断者的意愿穿上了现代治理的外衣,反而令现代治理蒙羞。更重要的是,在远离控制权的人中,不管是公司治理中的小股东,还是公共治理中的普通公民,他们参与行权的义务感和责任感、热情和道义，不可或缺。

当然，参与行权、分权制度和政治过程中的博弈也难免存在一些需要高度警惕的局限性。譬如，民意与民粹主义甚至极端主义，天然地存在直通管道。此外，参与行权的许多人可能具有强烈的种族、宗教、文化、地域意识，他们会建立基于这些意识的身份观，并在参与行权时强烈地、集体性地影响着他们的选择和决策，从而走向严重的族群对立和社会撕裂，甚至暴力冲突和战争，以及"多数人的暴政"。或者，他们作为委托人过于看重短期利益而忽视长期利益，注重表面而非本质，于是会选择错误的代理人。因此，如何使他们提升理性，也是一个容易引发激烈争论的问题。几乎在所有的文明中都存在着精英意识与大众意识的分歧，到底是"真理往往掌握在少数人手里"，还是"群众的眼睛是雪亮的"？这样的分歧一直难以弥合。而代理人和代理机构也有可能利用甚至煽动他们的委托人来实现一些特定目的。这使治理在某些方面具有难以克服的脆弱性。就这个角度而言，治理中的参与行权、制衡分权在未来将会如何演变发展，仍然取决于对良好实践的选择和总结，取决于这些选择和总结是否能够提高治理的韧性、弥合治理中的分歧，而不是取决于一个固定的模板。

但还是应该强调，不管未来的良好实践如何演变和发展，治理毕竟是治理，而不是统治加管理。在统治加管理体系中也会有一些制衡分权和一些参与行权。譬如我国古代一些王朝设立吏、户、礼、兵、刑、工六部，以及御史台等机构，就有明显的制衡分权色彩。不少王朝还设立了谏议大夫等官职，体现了对皇权进行适当约束的思维。我国许多王朝也有一些必要的参与行权机制，譬如"子产不毁乡校"这个著名事例，就是说早在春秋时期的郑国，已然存在人们公开发言、议政建言这样的参与机制，而郑国大夫子产维护了这个机制。不过，这些制衡分权、参与行权与现代治理有着本质区别。治理中的制衡分权与参与行权不是出自掌权者的主动、大度和明智，而是被动地框定掌权者。也就是说，在治理体系中，制衡分权、参与行权是不可收回的，没有哪个掌权者可以从根本上将分立的权力收回，将制衡的机制废除，将参与的渠道堵塞，将人们的权利践踏。而统治加管理中的制衡分权和参与行权，只是掌权者特别是最高掌权者的功利性权术和工具性方法。这也可以理解为，在统治加管理体系中，制衡分权和参与行权是掌权者的主动"姿态"，但他可以随时改变"姿态"，实际上他是各种"姿态"的主人。也就是说，"乡校"最终还是可以"毁"掉的，而且的确，郑国那样的"乡校"后来不复存在。但在治理体系中，掌握控制权的人一般而言很难改变制衡分权框架，擅自挑战这个框架将面临很大风险甚至身败名裂。

本章参考文献

玛格丽特·布莱尔. 所有权与控制：面向 21 世纪的公司治理探索 [M]. 北京：中国社会科学出版社，1999.

郭富青. 当今世界性公司法现代化改革：竞争·趋同·融合 [J]. 比较法研究，2008（5）：103 – 118.

郭洪俊. 英国最新《公司法》修改述评 [J]. 金融法苑，2008（2）：1 – 15.

艾伦·罗森博姆. 分权、治理与民主 [J]. 国家行政学院学报，2001（4）：88 – 92.

青木昌彦. 比较制度分析 [M]. 上海：上海远东出版社，2001.

约翰·庞德. 治理型公司的前景 [M]//沃尔特·萨蒙. 公司治理. 北京：中国人民大学出版社，2001.

世界银行. 2017 年世界发展报告：治理与法律 [M]. 北京：清华大学出版社，2018：20 – 27，96.

西拉 R. 联邦实验主义：1789—1914 年美国政府的经济学［M］//斯坦利·恩格尔曼，罗伯特·高尔曼. 剑桥美国经济史（第三卷）. 北京：中国人民大学出版社，2021：90 – 156.

王彦明. 欧盟最新公司治理改革论要［J］. 当代法学，2009，23（5）：96 – 103.

奥利弗·威廉姆森. 治理机制［M］. 北京：中国社会科学出版社，2001.

郑德龟. 超越增长与分配［M］. 北京：中国人民大学出版社，2008：24 – 174.

张文魁. 公司治理、公司政治机制及股东、董事、经理之间的权力配置［J］. 改革，2004（2）：75 – 80.

Fama, E., 1980. Agency Problems and the Theory of the Firm. *Journal of Political Economy*, 88（2）：288 – 307.

OECD, 2023. *Corporate Governance Factbook 2023*. OECD Publishing, https：//doi. org/10. 1787/6d912314-en.

UK Department for Business, Innovation and Skills, 2010. *Evaluation of the Companies Act 2006*, London.

World Bank, 2016. Making Politics Work for Development：Harnessing Transparency and Citizen Engagement. *Policy Research Report*.

Wright, V., 1994. Reshaping the State：Implications for Public Administration, *West European Politics*, 17：102 – 134.

第五章
治理中的选人用人与激励约束

有了参与行权和制衡分权,并不意味着治理止步于此。在参与行权和制衡分权的框架下,拥有重要控制权的人物,特别是一个机构、一个组织、一个体系中掌握最高控制权的人物,即在这个机构、组织、体系之内再无上级管束的行政权"一把手",必须到位和在位,而且行使监督和问责的人也必须到位和在位。因此,首先就需要选人用人,即给一些人"戴帽子"。同时,应该有相应的激励约束机制鼓励他们努力工作、恪尽职守,也就是要给他们准备好"胡萝卜加大棒"。可以想象,选人用人以及设立相应的激励约束机制是何等重要。即便在缺乏足够治理理念和治理框架的古代,帝王在实行统治和管理时也需要花大量时间和精力从事这项工作,而且的确有些帝王希望选用贤能的臣子。例如《礼记》就指出:"大道之行也,天下为公,选贤与能,讲信修睦……是谓大同。"可见,在古代的大同境界中,"选贤与能"就是一项重要内容。不过,关于大同的论述并不涉及圣明天子如何由人间产生。《墨子》也提出:"选天下之贤可者,立以为天子。天子立,以其力为未足,又选择天下之贤可者,置立之以为三公。"但墨家也没有给出"选"和"选择"的具体机制。而在治理体系中，掌握控制权的人物，特别是掌握最高控制权的人物以及他们的监督者，已经不再遵循《礼记》和《墨子》时代的选择、决定机制，以及考核、奖惩方式。那么，究竟由谁、以什么方式来选人用人，怎样激励和约束这些被选用的人，就是治理现代化进程中的一个重要议题。

一、公司治理中的选人用人和激励约束

比较成形的公司体制的历史并不长，大约只有两三百年时间，当然少数先驱性公司的历史要更早。尽管公司治理是非常现代的概念，但由于早就存在股东与公司管理者相分离的事实，所以也一直存在选任管理者，并对他们进行激励和约束的实践。在财产权利得到社会认可和尊重的情况下，由股东选任公司管理者并对管理者支付薪酬，甚至与他们签订业绩合同，就是顺理成章的事，这并不必然需要多么强大的理论基础和法律依据。根据耶鲁大学教授戈兹曼（2017）的记述，早在1372年，法国就出现了一家叫作荣耀巴扎克勒的股份公司，该公司在成立时即制定了章程，规定每年召开股东会议，股东会议选出董事会，并设有职业经理人，董事和经理要为公司整体利益服务，并应定期披露账目。这家公司的股东可以自由转让公司股份，只对公司经营承担有限责任，而且法庭也将这家公司视为与股东相互独立的法人实体，公司能够以自己的名义对外签订合同。据此可以看出，荣耀巴扎克勒公司当时就具有现代意义上的治理框架和机制。这家利用水利的磨坊公司一直经营到现代。

不过，也不是历史上所有的法人公司都像荣耀巴扎克勒公司

那样，股东能够比较充分地行使选人用人权利，选出比较稳定的董事会，让职业经理人较好地为公司整体利益服务。荣耀巴扎克勒公司的个案也不意味着所有的或者大多数法人公司设立之后，就会自然而然地有着公正合理、效果良好的选人用人和激励约束机制。事实上，荣耀巴扎克勒公司的选人用人过程是否受到操纵和扭曲，董事和职业经理是否廉洁自律、尽职尽责地为公司努力工作，我们并不知道。从历史上其他一些公司的案例来看，有许多公司的主要管理职位，不管职位头衔是船长、经理还是董事，实际上被公司发起人、创立者所霸占或操纵，他们也拥有公司一部分股份，但其他股东很少获得机制化地选择管理者并实施监督的权利；而且，要当选为管理者，也可能涉及不少严重的腐败，譬如用金钱买得重要职位，居于重要职位的管理者大肆贪污或以其他手段捞取好处等。一些文献（金德尔伯格，2010）记载，英国东印度公司的董事、船长往往将个人利益置于股东利益之上，而且监督也没有什么效果，譬如船长职位就可以买卖，价格为5 000~10 000英镑，这在17~18世纪是一个很大的数额。船长自有生财之道，尽管他们往往也是股东，但除股份分红和每次出航的60英镑工资之外，他们以私人拥有的船只向其担任船长的船只提供给养服务以及从事走私，在14~18个月的航行中，船长可挣4 000~5 000英镑。如果股东担任了董事职位，他们往往能够想办法让亲友进入公司。英国东印度公司的情形显示，尽管股东有名义上的选人用人权利，但这种权利事实上得不到保障，或者得不到小股东自己的珍惜，因而选人程序很容易被大股东和发起人等人物操纵，他们获得重要的管理职位后则致力于谋取更多的个人利益，而且腐败丛生，导致公司整体利益和其他股东利益被侵占。

在公司发展的历史中,英国东印度公司的情形肯定不是孤例。

可以说,就公司治理而言,当今时代稍显规范的选人用人和激励约束机制,是经过公司发展的漫长历史,通过各利益方,譬如大股东、小股东、发起人、管理层,以及会计师事务所等中介机构,还有法院、政府等的反复博弈和协调才逐步成形并成为主流的。在现代公司治理中,公司法、证券法以及公司治理准则等文件对选人用人机制做出了比较清晰和严格的规范,并且为违背规范的行为提供了救济方法。几乎在所有国家,现代公司的选人用人权利都基于股权比例高低,并遵循规范的程序;而且,股东权利与董事会权利基本分开,股东权利更多地体现为选举董事而非直接选择高管人员;高管人员的选择,特别是总经理或首席执行官的选择,则由董事会决定,大股东至少在形式上不能越过董事会直接指定高管人员;大股东即使获选董事,他至少在理论上应出于公司整体利益进行投票和决策,包括投票选择高管人员。在这样的机制下,大股东利用公司这个平台来过分牟取私人利益就受到较大程度的抑制,像东印度公司那样的糟糕情况就可以在较大程度上得以避免。

现代公司治理还逐步引入了一些比较前卫的机制来约束大股东和公司发起人的操纵能力,包括在选人用人方面的操纵能力。譬如,引入一定比例的外部董事、独立董事就可以使董事会的独立性得到强化,而董事会可以设立提名委员会,甚至道德伦理委员会、行为规范委员会等,以便在遴选高管人员的过程中对候选人进行背景调查以及能力和道德评估。而引入累计投票制度,即每一股份拥有与应选董事或监事人数相同的表决权,股东可以集中使用这些表决权,在一定程度上能够放大小股东在选人用人方面的权利，从而对大股东形成一些约束。借助于市场上的猎头公司也可以从更广范围来物色候选人，让董事会有更多选择。此外，还可以采取"以下评上"方式，即由下属员工测评上司，更加全方位地考察和奖惩领导层。总体而言，现代公司治理中的选人用人机制，特别是那些比较前卫的机制，是现代法治和现代自治的有机结合，法治元素体现为选举程序制度、类别股份制度、累计投票制度、独立董事制度等，而自治元素体现为公司章程的个性化内容、董事会各委员会设立的具体选择、下属对上司的评价等方面。

自治元素中的"以下评上"似乎正在发挥不容忽视的作用。本来传统的公司治理主要基于股东权利，特别是股东权利在选择董事继而选择高管方面发挥着法律意义上的关键作用。但在欧美社会，由于公众呼声在许多领域都得到了更高程度的重视，因此公司员工的集体评价对公司董事和高管人选的确定也会产生重大影响。就此而言，员工评价正在一定程度上悄然侵蚀着部分股东权利，尽管这并非法律上的明确规定，而是实践中的自发探索。尤其是在文化观念比较前卫的公司中，这样的自发探索更加令人关注。2023年底最令人关注的公司选人用人事件，无疑就是美国OpenAI首席执行官兼董事长奥尔特曼被董事会突然解职，但该公司超过90%的员工签名发出公开信，要求董事会重新委任奥尔特曼为首席执行官，并在投资者发声施压之下，董事会真的就范，而且董事会本身也得到了全面改组。[①] 这的确显示了员工意见的力

[①] 有关资料请见《每日经济新闻》2023年11月22日的报道：https://www.nbd.com.cn/articles/2023-11-22/3126364.html。

量。可以预计，未来将会出现更多类似情况。尽管这并不意味着公司治理中主流的选人用人机制会发生颠覆性变化，但应该看到，社会治理的一些潮流也会渗入公司治理之中。

即便现代公司治理的选人用人机制得到不断改进和完善，但是仍然存在令人困扰的重大问题，这些问题难以得到妥善解决。事实上，不少大公司，尤其是股份比较分散的上市公司，与其说是由董事会来选择高管人员，不如说是由高管人员来选择董事，也就是说，许多董事，包括外部董事和独立董事，实际上与核心高管存在着千丝万缕的关系，他们或者是朋友、校友关系，或者有隐秘的利益关系，他们由核心高管推荐而担任董事，并且长期得不到替换。这些董事在一定程度上成了核心高管的木偶，核心高管给予他们丰厚的董事津贴和其他优厚待遇，而他们则以各种方法来帮助核心高管获得连任，甚至当广大股东对公司业绩严重不满时，他们也可以阻止核心高管被替换。如何克服这些问题，也成为公司治理改革的主攻方向之一。公司法可以设置一些机制来缓解这些问题，譬如董事连任限制制度、董事更替制度、董事评价制度，以及总经理或首席执行官的退休制度、业绩考核制度等。由此可见，公正合理的选人用人制度与相应的激励约束制度密切联系在一起。

的确，即使被选出的掌握控制权的人物非常贤能，他是否会将其贤能一如既往地发挥出来，尽职尽责地为公司服务，也不是一个伪问题。实际上，公司治理理论就非常注重如何避免管理人员的偷懒和卸责。此外，即使掌握控制权的人物非常有能力，他毕竟有自己的个人利益，而在股份相对分散的公司中，特别是所有权与控制权相分离的公司，个人利益与公司利益并不一致，他们就有可能追求个人利益最大化而忽视公司集体利益。早在20

世纪30年代，公司治理这个学术词语尚未出现，伯利和米恩斯（Berle and Means，1932）就描述了美国大企业中存在的一种普遍现象，即所有权和控制权分离，并引出了如何激励和约束管理层的重要议题。不过，有效的激励约束机制并不容易建立，因为代理人的忠诚和努力程度，还有其行为特征，很难被完整和连续地观测到，委托人只能根据一些易于观测但未必正确和全面的指标来评判代理人的工作。譬如，虽然公司业绩易于观测，但公司业绩在一段时期非常突出，很可能与现任管理层的贤能和付出并无太大关系，而主要得益于前任管理层长期进行的研发努力，或者得益于当期的宏观经济景气，前者属于前人努力，后者属于老天帮忙。为了尽量避免这些漏洞，现代公司开发了多种多样、内容丰富的高管薪酬包，不但包含固定年薪，还包括股票期权等中长期激励。此外，一些公司治理专家还不断改进业绩考评技术，譬如不但对本公司业绩进行绝对评价，也将其与同行业其他公司的业绩进行比较评价，以及公司高管之间、公司董事之间进行相互评价等。

即便如此，许多公司实行的高管薪酬制度仍然无法保证高管努力为公司利益服务。不少实证研究显示，许多高管的薪酬在公司业绩明显下滑阶段仍不断上升，或者高管薪酬上升速度远超公司业绩上升速度，譬如霍尔和墨菲（Hall and Murphy，2002）的研究表明，美国一些企业的首席执行官的平均薪酬仅在1994—2001年就增长了2倍，远远高于公司业绩增长速度和股东回报的增长速度；而伯格斯特雷塞和菲利蓬（Bergstresser and Philippon，2006）则发现，一些大公司的高管隐秘地操纵会计报表，从而引导公司股价，通过行使股票期权来增进自己的利益。此外，在现实中，高管利益也不完全表现在显性薪酬上，他们掌握的控制权以及所获得的社会影响力,都可以为其当下和未来带来其他方面的巨大好处。更可怕的是,普通高管和占据高管职位的大股东可以利用自己的控制力,给自己设定非常高的薪酬,并且把大量亲朋好友安插到并不能为公司创造价值的高薪岗位上,大肆以自肥方式从公司攫取利益。他们还会通过自我交易(self-dealing)为自己输送利益,这种行为不但可能掏空公司,还有可能把债权人利益置于严重的风险境地,甚至最后以破产手段逃废债务。总之,不少证据和事实都表明,内部人的确倾向于优先考虑增进自己的利益,而非股东、债权人和整个公司的利益,尤其是各方利益严重不一致的时候。

从公司治理的最佳实践来看,要使激励机制合理有效,最终离不开约束机制的合理有效。因为仅提供激励而缺乏约束,就只有单向而无双向机制。约束机制当然首先就是聘任合同中的有关条款,特别是禁止谋取私利的条款、考核条款等。同时,现代公司治理也建立了一些执行约束任务的机构,包括董事会的薪酬与考核委员会,甚至道德委员会,或者设立单独的监事会。一些公司治理指南还鼓励董事会设立接受员工和社会公众对董事和高管进行举报和投诉的热线,并鼓励加强对薪酬信息的披露,要求董事会或管理层对薪酬做出详尽的说明和解释等。OECD(2023)发布的《公司治理报告2023》就指出,对董事和高管的薪酬信息做出足够的信息披露,采用"合规或解释"(comply or explain)政策是比较多的做法。当然,最根本的约束机制可能还是最终问责,即高管被解聘,甚至被起诉。张文魁(2001)就曾指出,自我交易与利益转移是公司治理中的顽疾之一,需要以起诉等方式进行严厉问责,包括实行"戳穿公司面纱"、突破控制性股东的有限责任等方式，才能进行惩治。事实上，高管和董事给自己发放不合理高薪，侵害小股东和债权人利益等自肥行为，以及其他方式的自我交易和利益转移行为，在许多国家都已引起公愤，而只有建立健全强有力的约束机制，特别是强化对高管和董事的问责机制，才可以在较大程度上实行救治。

这样的问责机制有赖于股东，特别是广大中小股东、员工和债权人等利益相关者的参与行权，尤其需要他们行使投票权和起诉权。几乎所有国家的公司法和证券法，除明确规定股东的投票权之外，也会就股东和债权人等利益相关者的起诉事宜做出一些规定。我国公司法对公司权益受损的股东救济和股东权益受损的诉讼，做了必要阐述，指出当董事、高管担任公司职务时违反法律法规或公司章程而给公司造成损失，或者损害股东利益，股东可以提请监事会发起诉讼，或者自己提起诉讼。在美国和英国等国家，有关股东和债权人提起诉讼的法律规定更加详尽，股东和债权人起诉高管和董事的实际案例也不鲜见。美国公司特斯拉的首席执行官马斯克就于2022年遭遇了股东提起的诉讼，股东指控他获得的高额薪酬计划是由其朋友领导的董事会薪酬委员会为他制订的，董事会唯马斯克"马首是瞻"，马斯克却将许多精力放在其个人兴办的其他企业的经营管理上，他分配在特斯拉经营管理上的时间精力与其首席执行官职位及薪酬严重不匹配。[①] 2024年初，特拉华州衡平法院的判决指出，特斯拉董事会在批准该薪酬方案的过程中从未与马斯克进行对抗性谈判，未能表现出足够

[①] 有关资料请见财联社转载《科创板日报》2022年11月16日的报道：https://www.cls.cn/detail/1186313。

的独立性,从而否决了该方案。① 尽管这些指控和判决还可能遭到马斯克的上诉,但无论如何,小股东和利益相关者的问责是约束机制得以实现的坚实基础。

当然,来自中小股东、董事会甚至员工的权利和意见,一方面可以在选人用人和激励约束机制中发挥积极作用,另一方面,也应该考虑一个至关重要的问题:这样的机制是否有利于把真正的企业家选拔到总经理或首席执行官的位置,并给予他们足够的激励和决策权力?毫无疑问,这是一个令人困惑的问题。不过,真正良好的选人用人与激励约束机制应该具有较高的弹性与韧性,使企业家精神可以得到发挥,同时又能维护股东、员工和其他利益相关者的正当权益。从公司治理角度而言,这样的机制虽然一方面"干扰"了企业家的工作,但另一方面对于企业家精神的持续发挥并非坏事。

不过,国企公司治理中的选人用人和激励约束机制如何较好地将真正具有企业家精神的人物选拔到总经理或董事长的位置,并让他们积极发挥作用,的确是一个不太容易解决的问题。特别是在我国,国企负责人基本上按照干部方式进行选拔和管理,选拔对象限于"体制内"的干部,这首先就意味着大量"体制外"富有企业家精神的人不能成为候选对象。此外,他们的薪酬也不能实行市场化。当然,对他们的激励并不全然体现在经济方面,也体现在政治方面,并且希望他们有强烈的使命感和事业心。我国于 2017 年颁布的《中共中央 国务院关于营造企业家健康成长

---

① 有关资料请见东方财富网转载的澎湃新闻 2024 年 1 月 31 日的报道:https://finance.eastmoney.com/a/202401312977968890.html。

环境弘扬优秀企业家精神更好发挥企业家作用的意见》就提出了"国有企业家"的命题，要求增强国有企业家坚持党的领导、主动抓企业党建意识，指出要建好、用好、管好一支对党忠诚、勇于创新、治企有方、兴企有为、清正廉洁的国有企业家队伍。其他国家的国企，在这方面的情况各不相同，譬如日本航空公司曾经是一家标准的国企，在实行股份制改革并上市之后，国家仍然持有一定比例的股份并承担一定责任，该企业在2010年前后濒临破产之际，由政府出面聘任著名私营企业家稻盛和夫出任首席执行官，从而使该企业起死回生，这被认为是国企引入民营企业家的一个成功案例。

应该说，更有利于发挥企业家精神的选人用人和激励约束机制也不仅仅限于狭义的公司治理框架。譬如，董事和高管的职业声誉以及他们在职业市场上的位置与价格变动，也是一种激励与约束机制。因为在现代社会，信息传播渠道非常畅通，职业市场对董事和高管个人的业绩和品行信息也可以比较充分地消化吸收。如果董事和高管热衷于为自己的个人利益服务而忽视公司利益和股东价值，或者有明显的业绩失败，又或者有道德问题，那么他的职业声誉和未来薪酬都将受到严重影响。也可以说，现代社会信息传播的公开性、个人信息的透明度，也成为一种激励约束机制。这表明，激励约束机制，甚至治理本身得以实施和流行，与整个社会的现代化和公开化密切相关。

二、公共治理中的选人用人和激励约束

在公共领域如何选人用人，如何激励约束他们，比在公司领

域要早得多，只是在很长时期里并不使用公共治理这一词语。公共治理中的选人用人和激励约束机制比公司治理中的相应机制更加难以设计。原因在于，公司治理遵循的财产逻辑是一种早已得到人们共同接受和尊重的自然逻辑。一般情况下，按出资多少、股比高低来确定选人用人的投票权利，是很自然的事情。但在公共领域，一方面，不能简单地、全然地按财产逻辑行事，另一方面，由于参与行权存在时间甚至金钱成本，并且有一些判断力和理性等方面的要求，所以在很长时期里也不可能由所有人选举重要官员，就此而言，到底应该由哪些人来选举重要官员，其实并不容易厘清。

在古希腊，执政官的遴选机制几经变化。根据西登托普（2021）的记述，在古希腊的城邦时代，在很长时间里只有公民才有投票和参政的权利，而公民只占城邦人口的很少一部分，最初的公民不过是"父亲"，只是随着社会结构的变化和更多人的不满，才逐渐让一些人从平民身份转变成公民身份。根据历史记载，梭伦被选任为雅典的首席执政官，很可能还属于一种不太正式的非制度化的推举方式，推举他的人主要是那些有话语权和影响力的贵族。梭伦上台之后进行了一系列重要改革，特别是恢复了公民大会，使公民大会不但可以决定城邦大事，而且可以选举执政官，每个公民都可参加公民大会行使权利。虽然梭伦让全部公民一起选举执政官，但起初只有雅典本地人才是公民，此后由于他鼓励有技术的手工业者移居雅典，并给予他们公民权，从而扩大了公民范围。不过，由数以万计甚至十几万计的公民来直接投票选举执政官，的确是一个宏大工程，并容易引起混乱，公民也不可能有那么多时间和精力来细致了解众多竞选者的具体情况，因此梭伦设立了一个四百人会议。这似乎是公民大会的常设机构，由四个主要部族各推举一百人组成，凡是重大事项都要经过这个会议审议通过，然后提交公民大会裁决。四百人会议很可能就是现代董事会的提名与薪酬委员会的雏形。可以说，梭伦在公共治理领域开建立选人用人机制方面的许多先河。

梭伦也考虑到约束机制的建立。他首创了陪审法院制度，让公民参与法律审判，无论什么案件最后都要送到陪审员面前裁决。这对官员而言无疑是一项重大的约束机制。还有一项约束机制是他开创了任期届满即离任的先例。由于梭伦功勋卓著，威望极高，于是公民大会决定授予他帝王般的权力，但他严词拒绝，在任期结束即离职。

古希腊公共领域关于选人用人和激励约束机制的探索并未就此结束。到了伯里克利时代初期，十将军委员会的成员有可能仍然由推举产生，伯里克利自己就被推举为首席将军。但他进行了一些重要改革，实行选人用人方式的制度化。首先，使公民大会和五百人会议摆脱了战神山议事会（古代雅典政治机构）的牵制，增强了独立性，年满20岁的男性公民都有资格在公民大会上表达意见和投票表决。同时还规定，享有公民权利的20~50岁男性必须承担公民义务，包括作为战士的义务和参与行权的义务。其次，十将军委员会成员也必须由公民大会选举产生。尽管那时的投票也有可能被收买和操纵，但这个正式的选举制度使雅典全体男性公民获得了不受财产限制，通过抽签、选举和轮换而出任各级官职的权利和机会，因而有着极为重要的意义。再次，伯里克利还实行了公薪制，最初是由国家给予陪审法官每日生活津贴,后来把公薪制范围扩大到许多公职,这也可以被视为最早的对公职人员的薪酬激励制度。不过有趣的是,在那个时期,以抽签方式选人用人也比较流行,譬如五百人会议的成员就是通过抽签的方式从十个部落中各选五十人。抽签结果是随机产生的,难以被操纵,所以被许多人接受。即使到了现在,西方国家的许多领域都流行抽签制度。

在古罗马,早期并不实行广泛参与的直接民主制度。罗马在早期虽然建立了共和国,但属于贵族共和。而王政时代设立的元老院,使贵族共和体制更加成熟。但王政时代的公民参与反而有所扩大,譬如设立了实际上就是公民大会的库里亚大会,或由氏族中成年男子组成的区民大会;再后来,按财产多少把公民分为五个等级,每个等级都要组成不同数量的森图里亚(Centuria,即百人团,后来演变为军团制度),以取代此前的库里亚大会,它们拥有选举官员、制定法律和宣战等权力,其投票制度是以森图里亚为单位进行投票,颇有现代美国总统选举中选举人团的影子。

西登托普(2021)还记述了公元 5 世纪之后欧洲大陆公共领域选人用人机制的发展。他提到,在西哥特地区,随着基督教影响的扩大,教会成为那些被排斥于公民阶层之外的人们的庇护所。到了 6 世纪,一些市镇元老院开始代表全体市民而非传统公民,极大地扩展了选举重要官员的选民范围,他认为这个进程为城市治理和代议制政府奠定了基础。麦克法兰(2013)则记述了欧洲大陆之外的英格兰选举制度的发展。他特别强调,至少从财产关系来看,从 13 世纪开始,父母的财产和子女的财产几乎各自独立,更重要的是,妻子也有比较独立的财产权,这就导致个人有较大的平等和独立的权利，从而为包容性和开放性的现代治理埋下了极为重要的伏笔，使得基于普及性的平等公民身份的治理有了可能，特别是为选举权的扩大奠定了基础。阿西莫格鲁和罗宾逊（2008）则描述了这个坎坷和漫长的过程，他们指出，在数百年里，英国选举的投票权利有着非常明确的财产限制和性别限制，在1884年第三次《改革法案》推出之前，选民只限于一部分成年男性，成年男性的普选权到1919年才被承认，而成年女性的普选权则更晚至1928年才得到落实。

上述记录和分析只不过是历史中的一些重要片段。总体而言，现在欧美国家公共治理领域选人用人和激励约束机制的基本框架可追溯到古希腊、古罗马的相关制度，并带有此后一两千年发展和变革的历史痕迹。欧洲经历了中世纪市民社会的不断发展，特别是经历了启蒙运动和一些重大改革及革命的洗礼。公共领域的选人用人和激励约束机制发展到今天，在大部分欧洲国家已经基本成熟稳定，并影响了世界上的许多国家。当然，其他国家在借鉴欧洲国家公共治理中选人用人和激励约束等制度的同时，或多或少地保持了自己的一些传统和特色，而且也反过来影响了欧洲国家的治理实践。譬如美国，尽管受英国影响最深，但其最高行政长官是总统，并不由议会选举产生。从严格意义上来讲，美国总统也不是由全体选民直接选举产生，而是先由各州全体选民对总统候选人投票，然后再根据得票比例高低和赢家通吃规则，各州选举人团决定应该给哪位候选人投赞成票。在这样的规则下，获得全体选民票数最多的候选人，反而未必当选总统。而英国是君主立宪制国家，其政府首脑即首相也不是由选民直接选出，而是先由选民选出议员，由议会中的多数党推选本党领袖或其他人士担任首相，而且其国家元首是国王，乃世袭制，并不是由选举产生。德国虽然也实行议会制，总理由议会中占多数席位的政党推选，但它的国家元首不是世袭的国王，而是民选的总统，只不过总统并不掌握行政权力。法国则实行总统—总理混合制，总统由全体选民直接选出，总理由总统任命。严格地说，法国总理不是治理体系中的人选，而是管理体系中的人选。在亚洲，日本实行的是与英国类似的君主立宪制，而韩国实行的是与法国类似的总统—总理混合制。这些案例清楚地表明，不同国家公共治理中的选人用人制度，在具体设置上仍有很大差异。

需要强调的是，现代公共治理中的激励约束机制比历史上任何时候都要完备得多，远非古希腊、古罗马、欧洲近代可以比拟。拉丰（2013）专门分析了现代公共领域的激励约束机制，他认为，即使那些职业政治家也会追求自己的利益，并且有可能被利益集团俘获，所以对他们提供收益激励也是有用的，尽管选举成功本身也是一种基础性嘉奖机制，同时应该建立系统性的监督制度。的确，现代公共领域的激励机制已经比较完整，首先是形成了比较稳定的文官队伍，或称公务员队伍，他们从选举体系中脱离出来，并且有着比较稳定和丰厚的薪酬。由财政支薪的文官体系的形成，有利于由选举产生的重要官员从烦琐的日常事务中解脱，而集中于重大方针政策的抉择和实施。其次，由选举产生的官员或称政务官也享有比较优厚的薪酬，并且享有一些令人艳羡的职位待遇，譬如官邸、安保、公务旅行专用交通工具等。这些职位待遇已经实现了制度化。再次，政务官往往有很高的曝光度，这在现代信息社会对许多人来说也颇有诱惑力，因此尽管由选举产生的政务官的薪酬可能低于职业市场上的总经理、首席执行官，但他们仍然乐此不疲，其中许多人非常看重这种身份带来的荣耀、知名度等。当然，也不排除少数政务官对选举和职位的热衷主要是出于对意识形态的坚持，以及有强烈的入世态度和奉献精神。

现代公共治理也设置了一些独特的约束机制，譬如政务官要公开自己的财产和收入，甚至他们的私生活也会暴露在公众面前。如果他们卷入重大丑闻，就有可能在社会舆论的压力下，被独立检察官调查，并可能导致去职甚至被起诉。当然，公共治理中最重要的约束机制还是任期制，任期结束必须重新选举，没有重新当选则必须离开原来的职位，也不再享有原来的待遇。此外，如果涉及重大失职乃至违规违法，他们就会被问责，包括法律问责。即使一些特殊的重要职位，譬如最高法院的法官职位，即便很难受到民意影响，也可以比较容易地规避常规约束，但如果出现重大失职和失当行为，也有可能被其他机构施加具有约束性的措施。譬如2023年10月，印度尼西亚的宪法法院通过了一项判决，认为年龄在40周岁以下的公民参选副总统，并不违反宪法有关规定，从而该判决被许多民众认为是偏袒现任印度尼西亚总统的儿子，为其参选副总统开绿灯，此后该国宪法法院的道德委员会在舆论的压力下，对宪法法院的有关法官进行了谴责，并终止了首席大法官（也是现任总统的妹夫）的职务。[①] 尽管许多人认为这一谴责聊胜于无，那也的确胜于无。

因此也可以看出，公共治理中约束和问责机制的设立和有效

[①] 有关信息来自重庆市纪委官网2023年11月8日转载的《联合早报》的报道：https://jjc.cq.gov.cn/html/2023-11/08/content_52060973.htm。

并不是一件容易做到的事。社会需要赋予那些重要职位以重要权力，以及掌握重要权力的人物可以规避和排除约束和问责，以至于约束和问责机制软弱无力甚至形同虚设。至今为止，人类并没有特别好的现代化应对之策，反而仍然抓住一些古老方法而不能放手。这种古老方法就是诉诸上天和鬼神。美国总统在宣誓时就要提及上帝，相当于对上帝发誓。也许这样的人物仅对上帝存真正的敬畏之心。而我国一些官员求神拜佛屡见不鲜。实际上，早在两千多年前，我国的墨子就论述了"天志""明鬼"的重要性。他认为，上天一直在监督人间，"夫天，不可为林谷幽门无人，明必见之"，"天欲义而恶不义"，"不可不慎矣"，主张"置立天之以为仪法"；认为鬼神不但存在，而且会惩罚不义行为，"鬼神之有，岂可疑哉"，"故鬼神之明，不可为幽间广泽，山林深谷，鬼神之明必知之"，"鬼神之所赏，无小必赏之；鬼神之所罚，无大必罚之"。而西方自然法理论的先驱，希腊化时期的斯多葛学派就认为，自然秩序、自然正义，均源于神的意志。这一切意味着只有人的内心世界有所敬畏，治理中的约束和问责机制才会发生作用。

还须提及的是，市场经济的发展以及市民阶层和商人阶层的兴起，对治理的兴起和发展，对治理中选人用人和激励约束机制的健全和改进起到了极大的助推作用。市场经济的发展不但改变了人的身份和人们之间的关系，在企业层面以及在公共领域萌生了治理的内在机制，而且增加了社会财富和个人财富，有利于克服实行治理所必须支付的成本，包括建立公共领域选人用人和激励约束机制所必须支付的成本。因此，加深对市场经济的理解也有利于加深对治理的理解。本书将在后面的章节专门对这方面进行论述。

三、声誉、地位以及社会评价、市场评价的重要性

无论在公司治理领域,还是在社会和公共治理领域,担任或有意出任重要职务的人物,在有推举和选举权利的那些人的心目中,甚至在公众心目中有怎样的声誉,极为重要。毫无疑问,更高的声誉不但更有利于当选,也更有利于获得更高薪酬。实际上,早就有一些学者从理论上论证了声誉的意义。譬如在20世纪80年代初,法玛(Fama,1980)就清醒地认识到,薪酬等短期激励会大量地刺激短期行为,只有把委托人和代理人之间的良性关系维持较长时间,委托人发现并奖励真正有能力、长期有业绩的代理人,才可以避免激励约束机制的短期扭曲。这其实是一种长期主义的思维。差不多在同一时期,克雷普斯和威尔逊(Kreps and Wilson,1982)从博弈论的角度探讨了在不完全信息的情况下,声誉机制发挥的作用,尽管他们并没有直接论述声誉在提供激励方面的意义,但指向了长期主义者得以存在的原因。而霍姆斯特朗(Holmstorm,1982)则更具体地分析了管理者的声誉机制在工作中的作用,认为当管理者有着较长的职业生涯考虑时,他们就会由于职业声誉而努力工作,并会从中获益。这些模型化的分析更多偏向公司领域,但具有普遍意义,甚至对公共治理具有更加重要的意义,因为公司治理还可以更多地借助于市场机制,譬如给予比普通员工高得多的薪酬和股票期权,以及董事会随时可以解除总经理职务等,而公共治理领域却缺少这样的机制。此外,公司治理中的激励约束毕竟还可以依赖积极的股东对

自己财产的强烈关心，而公共治理领域较少存在这样的强烈关心，因而搭便车行为可能更加普遍。

公共治理领域还有一个有别于公司治理领域的问题，那就是对重要官员的业绩衡量更加复杂，也更加困难，因而更加需要声誉机制和长期主义方法。公司高管的业绩可以通过营业收入增速、利润率和分红率、股价变化等指标衡量，尽管也存在短期和长期之间的冲突，但相对而言具有比较显性和连贯的指标。而政府官员一方面需要平衡多种社会关切，包括经济增长、社会保障、教育、医疗、治安、环保、体育、文化等，另一方面有不少对于社会关切的解决属于"前人栽树后人乘凉"，本届任期的投入要等到下届或下下届任期才有收益。可以想象，这种典型的多任务委托代理，加上投入和收益的跨期搭配，导致对重要官员的选拔、考核和奖惩面临比公司治理中的委托代理更加严重的问题。在这样的情境中，声誉机制往往可以发挥十分重要的作用。

实际上，即使在古代，在统治加管理体系中，声誉也被认为可以作为重要的选人用人和激励约束机制。老子说："太上，不知有之；其次，亲而誉之；其次，畏之。"这里的"誉"，就是良好声誉的意思，尽管他首先还是主张"不知有之"，但也看到了声誉的重要性。我国东汉末年就有所谓的"月旦评"，即当时汝南郡许劭兄弟主持的对一些重要人物的品评，郡内官员和名流十分看重这些品评，有些不肖之徒居然"莫不改操饰行"，据说袁绍也非常在意对他的议论，曹操更是在获得了"子治世之能臣，乱世之奸雄也"的评价后便满意而去。这显然是一种体制外的选人用人和激励约束机制，一些历史学者认为这对魏晋时期实行的九品中正制产生了重大影响。九品中正制是当时的选官制度，中正的职责就是品评人才。更早时期的举孝廉，也是依靠声誉机制来选拔重要官员。在商业领域，商号的选人用人就更加重视声誉，譬如我国近代史上非常兴隆的山西票号在选拔经理人时，就要对候选人的背景进行调查，如果某个候选人有良好声誉并得到重要人物的担保，就更有机会被任用。

而到了现代，声誉机制就更加完备，且比较依赖于现代传媒工具和公共舆论渠道，还有专业化的中介机构，譬如民意调查公司等。在公司治理领域，一些媒体根据相关标准和指标评选出优秀企业家，或者授予其各种奖励，都形成了强烈的声誉机制。市场上的猎头公司就会从声誉和业绩等方面为大公司、大机构遴选重要岗位的候选人。在公共治理领域，美国的盖洛普公司和皮尤中心都是这方面的机构。许多公共部门也采取"以下评上"方式，即民主测评、民意测验方式，由下属员工对上司进行评价，这样的评价在一定程度上会影响上司的升迁。声誉机制日益重要，这也迫使担任公司或公共领域重要职务的人物不但要保持较高的曝光度和美誉度，而且要强化其工作和生活的透明度；无论是工作业绩、功过是非，还是缴税记录、财产状况，都要接受公众的审视和评论。此外，社会大众和公共媒体还会对一些重要的公众人物进行各方面的排名，以制作排行榜的方式来给声誉打分，从而把声誉机制与地位机制联系在一起，进一步充实了选人用人和激励约束机制。

口碑也是一种声誉机制。在古代，由于缺乏大众传媒，口碑就非常重要。据说唐代诗人王维就因为有非常优异的口碑而被选拔到朝廷担任官员。即使到了现代，口碑机制的作用仍然不容小觑。特别是在一些专业领域，重要人物的专业水平和能力一般而言并不容易由领域外的大众做出准确评价,但"圈内人"心知肚明,从而形成口碑,并得以流传。良好的口碑不但有助于日后升迁,而且也会增加心理享受。相反,较差的口碑将会降低一个人的社会地位。在互联网时代,交易平台上对商家的好评或差评其实也是一种口碑机制,对潜在交易者的决策有一定影响,从而会影响商家的营业收入、利润以及市场价值。

地位机制同样容易理解。担任重要职务的人物不但追求高薪酬,也追求高地位,即在同领域、同职位的群体中有较高的知名度和尊崇度。较高地位可以带来较强的满足感,这种满足感可以激发工作热情。较高地位可以通过排行榜的形式表现出来。人们之所以能从地位提升中得到满足感,很可能是一种争强好胜、追求相对地位的天性。制度经济学开山祖师凡勃伦(2012)很早就阐述,人们的炫耀心理正是这种天性的来源之一,而现代经济学家弗兰克(Frank,1985,2008)则更加系统地揭示了人们对提高相对地位的心理需求,认为人们非要分出高下的比较引发追求高人一等的竞赛,似乎是一场永远没有终点的地位"军备竞赛",这不但催人奋进,而且其中的地位信息具有很强的信号效应,能够提升谈判能力和预期收益。美国《财富》杂志每年不但会推出世界500强企业的榜单,还会推出全球最具影响力的商界领袖名单,上榜人物都能获得较高的商界地位。美国通用电气公司前首席执行官杰克·韦尔奇就曾被各种媒体评为杰出企业家,在业界具有很大影响力。美国《时代》周刊每年都会评选封面人物,邓小平曾多次登上封面。可以设想,追求具有备受推崇的显赫地位,一定会促使他或她不屈不挠地努力工作。

另外,还存在隐性的声誉和地位机制。即使不允许制作表示地位的排行榜，即使不允许设立公开的中介机构来收集和测评对公众人物的看法，社会公众仍然会私下表达并交流同样的意见。这就是社会评价。社会评价历来就存在，但互联网时代社交媒体的兴起，以及自媒体力量的增强，使社会评价具有了前所未有的重要性。社会评价严重影响人们的参与行权态度和投票时的选择取向。在美国等国家，连总统选举也受到了社交媒体的影响。当然，虚假信息和蓄意歪曲的评论也充斥于当前的社会评价之中。因此，如何一方面发挥互联网时代社会评价的作用，另一方面又正确地规制社会评价，将是治理中一个无可回避的重大议题。

声誉、地位机制以及社会评价，也可能转化为市场评价，并生成市场身价。在公司治理领域，这是自然而然的事。而在公共治理领域这也容易发生，因为一些重要官员要么会在盛年转入公司领域担任高管，要么会在退休若干年之后从事一些市场化的活动，譬如演讲、出书、担任公司顾问等。这时，他们在公共领域的声誉和地位以及获得的社会评价，自然而然地会向市场领域转移，曾有较高声誉和地位以及良好社会评价的人物，可以得到更高的演讲费和版税，可以担任薪酬更高的顾问，可以更加频繁地获得商务活动邀请。而声誉和地位较低、社会评价较差的人物，则会有相反的结果。尽管这是离开公共治理领域之后的激励约束机制，但肯定会提前发挥作用，即促使他们在公职的任期内就会考虑如何改善自己未来的市场评价，从而激励他们更好地工作。当然，有必要将这种机制与任内有预谋的利益输送、有计划的关系网络编织进行区分，从而使这种机制在合规合法、社会认可的范围内发挥作用。

四、结语

治理中的选人用人和激励约束经过长期的演变和发展,尽管形成了一整套机制,但在许多地方仍然难以有效和彻底地解决困扰人们的重大问题,譬如有推选权或选举权的人未必足够理性和公道,也未必掌握足够充分的真实信息;譬如掌握控制权的人物热衷于分肥分赃,甚至利用控制权来显著地、极不合理地提高自己的薪酬待遇,或者大肆安排亲朋好友占据重要且高薪的职位,从而造成严重的自肥现象;譬如担任重要职务的官员或高管缺乏长期主义导向,以眼花缭乱的短期指标来误导和蒙蔽股东、民众、员工等。

不过,无论在公司领域,还是在公共领域,从事程式化和事务性管理工作的人,即公司中的职能管理部门的人员,以及政府中的公务员队伍,已经独立成为一个稳定的官僚体系,治理中的选人用人和激励约束与管理中的选人用人和激励约束也得以区隔开来,使前者中的那些重大问题仅局限于治理层面,即机构、团体、组织的顶层。不过,职业化官僚体系的膨胀又带来了另一个严重问题,即官僚主义问题。现在,无论在大企业还是在大政府中,官僚主义已经成为一个全球性问题,并且同样深刻地困扰着组织的运行。

因此,高度组织化的人类社会和高度分工合作的经济社会活动面临的问题和取得的进展一样多。对于选人用人和激励约束这个最重要也最基本的机制,理论界和实务界都进行了许多有意义的探索和总结,但《礼记》中提出的"选贤与能"的命题远未达到先哲期望的状态。也许这个状态永远只是理想,因为人性永远有优点，也永远有弱点。

本章参考文献

达龙·阿西莫格鲁，詹姆士·罗宾逊. 政治发展的经济分析［M］. 上海：上海财经大学出版社，2008：223-248.

凡勃伦. 有闲阶级论［M］. 北京：中央编译出版社，2012：11-79.

威廉·戈兹曼. 千年金融史［M］. 北京：中信出版社，2017：223-315.

查尔斯·金德尔伯格. 西欧金融史［M］. 北京：中国金融出版社，2010：190-220.

让-雅克·拉丰. 激励与政治经济学［M］. 北京：中国人民大学出版社，2013：17-44.

艾伦·麦克法兰. 现代世界的诞生［M］. 上海：上海人民出版社，2013：139-178.

拉里·西登托普. 发明个体［M］. 桂林：广西师范大学出版社，2021：17-32，144-161.

张文魁. 我国上市公司与控股母公司之间的自我交易和利益转移［J］. 改革，2001（2）：44-49.

Berle, A., and G. Means, 1932. *The Modern Corporation and the Private Property*. Macmillan Press.

Bergstresser, D., and T. Philippon, 2006. CEO Incentives and Earnings Management. *Journal of Financial Economics*, 80（3）：511-529.

Fama, E., 1980. Agency Problems and the Theory of the Firm. *Journal of Political Economy*, 88（2）：288-307.

Frank, R., 1985. The Demand for Unobservable and Other Non-Positional Goods. *American Economic Review*, 75：1.

Frank, R., 2008. Should Public Policy Respond to Positional Externalities. *Journal of Public Economics*, 92：8-9.

Hall, B., and K. Murphy, 2002. Stock Options for Undiversified Executives. *Journal of Accounting and Economics*, 33（1）：3-42.

Holmstorm, B., 1982. Managerial Incentive Problem: A Dynamic Perspective, in *Essays in Economics and Management*, Swedish School of Economics.

Kreps, D., and R. Wilson, 1982. Reputation and Imperfect Information. *Journal of Economic Theory*, 27：253-279.

OECD, 2023. *Corporate Governance Factbook 2023*. OECD Publishing, https://doi.org/10.1787/6d912314-en.

第六章
治理中的问责

问责（accountability）即追究责任，是指对犯错或失职之人采取惩处措施。尽管治理机制强调对掌握控制权的人物进行制衡和分权，以及对他们实行必要的激励与约束，同时也鼓励远离控制权的人们行使投票权利以选贤任能、参与监督，但是，并不能因此认为，掌握控制权的人物就一定会尽职尽责，努力使委托人的利益最大化。在现实中，权势人物不但可能玩忽职守、怠慢职责，还有可能滥用职权、谋取私利等。当出现这样的情况时，就需要问责。问责制并不是治理中的独特制度，但是治理中的问责又有独特机制。不对治理中的问责进行认真研究，就无法完全认清现代治理的真相。

一、管理中的问责与治理中的问责

可以认为，问责是一种理所当然的惯例，在人类历史上早已有之并一直延续下来，譬如家长会责罚打架伤人的孩子，商号掌柜会开除违反业务纪律的员工。即使是制度化的问责，也有很长历史，我国唐代律令就有对官员贪赃枉法、假公济私等行为进行惩处的规定。不过美国学者福山（2015）认为，问责制是现代社会的重要特征之一。不管福山这样的见解是否客观可信，但区分治理中的问责和管理中的问责，并对其分别进行研究，的确有助于辨清传统社会与现代社会的根本区别。

我们知道，我国先秦著名思想家韩非子就比较详细地论述了问责的重要性和主要方式，极力主张君王应该必罚明威、信赏尽能、一听责下，并把刑和德视为君王扬权的"二柄"，即两个基本权柄。但毫无疑问，王政框架中的问责恰如韩非子所言，是"责下"，即对下问责，并不包含对君王的问责，因而实际上也无法对其亲信和党羽问责。我国明朝也有着精心设计的监察和问责机关，包括都察院、东厂和西厂等，但它们都对皇帝负责，而不是对皇帝问责。这就是传统社会的问责，它可以非常严密、严厉，并以此构建恢宏的管理体系。显然，传统问责存在根本性的漏洞，且往往因为这个漏洞的存在而导致整个体系的崩溃。

现代社会的问责就是要通过治理的构建，来堵住缺乏对顶层问责的漏洞。也就是说，治理框架中的问责要对处于一个机构、组织、体系顶部的掌握控制权的人物，即再无上级管束的那些人物，进行必要问责。譬如，一个家庭的家长如果总是游手好闲而不事劳作，甚至酗酒伤人、好赌破财，又比如所有权与经营权相分离公司的董事长兼总经理，如果业绩不断滑坡而仍然喜欢挥霍公款，是否应该和怎样才能对其问责。不过，是否应该以及怎样才能对家长或者族长、君王和董事长、总经理问责，传统典籍鲜见这方面的系统性论述。到了 21 世纪，现代管理学，特别是现代行政管理学以及现代政治理论，对问责研究的重视程度已经有了一些提高。譬如著名的政府管理学者波文斯（Bovens，2007）

对问责有着比较深入的研究，他指出，行政问责是促进政府改善绩效的重要方式。我国公共行政学者马骏（2009）在概述政府问责有关文献之后就认为，建立一个负责的政府是一项非常复杂的事业；我国学者梁玉柱（2023）则提出，官员问责存在职责交叉难题、责任归因难题、多种惩罚逻辑的课责难题，本质上是复杂治理形势与民主政治要求之间张力的产物，他还把问责主要聚焦于选举。总的来看，绝大多数关于问责研究的文献都集中于公共行政领域。也有少数研究者论述了公司治理领域的问责，譬如施天涛（2018）从宪制主义视角分析了公司治理问题，认为公司的自治性、民主性、程序性、公开性、问责性五个方面均体现了宪制主义的实际运用，他特别强调，法律诉讼实际上就是对董事、高管的问责方式。

遗憾的是，如何针对顶层人物问责，特别是从完善治理的角度来分析问责机制，仍然缺乏足够的学术文献。如果不将严密管理体系中的问责，譬如韩非子论述的"责下"，与对顶层人物的问责认真地区分开来，而是混杂在一起，就无法认清各自在本质上的不同，更无法从根本上堵住顶层问责的漏洞。少数学者，例如诺贝尔经济学奖获得者马斯金（2011）对宪制与问责的关系进行了研究，其分析对象比较接近于治理中的问责，但这样的文献数量极少，而且并不直接与治理相联系。反倒是在实际中，古代不乏有关试验，而近代以来的社会进步和组织改革，特别是当代治理运动的蔓延和深化，也为这个议题提供了许多有价值的样本。同时，一些重要的政策文件，譬如 OECD 制定的《公司治理原则》，以及一些国家制定的类似文件，也包含了问责方面的内容。对这些良好实践和政策文件进行分析，并在此基础上进行理论化研究，正是把治理和问责研究推向深入的重要路径。

当然，在研究治理中的问责时，还应该澄清治理中的激励约束与问责的关系。严格地看，问责机制属于激励约束机制的范围。在治理体系中，远离控制权的人获得了知情、表达和参与渠道，而控制权被分置在不同部门、不同官员手中，并被设置了相互制衡和激励约束机制。譬如在公司治理中，对总经理的激励约束机制包括：高于普通员工的年薪及职位待遇、与利润等指标挂钩的奖金，以及向董事会报告工作、接受董事会或监事会的监督、接受审计。但即便如此，总经理仍有可能滥用权力造成公司损失或捞取私利，也有可能没有实现大多数股东期望的业绩，以及玩忽职守导致公司陷入危机等。这时就需要问责机制。问责的具体措施包括减薪、调岗、解雇以及诉讼。尽管诉讼也算一种最终的问责形式，但还需要对问责与问罪进行区分。的确，问责应该包括问罪，但本章研究的要旨在于治理机制，而不在于法律规定，所以并不重点关注对明显触犯法律的行为如何惩处，而是着重于对并不犯法但可能属于疏忽、失职、过错等不良和不当行为如何惩处，后者无疑更加复杂、更加困难。例如，公司总经理如果贪污公款，可以较容易地被查证和治罪，但如果他喜欢挥霍公款用于铺张浪费的职务旅行和公务宴会，或者不断提拔能不配位的亲友担任公司的重要职务，以及习惯于专横跋扈地一人决策而屡给公司造成损失，这时需要的是问责机制，而不是问罪机制。

之所以说问责比问罪更加复杂、更加困难，一方面是因为问责机制的存在可以使总经理等掌握控制权的人物产生敬畏感，从而促使他们更好地为公司等组织服务；另一方面是因为，问责并不是越多、越细、越严就越好。一个基本理由是，总经理等人物的工作努力程度及对公司等组织的忠诚度，往往既可意会，也可言传，而难以量化测度，因此以指标化、规范化的考评而构建问责制度本身就存在失真的风险。即使公司当前业绩的好坏也可能较大程度来自历任管理层的工作结果，或与宏观经济周期密切相关。而公司未来竞争力的提升需要遵循长期主义逻辑，过于频繁的短期考评与问责并不利于鼓励总经理等人物注重长期发展。此外，过于严苛的问责制度可能导致逆淘汰现象，即会阻吓贤能者争取和出任总经理等职务，反而使那些有办法逃避问责的宵小者得志，或者导致总经理等在开展工作时缩手缩脚，以及相互推诿。我国一些领域的问责就出现了上述问题，以至于中央纪律检查委员会的机关报《中国纪检监察报》在几年前就通过评论员文章，严肃指出了问责的滥用和泛化，甚至乱问责、错问责、问错责等现象，指出问责不是越多越重就越好，应该结合动机态度、客观条件、性质程度、后果影响等情况，把事情的来龙去脉、当事人的特殊情况等细节问题都弄得一清二楚，以正确区分问题性质。[①] 不过在现实中，要把这些细节问题都搞清楚非常困难，譬如在 2023 年 11 月，在中央生态环境保护督察组进驻一些省份开展生态环保督察时，中央生态环境保护督察工作领导小组办公室专门发出公函，提示既要通过必要的问责切实传导压力、落实责任，又要避免以问责代替整改，以及乱问责、滥问责、简单化问责等行为。[②]

显然，问责在现代社会不可或缺，但并不容易合理把握，甚

[①] 见《中国纪检监察报》2018 年 11 月 21 日头版评论员文章《实事求是 依规依纪 精准问责》。
[②] 见国务院官网 2023 年 11 月 21 日的报道：https：//www.gov.cn/govweb/lianbo/bumen/202311/content_6916339.htm。

至容易走偏走歪，并导致消极后果。而治理中的问责更加依赖于一些基本的治理元素，包括对控制权的分割及设立相互制衡机制，鼓励远离控制权的人积极行使基本权利和参与监督，促进信息披露和透明度提升等。治理中的问责，针对的是掌握控制权的人物，特别是掌握最高控制权的人物，无疑又会受到控制权的反制，因而比管理中的问责更脆弱，也更容易遭到扭曲。因此，仔细探究治理中的问责，研究其基本规则，分析其基本机制，寻求其基本架构，就具有重要意义。

在现代社会，治理的理念和实践逐步渗透到公司、非公司组织、公共事务组织，跨越许多不同领域。因此，突破公司治理和其他领域治理的界限，从普遍化的治理角度来探讨各个领域对顶层人物问责的共同机制，无疑是一项引人入胜的工作。当然，由于公司治理为更多人所熟悉，且其中的问责机制更加发达和规范，所以以下文将首先论述公司治理中的问责，然后再向公共治理中的问责延伸，之后进行一些综合性剖析和讨论。

二、公司治理中的问责

公司治理中的问责对象主要针对公司顶层的高管人员，特别是最高管理者，其职位名称可以是总经理、首席执行官等，甚至兼任董事长。在我国，公司最高管理者就是通常所讲的公司"一把手"。而问责发起者主要是股东和董事，但也包括越来越广泛的其他人或机构。

随着公司治理理念和有关政策、实践的不断推进，问责机制也得到了更多强调。早在世纪之交，OECD（2005）就制定了

《公司治理原则》，明确提出了强化问责机制的重要意义，并特别强调了董事会在其中的作用。OECD（2011）还针对国有企业专门发布了关于公司治理的问责与透明度文件，指明了清晰的国家所有权政策对于厘清职责、落实责任的重要性。在许多国家，与公司治理相关的法律、法规和其他文件都以各种方式不断强化了对顶层人物的问责机制。

从理论上看，公司治理中的问责在很大程度上依赖于被视为委托人的股东对董事以及高管等代理人所尽受托责任（fiduciary duties）的判断，以及董事对管理层业绩和行为的评估。不过，不少法学家，譬如汉密尔顿（1999）就认为，公司董事和高管并不是传统意义上的受托人，因为他们需要从事有风险性和不确定性的事业，以使股东回报和公司价值最大化，这与其他种类受托人旨在保护和维持财产的受托责任有很大不同，所以其他种类受托人从事的可被视为违反受托责任的行为，在公司董事和高管这里就需要视具体情况而定。法学家柴芬斯（2001）更加具体地指出，如果董事会和管理层的自主判断和自主选择的权力受到不应有的问责威胁，他们在开展经营时，由于过度担心股东的诉讼和其他问责，就会变得过于谨慎，从而失去一些商业机会。这些理论主张无疑影响了法律设计和司法实践。因此在实践中，即使公司高管做出的决策和从事的工作给公司造成了重大损失，如果他们的决策和行为基于合理信息和正常判断，并且没有给自己谋取额外私利，那么他们也未必需要承担责任，这就是所谓的商业判断规则，也是公司治理体系中普遍存在的安全港机制。

由此看来，公司治理中的问责存在不少模糊空间。不过，好在公司治理是基于股权的一套制度安排，问责制度也以股权为基础，这使事情变得相对清晰一些。一般而言，基于股份产生了董事会，董事会在法律上具有很大的独立权力，可以在相当程度上排除个别股东的干扰，包括对决策的干扰和随意问责的干扰。股东对董事最通常的问责方式是改组董事会，利用选举权利替换董事。而对高管的问责，则很大程度上掌握在董事会手中，主要方式也是解除高管职务，而且这在程序上要比股东替换董事容易得多。G20和OECD（2015）发布的《公司治理原则》明确指出，董事会应加强对高管的监督，并在必要时予以替换；董事会还可以为高管的薪酬方案设置扣回和追回条款，一旦出现经营欺诈等情况，公司可以扣回、追回对高管的一些报酬。2023年，G20和OECD发布的这个原则的最新版本也重申了这些要求。这些都属于问责机制。而问责事项已不仅仅限于业绩表现和是否侵占公司利益，还逐渐延伸到其他许多方面。一些大型跨国公司的董事会不但设有业绩考核和薪酬决定方面的委员会，还设有防治腐败、道德伦理方面的委员会，可以对涉及公司高管腐败、道德方面的问题进行调查和提出处理建议。

对公司"一把手"问责尤其重要。由于"一把手"在很大程度上控制着公司的业务、人事、财务、信息、数据，所以他人要了解其工作的真实状态和真实意图并对其进行合理问责，的确非常困难。如果"一把手"一身兼二任，即兼任总经理和董事长，他就有可能影响甚至控制大多数董事，把董事会变成自己的小圈子，使董事会的问责机制形同虚设。公司治理如何解决这个问题？一种途径就是股东重视自己在选择或者罢免董事方面的投票权，但这种途径要以股东积极主义作为基础，即需要股东，尤其是小股东抛弃"搭便车"行为，积极了解公司真实信息并参与投票。另一种途径就是股东可以提起诉讼。尽管诉讼非常耗时,但可以说这是问责的最后防线。G20 和 OECD(2015)发布的《公司治理原则》就特别强调,股东对公司官员和董事提起诉讼是极为重要的问责机制。许多国家的法律都允许众多小股东提起集体诉讼。"一把手"之下的其他高管,如副总经理、首席财务官等,都可以由总经理进行问责,或者由总经理与董事会进行联合问责。

公司治理中的问责还有一个非常重要的途径,就是破产和并购机制。不得不承认,在商业活动中,市场是最终的也是最有效的问责机制,因为市场本身就包含了经济奖励与惩罚。正如 OECD(2005)在其《公司治理原则》中指出的,透明而有效的市场有利于约束市场参与者并促进问责。如果管理层经营无方或者假公济私,这个公司在市场上的表现就会比较糟糕,客户流失、经营滑坡就是随之而来的惩罚;如果这种情况得不到遏制,那么公司就会陷入破产境地,总经理以及其他高管就会失去他们的职位,而且他们在职场上的声誉和身价都会下跌。即使不直接从事经营活动的董事会成员,也会因为公司破产而遭遇同样命运。因此,破产作为一种问责机制显而易见,尽管这不是来自股东积极主义的问责。并购市场也可能成为问责的替代品。一家公司如果经营不善,即使没有达到破产地步,但如果公司价值明显低于同行业其他公司的估值,那么它就可能成为并购猎物。并购完成后的第一件事往往就是改组管理层。这正是对管理层的惩罚。这种替代性问责也不是由公司股东主动发起的行为,但可以得到公司股东的配合,即他们同意向并购者转让自己的股份,赞成并购者提出的重组方案。总之,破产和并购作为问责机制,是一种非常有效的威慑。可以想象,如果某类企业,譬如国有企业，不可以被随意并购或走向破产，那么这类企业的高管就被赋予了一把保护伞，从而他们的职位、薪酬和控制权就具有较强的安全性，来自市场的问责机制就存在较大缺失。

公司高管的任期制与退休制也可被视为一种变相的问责机制。事实上，在上述几种问责机制中，小股东积极主动替换和罢免董事、高管的情况并不多见。而破产和并购由于涉及比较复杂的程序，往往只是一种潜在的问责压力。那么，在日常状态下，更持久的问责机制是什么？我们可以认为，董事和高管的任期制与退休制就是持续存在的变相的问责机制。之所以说是变相的问责机制，是因为它并不是直接的问责制，但可以发挥问责作用。在绝大多数公司，发起股东等人设立的公司章程或者国家颁布的公司法，就为董事设定了任期；高管与董事会签订的任职合同，一般而言既有任期，也有关于业绩考核和薪酬待遇的内容。任期制的存在，使得公司高管以及董事定期接受总体评估，不合适的人物可能会去职。这就是任期制作为问责机制的意义所在。如果总经理等人物由于经营失策而导致公司蒙受较大损失，或者嚣张跋扈、安插亲信，热衷于建立自己的控制权王国，那么任期届满就是他们的"总结算日"。一些公司的总经理等高管非常善于玩弄公司政治及公共政治，把董事会等机构在相当程度上变成自己的玩偶，并对重要股东或群体进行适当安抚。在这样的情形下，任期制也难以发挥问责作用，因为他们可以连选连任。这时，退休制度就成为最后防线。高度依赖职业经纪人的公司一般会对总经理、董事长的退休年龄做出明确规定。如果没有这道防线，失责而不犯罪的人物就有可能一直牢牢地把持公司控制权，直到生命终结，而其他人并无有力手段改变这一点。

此外，在现代社会，良好的公司治理还鼓励员工、债权人、客户和供应商、社区居民和社会团体等利益相关者对公司高管，特别是对"一把手"进行全方位监督，并对其不负责任的行为进行投诉，以施加社会舆论压力，甚至进行激烈抗议。G20 和 OECD（2015）发布的《公司治理原则》就提到了一种良好实践，即公司通过设立独立调查官（ombudsman）制度来处理这样的投诉，一些监管机构也设立专线电话和专门邮箱来接收此类投诉。可以说，公司治理中的问责会随着时代的变迁和进步而发展出一些新的途径、方式和机制。特别是对于公开上市的公司以及规模很大、社会影响力很强的公司而言，问责发起者已经远远不限于股东和董事，还包括许多利益相关者，甚至利益不相关者，他们热衷于审查公司事务的真相和公司高管的言行，发表意见和呼吁，最终形成难以忽视的问责压力。

当然，如果董事和高管涉嫌犯罪，股东和其他相关方可以提起法律诉讼。特别是，公司高管处理公司内部事务也可能触犯国家公共法律，这就不单属于公司治理的问责范围。譬如美国的《萨班斯－奥克斯利法案》规定，首席执行官要对公司财务的真实性负责，如果首席执行官在作假的财务报告上签字，那么他将要承担法律责任。此外，公司管理人员如果从事贿赂等活动，在许多国家都会触发法律制裁。因此，公司治理中的问责与法律制裁也有一些交织。

三、公共治理中的问责

在国家公共事务中，治理中的问责机制更值得深入剖析。公共治理中的问责对象也主要是一个机构、一个组织、一个体系中掌握控制权的顶层人物；而最基础的问责发起者应该就是这个机构、组织、体系中的公众。不过与公司治理中的问责相比，首先，公共治理中的问责缺乏直接的市场机制。虽然一些研究公共选择理论的学者也把选民投票视为类似于市场选择的机制，但无论如何，公共治理中的公众与公司治理中的股东不是一回事，后者向公司直接投入了资金，尤其是大股东投入了大量资金。此外，选民投票行为根本无法形成市场经济中的破产和并购机制。其次，从法律层面看，与公司治理有关的法律和其他文件已经非常丰富，并且积累了大量判例，对于在什么情况下需要问责以及如何问责，已有很多成规。而在公共治理领域则远非如此。再次，公共治理中的问责需要面对强大的公权力，它以唯一的合法暴力为基础，这远非公司治理中的问责可以比拟。最后，在公司治理中存在所谓的内部人和外部人之分，这意味着可以通过外部人，包括不担任董事和高管的股东以及债权人等，发起对最高管理者等内部人的问责。而就公共治理而言，很难区分内部人和外部人，从而很难找到外部的问责发起者，这显然是一个大问题。

尽管如此，对于公共治理中如何开展问责，仍然有一些重要思想。马斯金（2011）将公共治理领域中掌握决策权和控制权的官员视为代理人，而将普通大众视为委托人，并强调促使代理人为委托人谋利的途径之一就是建立问责制，如果官员的工作偏离了公众利益和期望，或者出现其他恶劣行为，就应该对他们问责，问责的重要方式就是以投票方式决定官员的去留。不过他也指出，通过以投票决定去留的方式进行问责，在对官员构成压力的同时，也有可能诱导官员过于迎合一部分民众的短期愿望，实际上这对整个经济社会的长期发展并没有好处。可见,马斯金实际上摆出了公共治理中的问责的一个重要难题:效仿公司治理中的委托代理模式开展问责,但又缺乏公司治理中的财产权利作为基础,会不会导致问责失真或失效?

在公司治理中,股东对自己的财产利益有着最基本的关心,他人对股东的财产权利也有最基本的认同。这就为公司治理中的问责奠定了坚实基础。而小股东,哪怕是一个不愿投票和过问公司事务的"搭便车者",也可以抛售股票,让并购市场发挥问责作用。但公共治理中的问责如果主要依赖民众投票,那究竟是基于公众对个人投票这一基本权利的看重,还是基于对公共事务的热心?在现实中,启发人们对个人基本权利的认识,激发人们对个人基本权利的行使,远比让他们关心自己的财产权利更加困难。更何况,对于个人投票这样的基本权利,掌握公共事务控制权的人可能并不认同,或者不甚拥护。而热心于公共事务的人毕竟不多。因此在公共治理中,如果普通人的"搭便车"心理和漠不关心态度成为普遍现象,一点儿也不奇怪。即使在公民投票义务感较强的社会,投票率达到百分之六七十已经非常不错,百分之四五十也算可以,这意味着,常常会有三分之一或者二分之一以上的公众不会通过投票来实施问责。

在这样的情况下,被归纳为"以野心对抗野心,以权力制约权力"的麦迪逊思路(汉密尔顿、杰伊、麦迪逊,1980)就成为公共治理中非常重要的问责机制。也就是说,公共权力的分立,公共机构的分设,并使它们之间相互制衡、相互问责,就非常重要。在现实中,这样的问责机制的确有可能被政客利用为实现个人野心的手段,并可能沦为党争的工具,但这并不代表这样的机制不能发挥问责作用。"以野心对抗野心，以权力制约权力"导致的纷争，很可能是公共治理中必须承受的问责成本。尽管在公司治理的架构中，也通过这样的分立分设，譬如设有董事会以对管理层进行选聘解聘、考核问责，并有股东大会对一些重要事项进行投票，还可设立单独的监事会以期对董事会进行监督和发起问责，但需要强调的是，公共治理中的类似架构如果缺乏更深层的制度设计，就只能形似而神不似，容易成为摆设。这些更深层的制度设计包括允许不同团体、组织之间的竞争与制衡，新闻媒体的公开报道等。

以公共权力的分立、公共机构的分设，形成制衡并实施问责，应该是出于直觉。人们形成这种直觉并不需要多高的智慧，更无须先有理论。在古希腊，由四百人组成的议事会可以向公民大会提出议案、安排公民大会议程，包括提请公民大会对执政官问责的议案和议程。古希腊公民大会不但可以投票选举高级官员，还可以将独断专行、无视法规的高级官员放逐，所以雅典有所谓的陶片放逐法（Ostracism）。事实上，曾担任雅典首席执政官和首席将军的地米斯托克利，尽管对雅典的发展做出了巨大贡献，但被质疑利用职权聚敛财富，而后遭到放逐。古罗马设有元老院，王政时期的元老院虽然只是咨议机构，但后来逐渐建立了一些对国王的问责权力，末代国王塔克文就被元老院借助民众力量而罢免和放逐；到了共和时期，元老院有了更大的问责权力和其他权力。古罗马、古希腊的制衡与问责机制在启蒙时代得到了许多学者的高度重视。孟德斯鸠（2010）不但论及古罗马元老院对国王的奖惩、审判和放逐，而且提到人民大会可以解散执政政府，并可以通过设立大法官和监察官来剥夺执政官的部分权力。卢梭（1997）也明确提出，行政权力的受任者是人民的官吏，人民对他们不满意，就可以撤换他们。这些伟大的思想家不但影响了欧洲问责制的发展，而且其思想也被传播到新大陆和其他地区。汉密尔顿、杰伊和麦迪逊（1980）在《联邦党人文集》中就直接提到了孟德斯鸠，并主张把权力均匀地分配到不同部门；他们还对美国议会的权力进行了相应设计，建议赋予议会对行政长官进行弹劾的权力。

后来的事实证明，议会发起弹劾是一种具有较大威慑力的问责机制。美国前总统克林顿和现任总统特朗普都曾遭到弹劾，尽管这些弹劾由于各种原因并未成功地使他们去职，但由此产生的问责压力不言而喻。我国学者张千帆（2000）的分析表明，美国公共领域的弹劾权力首先发自一些州议会，这些州议会强调，弹劾是惩治政府主要官员贪腐的有效机制，历史上各州的弹劾个案远高于联邦层面，譬如在1776—1805年约30年间，新泽西州议会共发动了9次弹劾。我国领导人邓小平（1994）也曾论述了分权和弹劾制度，他尖锐地指出："要有群众监督制度，让群众和党员监督干部，特别是领导干部。凡是搞特权、特殊化，经过批评教育而又不改的，人民就有权依法进行检举、控告、弹劾、撤换、罢免，要求他们在经济上退赔，并使他们受到法律、纪律处分。"邓小平提到的这几种方式都是比较明确的问责机制。

与弹劾类似，一些国家采取了不信任投票的形式，逼迫重要官员甚至整个内阁辞职。不信任投票一般在议会进行，只要有规定比例的议员投出了不信任票，那么主要官员就会去职。不信任投票针对主要官员或整个内阁的工作业绩进行评判，但有时也针对他们的不当言行或者涉及不光彩的财产积累和商业交易进行评判。譬如2022年，英国时任首相约翰逊就因在新冠疫情期间举办圣诞聚会而引起公众的极大不满，议会通过了不信任案而逼迫他辞职，其继任者特拉斯又因提出的减税计划欠妥而被迫辞职。

即使有弹劾制度和不信任投票制度，但仍不应忽视的是，公共职务的任期制和高级官员的退休制在公共治理中发挥的问责作用，很可能比在公司治理中更加重大。这就是因为公共治理领域缺乏公司治理领域的市场机制。事实上，公共治理领域的任期制是问责机制得以成立的重要条件之一，因为官员希望连任，如果得不到公众的支持，官员去职就构成了问责。至于退休制，尽管公共治理领域经由选举而出任的职位在退休年龄规定方面要灵活一些，但任期制可能会更加严格。掌握公共权力的重要人物往往可以通过操控权力等手段规避问责，而硬性的任期制和退休制就可充当变相的问责机制，这与公司治理中的同类问责体现了同样的道理。不管公共治理领域的重要高级职位是由选举还是由委任的人物担任，任期制和退休制都至关重要。邓小平（1994）就曾指出："关键是要健全干部的选举、招考、任免、考核、弹劾、轮换制度，对各级各类领导干部（包括选举产生、委任和聘用的）职务的任期，以及离休、退休，要按照不同情况，作出适当的、明确的规定。任何领导干部的任职都不能是无限期的。"

公共治理中的问责也可以在一定程度上借助于人员流动所产生的压力。如果人们对某个地区的治理非常不满，但他们可以移居到另外一个治理较好的地区，那就会对官员构成一些问责压力。尽管迁徙对个人和家庭而言都意味着很大成本，但迁徙自由的确极为重要，因为这毕竟给予人们最后的选择。这就是用脚投票的意义。美国学者奥茨（Oates，1981）就认为，各地提供的公共品有所不同,人口的自由迁移有利于显示公众对公共品的自由选择,从而促进区域间的良性竞争。他和施瓦布(Schwab and Oates, 1991)进一步指出,民众在地区间的自由迁徙,实际上就是通过用脚投票来表达对公共治理的选择,避免了用手投票的高成本和不现实的问题。我国自改革开放以来,人员流动、人口迁徙的自由度有了极大提高,许多生长于偏远农村的年轻人背井离乡来到人生地不熟的城市辛苦打拼,这不但因为城市有更多的就业和赚钱机会,还因为这里的治理更佳,包括更公平的规则,更不怯于家长权威和更不忧惧邻居、朋友、亲戚议论自己的环境,更可以自由表达意见的氛围,更多的参与渠道等。反过来,他们的到来又强化了城市治理中的问责机制,促进城市治理不断迈向现代社会,尽管这个进程以许多农村地区的人口空心化和经济凋敝为代价,但其进步意义正是从治理中的问责上得到极大的体现。因此,我国绝大部分地区允许自由落户,在促进治理改善和问责强化方面具有十分重要的意义。这也从另一个角度证明,市场化,包括就业的市场化、职业培训的市场化、粮食和住房的市场化等,对于提高人口流动性,对于改善治理和强化问责机制,提供了何等重要的条件。

最后需要指出的是,在现代社会,公共治理越来越依赖于社会透明度和公众评论,其中的问责机制更是如此。透明度的提高不仅是一种威慑力,而且能够使民众更多地了解掌握控制权的人物的工作乃至生活、言行的具体情况,一旦民众发现他们的失职和失当之处,就可以及时表达意见。在现代公共治理中,基于民间舆论和民众风评的民意调查和民意测验,已经成为问责机制的一个重要组成部分,至少是一个重要的支撑因素。因舆论和民意发酵导致重要官员被调查和处分的情形也越来越多见、越来越正常。社会知名人士发出公开谴责，一些民众公开聚集抗议，在开放性社会也可被视为公共治理中带有某种问责意义的表达方式。

四、谁来问责及对什么问责

美国学者穆尔甘（Mulgan，2003）指出，完整的问责机制应该能够清晰地回答如下几个问题：对谁问责，谁来问责，对什么问责以及如何问责。尽管前文已经提及问责对象、问责发起者，但还是有必要进一步分析，谁来问责和对什么问责，因为这至关重要。

在分析了公司治理和公共治理中的问责机制之后，不难发现，有些问责是由最基层的个人或集体发起的，不管其身份是股东还是公民，而另外的很多问责是由这些人选出的代表机构发起的，譬如由董事会、议事会、议会发起。问责对象是很清楚的，即那些掌握控制权的主要人物，但一个自然而然的问题是，究竟应该由谁来问责？或者更具体地说，谁可以发起问责？

的确，并不可以让每个人、每个机构都能发起问责，否则治理体系就会陷入混乱。由作为委托人的公众直接对官员问责，在很多情况下既不现实，也不必要。在公司治理的实践中，除由最基础的委托人——股东——直接问责之外，更一般的问责方式是由委托人投票选出的代表机构——董事会，或者更加专门的机构——监事会，来对高管问责，包括决定高管的去留，以及是否扣回或追回他们的部分薪酬，甚至提起法律诉讼。董事会并不是最基础的委托人，甚至也不是听从最基础委托人指令而行事的代表机构，因为董事可以不听从股东的指令。由基层委托人的代表机构对代理人进行问责，在公共治理中更加普遍。而代表机构是否具有问责的权力，以及须经过怎样的问责程序，往往需要经历长期博弈和演变，由具有宪法性质的章程和法律做出规定。

值得注意的是，在实践中也并非所有的问责发起机构或发起人都由基层委托人选举产生。古罗马的元老院具有一定的问责权力，譬如罢免权，但它不由民众选举产生，而由长老或贵族及原高级官员组成。在现代公共领域中，一些具有问责权力的机构或人员，譬如检察机构或检察官，也可能不由民众选举产生。在美国等国家，如果发现总统、州长涉嫌触犯法律或者违背道德标准，就可由司法部门任命独立检察官对其进行调查；独立检察官一旦被任命，几乎可以自主地开展调查，而不受委任其职责的机构的约束，甚至可以离开原来的线索进行自主调查。例如美国前总统克林顿因"白水门"事件被司法部任命的独立检察官调查，虽多年未有结果，但后来却意外查出克林顿的绯闻事件，导致其遭到弹劾。尽管决定问责最终结果的机构仍然是由选举产生的国会，但仍可看出，独立机构甚至被委任的独立人士，都可成为问责机制中的重要角色。在公司治理中，当一些大公司高管涉嫌重大失职或不轨行为，董事会也会成立独立的调查委员会，调查之后即提出问责建议。在问责与问罪交织的情形中，法院是决定问责最终结果的独立机构，法官是独立人士，而法院和法官也不属于民选机构和官员。总体而言，问责机构和问责人士若要获得较高的问责权威性就需具有较强的独立性，否则，问责的说服力和认同性就会大打折扣，甚至被怀疑为不同集团、不同人物之间的恶斗。

随之而来的问题就是，问责者可以随意抓住一件事或一个问题就开展问责吗？当然不可以。这实际上涉及掌握控制权的官员应该对什么负责，也就是说，他们出了什么事才应该被问责，或者问责才得以成立。应该说，这是一个非常难以回答的问题。我国于2009年颁布实施的《关于实行党政领导干部问责的暂行规定》，以及于2019年实施的《中国共产党问责条例》就列出了实行问责的诸多情形，包括决策失误、重大事故、滥用职权、用人失察，以及不作为、乱作为、慢作为、假作为等方面。而2001年颁布实施的《国务院关于特大安全事故行政责任追究的规定》和2015年颁布实施的《党政领导干部生态环境损害责任追究办法（试行）》等专门领域的问责文件，更加具体地规定了问责事项。此外，还有不少部门和单位的有关文件包含更细致的问责内容。可以说，凡是能够想到的问责事项几乎都被涵盖。细究林林总总的文件内容，大致可以发现，治理中的问责和管理中的问责都得到涵盖。不过，治理框架中应该追究的责任与管理框架中应该追究的责任，终究有很大不同，因为委托人对代理人的要求与期望、评判与奖惩，与上司对下属的要求与期望、评判与奖惩，存在根本区别。因而，后者或许能够以清单形式一清二楚、明白无误地列示，而前者却难以如此。

正如马斯金（2011）分析的，委托人的需求、愿望、利益，不但在不同群体之间存在明显差距，而且会随着时间流逝而发生变化，人们对官员的喜好感和厌恶感也存在同样的问题。马斯金的这些评论，虽然主要针对公共治理，但公司治理也在相当程度上存在同样问题。更重要的是，一个公司或其他机构、组织、体系的运行状况和发展绩效，在很多情况下与掌握控制权的人物的能力、德行及所付出的努力存在非常复杂的关系。因此，治理中的问责比查处违法违规要困难得多。事实上，虽然是否触犯法律条款比较容易判断，但定罪和量刑也会经过非常复杂而漫长的过程。而治理中的问责常常遇到的问题就是：代理人的行为是否符合委托人的最大和最根本利益？代理人是否更关心其个人和亲朋好友的利益？集体利益损失是否足够严重并与代理人的失职、失德直接相关？对于这些问题，不但存在证据上的困难，也存在判断上的困惑。因此从根本上来说，在治理框架中，除了应该通过任期制来综合判断和定期问责，对具体事项是否应该问责，在相当程度上取决于这些事项是否引起了强烈关注和重大反应，也可以说，取决于最基础委托人的舆论导向和主流意见。我国的《关于实行党政领导干部问责的暂行规定》等文件就非常强调对产生"恶劣影响"的事件进行问责。当然，对这些事项的问责决定也有较强的弹性。

进一步而言，治理中的问责事项并不容易通过设立指标、实行考核这样的办法来准确界定。基于指标与考核的问责制在管理中容易行使，在治理中则不然。被委托人被选择到重要代理人的位置往往意味着代理人应该根据自己的卓越判断力、强大理性、坚毅精神，为集体、组织和机构谋取长远利益，他们需要在不同具体任务、不同具体指标之间进行权衡和必要取舍。霍姆斯特朗和米尔格罗姆（Holmstrom and Milgrom, 1991）的研究就清楚地表明，当面临多项任务时，代理人在这项任务上投入更多努力，就只能在其他任务上投入更少努力，因此，过度关注指标和考核可能会对代理人的工作形成误导，因为各个指标之间常常存在阶段性矛盾。在这样的情形中，阶段性目标和专门化指标不但不可能准确度量他们的努力和可能的未来收益,而且有可能把工作引向错误的方向。因此在实践中,对掌握控制权的重要人物问责,特别是对身居关键职位的人物问责,除了令其任期届满之时去职,事实上并不经常发生,而不信任投票、弹劾、罢免、起诉等严厉的问责方式,则有比较严格的程序。可以认为,在治理框架中,畅通问责渠道、建立问责机制,比明细地规定应该对哪些具体事项问责更加重要。

可以说,治理中一方面需要有力的问责机制,另一方面又应该避免问责机制伤及履职尽责的积极性和能动性。这的确是高难度的平衡。这种高难度平衡不但是治理中问责机制的微妙之处,也是整个治理机制的微妙之处。因此,治理不如管理那般刚性,但更具魅力。

五、一些讨论

最后,仍有必要对管理中的问责进行补充性阐述,否则,很难完整理解治理中的问责,也很难最终辨清古已有之的问责和现代问责之间的本质区别。

管理体系是科层化的体系,总体而言,上级指挥下级,下级对上级负责,因此管理中的问责就是上级对下级问责。相比较而言,管理中的问责简单明了,但更加有力有效。

管理中的问责必然以任务分解、指标设置和考核评分为基础,以比较定期的薪酬和职位调整、比较频繁的提醒和批评,以及警告、撤职、开除等为手段。这些工作的方向是单一的,即由上到下。管理中的问责对于落实工作责任、提高工作效率无疑有巨大帮助，但大量的上述工作需要相应的职能部门和专门人员来从事，而且涉及许多文书劳动和官僚程序，从而引发繁文缛节和官僚主义，只不过在不同领域和不同机构的程度不同。即使在公司领域，许多大公司的繁文缛节和官僚主义也严重到了令人吃惊的程度。而在公共治理领域，更是毋庸赘言。邓小平（1994）曾严厉批评了我国的官僚主义问题，他认为官僚主义的主要表现和危害是："高高在上，滥用权力，脱离实际，脱离群众，好摆门面，好说空话，思想僵化，墨守陈规，机构臃肿，人浮于事，办事拖拉，不讲效率，不负责任，不守信用，公文旅行，互相推诿，以至官气十足，动辄训人，打击报复，压制民主，欺上瞒下，专横跋扈，徇私行贿，贪赃枉法，等等。"他还尖锐指出："过去我们虽也多次反过官僚主义，但是收效甚微。"邓小平的批评至今仍然振聋发聩，令人深思。

尤其是在大型机构、组织、体系中，管理中的问责很容易落入滥设指标、滥用考核、滥施处罚的情形。管理者的一个惯性思维就是只要把指标设置得很周密、完备，把考核推行得很频繁、严格，把处罚施加得很及时、严厉，这样就可以把工作做得很好。不过在实际中，这样做的结果往往是抑制人的工作热情、能动性和创造性，反而影响了管理效能的提升，而且可能进一步陷入求全责备、吹毛求疵的境地，并可能会鼓励短期投机、摧毁长期主义。大型机构、组织和体系由于管理层级多、工作流程长，这样的情形和境地更容易出现。特别是，如果不拥抱基于参与行权和制衡分权的现代治理，就更容易以更加严厉的管理问责作为弥补，从而滑向以管理取代治理的道路，进一步推动滥设指标、滥用考核、滥施处罚，并极大地助长官僚主义和形式主义。如果因为严厉的管理问责妨害了业务发展而不得不放宽问责、放松管理，那就又会陷入"一管就死、一死就放、一放就乱"的恶性循环。

甚至在很多时候，管理中的问责包含着上级向下级转嫁责任，上级对下级彰显权力和威严，以及显示上级的"合法伤害权"。顶层管理者如果缺乏治理框架下的约束，就有可能对令其不满的所有事情或引起负面评论的所有事件，不分青红皂白地启动问责，从而落入胡乱问责的陷阱。在实践中，令顶层管理者不满的事情或引起负面评论的事件并不必然对应着下级官员的失职、失误，而且根源往往在于顶层管理者自身，只不过他自己看不到或不承认这个根源之所在，从而不断挥舞板子往下打，通过向下级"替罪羊"问责以转嫁治理责任，以无休止的"责下"来规避治理中的问责制度建设。即使发生了造成严重损失的事故，主因也可能是难以预料的风险、难以防范的意外。胡乱问责将使下级官员陷入对不确定性的惊恐之中，并且会扭曲他们的工作导向。

当然，这绝不是说管理中的问责一无是处，而治理中的问责完美无瑕。恰恰相反，要使管理有效，问责制度不可或缺。而治理中的问责虽然不太容易受到管理中的问责那类问题的困扰，但也很难摆脱自身独有的一些问题。如果委托人的表达渠道不畅通，如果他们不具有基本的安全性和自主性，或者他们缺乏足够的理性和公正，治理中的问责就有可能是虚假的、扭曲的。如果具有问责权力的机构和人士被极端思维操控和左右，治理中的问责就有可能沦为攻讦、拆台、摧毁的武器。此外，在治理框架中，吹毛求疵的氛围也会导致过度问责和胡乱问责。关键在于辨清治理和管理的正确位置，从而防止治理和管理相互错位、治理中的问责与管理中的问责相互取代。如果回避治理，并错误地以加强全面管控作为弥补，包括以加强管理中的"内卷式"全面问责作为替代措施，那么，不但文牍主义、官僚主义、形式主义和收放循环问题会愈演愈烈，而且活力释放会日益消退，从而严重影响良好发展目标的实现。

本章参考文献

布莱恩·柴芬斯. 公司法：理论、结构和运作［M］. 北京：法律出版社，2001：487－531.

邓小平. 党和国家领导制度的改革［M］//邓小平文选（第二卷）. 北京：人民出版社，1994.

弗朗西斯·福山. 政治秩序与政治衰败：从工业革命到民主全球化［M］. 桂林：广西师范大学出版社，2015：3－33.

汉密尔顿，杰伊，麦迪逊. 联邦党人文集［M］. 北京：商务印书馆，1980：46－59，372－386.

罗伯特·汉密尔顿. 公司法概要［M］. 北京：中国社会科学出版社，1999：249－307.

经济合作与发展组织. OECD 公司治理原则（2004）［M］. 北京：中国财政经济出版社，2005.

经济合作与发展组织. 公司治理问责与透明度：国家所有权指南［M］. 北京：中国财政经济出版社，2011.

梁玉柱. 官员问责难题与西方话语霸权祛魅［J］. 社会主义研究，2023（3）：100－107.

卢梭. 社会契约论［M］//影响世界的著名文献（政治·社会卷）. 北京：新华出版社，1997：403－573.

孟德斯鸠. 论法的精神［M］. 北京：商务印书馆，2010：164－197.

马骏. 政治问责研究：新的进展［J］. 公共行政评论，2009（4）：22－47，202－203.

埃里克·马斯金. 问责制与宪政设计［J］. 比较，2011（5）.

施天涛. 公司治理中的宪制主义［J］. 中国法律评论，2018（4）：89－106.

张千帆. 自由的魂魄所在［M］. 北京：中国社会科学出版社，2000：115－270.

Bovens, M., 2007. Analyzing and Assessing Accountability: A Conceptual Framework. *European Law Journal*, 4: 13.

G20/OECD, 2015. *Principles of Corporate Governance*. OECD Publishing, http://dx.doi.org/10.1787/9789264236882 - en.

G20/OECD, 2023. *Principles of Corporate Governance 2023*. OECD Publishing, https://doi.org/10.1787/ed750b30-en.

Holmstrom, B., and P. Milgrom, 1991. Multi-task Principal-Agent Analysis: Incentive Contracts, Asset Ownership, and Job Design. *Journal of Law, Economics, and Organization*, 7: 24–52.

Mulgan, R., 2003. *Holding Power to Account: Accountability in Modern Democracies*. Palgrave Macmillan.

Oates, W., 1981. On Local Finance and the Tiebout Model. *American Economic Review*, 71: 93–98.

Schwab, B., and W. Oates, 1991. Community Composition and the Provision of Local Public Goods. *Journal of Public Economics*, 44 (2): 217–239.

第七章
治理中的信息披露与透明度

要让远离控制权的人们积极地行使权利,要使制衡分权机制有效地发挥作用,一个重要基础就是行权和参与者、制衡和监督者必须了解和掌握真实情况,否则他们就会做出错误判断和错误选择,提供错误激励和约束,进行错误问责。即使掌握控制权的人物也需要真实信息,以做出正确决策。可以说,真实可靠的信息,必要的公开性和透明度,是治理的基本元素。因此,在全球性的治理浪潮中,加强信息披露和透明度,即公司、社会组织和公共机构向股东、会员乃至公众披露自身的重要信息,包括掌握控制权的人物的一些个人相关信息,提高它们的结构透明度和运营透明度,并得到相应监督和促进更多参与,是一项具有高度共识的工作。

一、公司治理中的信息披露与透明度

在改善公司治理的全球性行动中,基础性的信息披露和透明度要求早就成为一项原则。OECD(1999)于20世纪末发布的《公司治理原则》就提出,公司治理框架应确保及时、真实地披露公司的经营业绩、财务状况等信息。该原则的2004年版本继续对信息披露和透明度提出了要求，并且强调外部审计师负有的职业审慎责任（due professional care）。2015年，G20和OECD（2015）联合发布的《公司治理原则》进一步充实了信息披露和透明度要求，不但提出要加强对关联交易、资产负债表全景信息等方面的披露，而且鼓励公司披露一些重要的非财务信息，譬如关于商业道德、环境保护、人权促进等方面的信息。该原则的2023年修订版（G20/OECD，2023）指出，涉及资本结构和公司集团方面的信息披露，特别是金字塔结构、交叉持股行为、多重投票权等方面的透明度要求，对于投资者正确理解并维护自己的权利，具有重要意义。

我国《公司法》就明确规定，上市公司必须按照法律和行政法规的有关要求，公开其财务状况、经营情况及重大诉讼，在每个会计年度内每半年公布一次财务会计报告。证监会发布的《上市公司治理准则》设有"信息披露与透明度"专章，明确提出上市公司应当建立并执行信息披露事务管理制度，鼓励上市公司除依照强制性规定披露信息外，自愿披露可能对股东和其他利益相关者决策产生影响的信息。证监会发布的《上市公司信息披露管理办法》规定，上市公司应该定期披露年度报告、中期报告，年度报告的内容应该包括公司基本情况、主要会计数据和财务指标、股票和债券的发行与变动情况、控股股东及实际控制人情况、董事和监事及高管的任职与薪酬等情况、董事会报告、管理层讨论与分析、财务会计报告和审计报告全文等。

当然，加强信息披露、提高透明度，并不是要将公司所有情况和资讯都暴露于光天化日之下，更不是要侵害公司的商业机密和正当隐私。恰恰相反，良好的公司治理必然包含着对公司机密和隐私的保护，以及对公司客户等利益相关者的数据的保护。几乎所有可查阅的公司治理原则都指出不应迫使企业实行可能导致其竞争地位受到不当危害的信息披露，更不会要求企业公布其客户、供应商、合作伙伴的资料。

大体而言，公司治理中的信息披露要求主要集中于如下几个方面。首先就是财务信息。财务会计准则为标准化和最低要求的财务信息披露提供了基础框架。许多公司都会定期地，譬如每年、每半年甚至每季度向股东报告或公开披露财务信息。这项报告或披露能够让股东、债权人、商业伙伴以及员工等了解公司的发展状况和经营业绩，从而判断公司的投资价值和合作可靠性。其次是董事和高管的重要信息。他们是掌握公司控制权和监督权的重要人物，在很大程度上决定着公司的发展前景，所以投资者和利益相关者掌握他们的一些相关信息就十分重要。这项信息披露不但包括他们的姓名、职位、履历，还包括他们从公司获得的薪酬待遇，以及可能包括的其他信息，譬如关于董事独立性方面的信息。对于担任大公司董事和高管的人物而言，他们会牺牲一些个人隐私。再次，就是关联交易信息。严肃的公司治理原则一定会在这方面提出一定的透明度要求。关联交易的大量存在，特别是在不透明的情况下频繁发生，就容易将公司置于较大的潜在利益扭曲之中，甚至将公司置于危险境地。关联交易可能发生在同一个实际控制人所控制的不同公司之间，也可能发生在公司与其董事、高管个人或他们的亲属之间。良好的公司治理并不是禁止所有关联交易，但要求关联交易应该按照市场公允价格进行，并且具有一定的透明度。最重要的是，不正当地转移利益的关联交易可以被起诉。此外，较详尽的股权结构信息、履行社会责任方面的信息也越来越多地得到披露。

不过，我们也应该意识到，信息披露和透明度要求对不同企业并不完全一样。总体而言，对在证券市场公开交易的上市公司有着最高的信息披露和透明度要求；而小公司，特别是像美国的封闭型公司（closely held company）之类的企业，对其信息披露和透明度方面的要求较低，这类公司主要是向其股东报告财务和经营信息来满足治理要求。不过在实践中，有越来越多的非上市大企业，甚至一些小公司，正参照并以接近上市公司的标准来披露信息，以提高其透明度，因为这样做可以增强客户、供应商、融资者、社会公众和政府对其公司治理的信心，起到助推企业发展的作用。我国著名的非上市企业华为，从21世纪初就开始公布年报，并且经过了独立审计。

而部分国有企业不在证券市场上市，由于其终极股东是全体国民，但每个国民又不可能都以股东身份去查阅公司资料、索取公司信息，因此公开化的信息披露就非常重要。现在，已经开始有越来越多的国家对国企的信息披露和透明度要求向上市公司靠拢。OECD（2005）在其公布的《国有企业公司治理指引》中提出，国企应遵循高标准的透明度要求，不但要建立向董事会负责的内部审计程序，而且应该像上市公司一样依照高质量的会计和审计标准公布年度报告。大型国企还应该经过基于国企标准的外部独立审计，并且应该按照得到国际认可的高质量标准披露财务和非财务方面的信息；国企应披露政企关系方面的信息，譬如公司目标、公司股权和投票权结构、政府对公司的支持情况等。大型国企依照国际标准披露年度报告，意味着董事会成员应该在财务报告上签字；首席执行官、总经理，以及首席财务官，应该保证财务报告恰当地反映了企业状况。

我国尽管并未要求国企遵循上市公司的披露标准，但《企业国有资产法》明确指出，国家出资企业应当依照法律、行政法规和国务院财政部门的规定，建立健全财务、会计制度，设置会计账簿，进行会计核算，依照法律、行政法规以及企业章程的规定向出资人提供真实、完整的财务、会计信息；履行出资人职责的机构根据需要，可以委托会计师事务所对国有独资企业、国有独资公司的年度财务会计报告进行审计，或者通过国有资本控股公司的股东会、股东大会决议，由国有资本控股公司聘请会计师事务所对公司的年度财务会计报告进行审计。国务院国资委颁发的《关于推进中央企业信息公开的指导意见》（以下简称《意见》）还提出，立足回应监管机构、社会公众等各方面关切，积极探索中央企业信息公开有效工作途径，坚持试点先行、总结经验、稳步推进，确保取得实效；中央企业所属非上市企业，对提供社会公共服务、涉及公众切身利益的企业信息，以及法律法规明确规定应当公开的企业信息，按有关规定公开。央企信息公开的内容应当包括：工商注册登记等企业基本信息；公司治理及管理架构、重要人事变动、企业负责人薪酬水平情况；企业主要财务状况和经营成果、国有资本保值增值情况；通过产权市场转让企业产权和企业增资等信息；企业履行社会责任情况等。《意见》还规定，重视加强中央企业信息公开前保密审查，妥善处理好信息公开与保守秘密的关系；企业公开的信息不得涉及国家秘密、商业秘密和个人隐私，不得危及国家安全、公共安全、经济安全和社会稳定；对依法应当保密的，必须切实做好保密工作；结合企业实际，研究确定信息公开与信息共享边界范围，依法界定本企业不予公开（豁免公开）的信息内容。

除了营利性公司，非营利组织（NPO）也在不断加强信息披露和提高透明度，甚至比营利性公司做得更好。许多国家并未在法律上对非营利组织做出强制性的信息披露规定，譬如美国的《非营利法人示范法》仅规定，法人应根据成员要求，向成员提供年度财务报告，并向州务卿提交年度报告。法国、德国的有关法律也有类似规定。[①] 但实际上，那些大型非营利组织现在都向社会公布年度报告，且内容也越来越详尽，不但包括财务收支明细、董事会和高管信息，还包括对一些重大行为的描述。非营利组织透明度的提高有利于公众和潜在捐助人对其信任度的提升，有利于吸引更多民众参与到非营利性事业之中。如果非营利组织陷于暗箱运作之中，并且沦为官僚体系的附属物，那将摧毁公众的信任，严重影响非营利事业的发展。

二、公共治理中的信息披露与透明度

由于公共机构很难像公司那样得到股东的直接监督并面临股东起诉的威胁，也难以像公司那样建立强健的董事会及其审计委员会等机构，更不会像公司那样受到市场竞争甚至破产清算的压力，因此，对于公共治理而言，提高透明度更具关键意义。世界银行（1992）在其《治理与发展》这份著名的研究报告中，就专

---

① 有关资料请见：金锦萍、葛云松主编的《外国非营利组织法译汇》，北京大学出版社，2006年出版。

门论述了信息披露与透明度对于国家治理的意义，报告认为信息披露正成为经济社会发展的决定性因素之一，可靠信息可获得性越差，社会不确定性和风险就越大，政府的腐败程度就越高，从而对发展造成严重制约。联合国于2016年初公布且我国也签署的《2030年可持续发展议程》也指出，要实行有效的法治和良政，并设立透明、有效和负责的机构，确保公众获得各种信息并保障他们的基本自由，大力减少腐败；议程还强调，后续的落实与评估要向所有人开放，做到普遍参与、透明、包容。① 与该议程连为一体的《亚的斯亚贝巴行动议程》也指出，要致力于提高政府部门的透明度。② 此外，还有一些非官方的国际组织也通过比较研究和出版等方式，致力于促进公共领域的信息披露和透明度，譬如"透明国际"（Transparency International）就是其中之一，它每年发布的国别清廉指数就受到国际社会的高度关注。

我国在提高公共领域的透明度方面也不断迈出坚实步伐。尤其是在过去十几年里，政府信息的公开化程度有了很大提高，几乎所有机构都通过官网公布了其职责、领导人员名单、重要事项的办理流程及重要新闻，一些权力机构还公布了其核准事项所需申报的材料和核准标准。针对长期以来受到群众诟病的"办事难"问题，一些政府机构取消了大量的证明材料，简化了办事流程，提高了办事效率。我国推行的商事制度改革大幅压减了企业注册登记的时间，注册企业的时间从20世纪初大约一两个月缩

---

① https://www.fmprc.gov.cn/ziliao_674904/zt_674979/dnzt_674981/qtzt/2030kcxfzyc_686343/zw/201601/t20160113_9279987.shtml.
② 《亚的斯亚贝巴行动议程》全文请见联合国网站：https://uncitral.un.org/zh/about/sdg。

减到目前的短短三五天,从而促进了注册企业数量的连年明显上升。2019年,十九届四中全会通过的《中共中央关于坚持和完善中国特色社会主义制度 推进国家治理体系和治理能力现代化若干重大问题的决定》还特别指出,坚持权责透明,推动用权公开,完善党务、政务、司法和各领域办事公开制度,建立权力运行可查询、可追溯的反馈机制。随着这些战略谋划落到实处,我国公共领域的透明度必将继续提高,公共治理必将进一步得到改善。

从国内外的良好实践来看,公共领域透明度的提高、信息披露的强化,重点表现在以下几个方面。第一,是财政信息的披露。几乎所有的政府,不管是中央政府还是地方政府,都已将披露年度财政预算和决算报告作为一项刚性制度。政府要求企业、公民依法纳税,财政收入必须用于公共事业,其收支必须接受民众监督。政府的公信力在很大程度上取决于财政透明度,缺乏财政透明度的政府很难建立较强的公信力。国际货币基金组织(IMF)公布了一份《财政透明度手册》(Manual on Fiscal Transparency),列示了财政透明度的基本要求和基本要素,包括会计标准、政府收支、公共债务、问责程序等。[①] 现在已有越来越多国家的财政活动向IMF的手册标准靠拢。第二,是政府机构的职能、权力,以及办事流程和法规政策等信息的披露。政府设立一个机构,这个机构必定承担一定的公共职能,并可能行使公共权力。因此,只有公开其职能和权力,才能让公众了解机构存在之

---

① 该手册的内容见IMF官网:https://www.imf.org/external/np/fad/trans/manual/index.htm。

必要性，也才能使权力运行受到监督。而公开办事流程则可以让服务对象方便地寻找公共服务，并可以全过程地了解办事进展。在互联网时代，还可以让服务对象下载各种办事流程所需提供的表格，使公共服务变得更加便捷。政府机构行使权力、履行职能、提供服务，通常依据比较稳定的法规和政策而开展，这些法规和政策实际上规定了有关标准、程序、要素，显示了政府机构支持什么、反对什么，让企业和公众了解这些法规政策，有利于他们根据政府设定的规则进行活动。第三，是统计数据的披露。除了专门化的统计机构要对经济社会发展的统计数据进行年度、季度甚至月度披露，许多其他部门也要定期或不定期披露其工作范围内的统计信息，譬如人口部门要披露人口出生、死亡等数据，商务部门要披露进出口数据，金融部门要披露货币和信贷数据，农业部门要披露粮食生产和流通数据等。第四，是公共领域领导人物的个人信息，包括他们的姓名、年龄、履历等基本情况。不过，在此项信息披露上，不同国家之间有很大差别，有些国家已经建立了公布领导人财产的制度或惯例，甚至鼓励新闻媒体深挖他们的个人生活细节，而有些国家则具有较低的透明度。此外，公共机构还会就其重大决策、重大活动，或所涉重大事件、重大新闻，及时地公开回应，以应答公众关切、消除公众疑虑。

这些披露只是较低限度的透明度要求。在实践中，许多国家的公共治理透明度要高得多。特别是公共领域不断增加在公开市场的融资，对政府信息披露起到了巨大的施压作用。事实上，政府财政等方面的信息披露历史也是一部政府融资的历史。政府由于经常性地陷入入不敷出的境地，必须从市场融资，因此不得不向资金提供者公布其一般收支状况和所融资金的用途、使用效果评估等方面的信息。自20世纪七八十年代以来，世界上许多国家的财政赤字率都有了明显提高，政府债务规模已经成倍膨胀，各级政府公开发债几乎成了家常便饭，政府债务的持有者不但包括大量机构，也包括大量民众。在这种情况下，为了促进债券的顺利销售，也为了方便债券的交易和定价，对财政信息更大程度的披露就成了顺理成章的事情。我国的国债发行，特别是地方债发行的历史相对而言要短得多，但至今为止积累了不小的发行量，也促进了政府财政信息的披露。而且，政府债券二级市场的交易量十分庞大，市场交易导致的盈亏往往十分惊人，因而对政府债务的风险，从而对政府财政能力和治理水平的专业化分析，也日益发达。这意味着专业化分析机构会深入挖掘政府信息，政府的掩饰和掩盖行为会变得更加困难。总之，不管是政府主动披露，还是其实际情况被挖掘、被研判，都会导致公共领域透明度的提高。无疑，透明度的提高将有利于问责的推进。

不过，从全球范围来看，与公司治理中的信息披露和透明度相比，公共领域总体而言做得更差。公司治理，至少是上市企业的公司治理，其信息披露和透明度方面的标准正在快速国际化。换句话说，许多国家都开始快速地遵循全球公认的公司信息披露标准，OECD颁布的《公司治理原则》正在得到许多国家的接受。资本市场的全球化，特别是全球金融中心的形成，有力地推动了公司治理标准的全球化，譬如美国纽约是全球金融中心，其他国家的企业如果要到纽约证券交易所上市，就必须满足这个资本市场的信息披露要求。而美国证券交易委员会（SEC）、美国上市公司会计监督委员会（PCAOB）等机构制定的披露制度，也在该市场交易的非美国公司中得到执行。跨国执业的会计和审计机构也对信息披露标准的全球化起到了很大的助推作用。而对于公共领域的信息披露制度来说,尽管也出现了国际货币基金组织等机构颁布的《财政透明度手册》,但国别执行存在很大差异,更遑论财政之外的信息披露。我国在过去十几年里不断推进财政透明度的提升,并且取得了良好效果,但在地方层面,不同地区进展不一。根据清华大学公布的《2022年中国市级政府财政透明度研究报告》,我国296个地级市政府及地级以上市政府,只有163个市的得分超过60,仅占55%,即45%的市政府的财政透明度达不到"及格"标准。①

与公共透明度指数呈反向相关性的公共领域腐败问题,更是不少国家难以治愈的严重顽症。显而易见,提高公共领域的透明度有利于打击腐败、改善治理。在不少国家,不但政府预算、机构账本必须公开,连重要官员的收入、财产也要公开,并建立了规范化的官员财产公开制度,从而对腐败蔓延起到了极大的遏制作用。我国国务院官网就郑重指出,中国反腐可以从其他国家的信息公开制度获得借鉴,并明确指出了政务信息公开、官员财产公示等制度的重要作用。此外,还提到法国在2013年建立了"政治生活透明度最高委员会",负责接受约8 000名各级立法、行政部门工作人员的个人财产申报。② 事实上,在欧美多数国家都有重要官员的财产申报制度,而且强调申报之后的公示,不仅

---

① 有关资料请见清华大学官网:https://www.sppm.tsinghua.edu.cn/__local/2/23/CC/1713C9766B9A78159F8975AA23C_03DBA410_6A1122.pdf。
② 有关资料请见国务院官网的文章:https://www.gov.cn/xinwen/2014-12/11/content_2789706.htm。

停留于申报；其中美国于1978年通过的《政府伦理法案》明确规定了公示制度，1989年通过的《伦理改革法案》对财产登记制度进行了更加详细的规定，2012年又提出进一步改革建议，强调议员在向国会提交财产公示后必须上网公开。法国于1983年通过了《政治家生活财产透明度法》，该法主要针对总统候选人、中央政府成员、国会议员、大区区长、城市市长，规定他们必须向专门设置的委员会等机关提交财产报告，且所有财产报告都在《政府公报》上刊登。①

三、独立中介机构、分析机构与传媒的作用

会计师事务所和资产评估事务所等中介机构在加强信息披露、提高透明度方面正在发挥越来越大的作用。道理很简单，无论是公司还是非营利组织，或者政府，它们最重要的信息披露就是财务报告的公开。财务报告不但涉及非常专业的数据核算和账目处理，而且容易隐藏普通人难以识破的"猫腻"，因此除了需要单位内部的财务部门出具报表，往往还需要引入外部的会计师事务所和资产评估事务所等中介机构从事检查、审核、评估、监督等工作，并且上市公司的年度财务报告一般都需要由外部会计师事务所出具独立的审计意见。我国证监会发布的《上市公司信息披露管理办法》就明确规定，上市公司发布的年度财务会计报告应当经符合《证券法》规定的会计师事务所审计，审计报告的

---

① 有关资料请见人民网的报道：http：//theory.people.com.cn/BIG5/n/2013/0201/c49154-20406156-2.html。

全文应当公布；如果财务会计报告被出具非标准审计意见的，董事会应当针对该审计意见涉及事项做出专项说明。

信用评级公司以及证券公司、投资银行设立的类似研究机构也属于中介服务机构。不但许多企业要发行债券，而且越来越多的各级政府也频繁地从金融市场融资，因此对发债主体进行信用评价，详细分析它们的偿债能力和运营能力，以及它们的兑付或违约记录，对于投资者而言就十分有用。评级越高，发行债券就越容易，并且利率可以更低；而调低评级则会导致债券价格下跌，并且导致未来发债更加困难。负责任的专业化评级公司及此类研究机构，不但要从公开渠道收集发债主体的各种资料，还要进行实地考察和访谈，才能客观、科学地分析其运营状况和偿债能力，给出比较准确的信用评级。此类中介机构公布的评级结果和发布的研究报告，都有利于提高发债主体的透明度。如果发债主体遮遮掩掩，甚至故意歪曲事实、编造虚假故事、发布错误数据，一旦被评级公司和研究机构挖出真相，那么其债券就会遭到严重抛售，未来的融资前景就非常不妙。因此，评级和相关研究机构的工作的确产生了一种非常有益的透明度提升机制。现在，世界上许多国家都建立了债券信用评级体系，我国证监会颁布的《公司债券发行与交易管理办法》就专门指出，资信评级机构为公开发行公司债券进行信用评级的，应当将评级信息告知发行人，并及时向市场公布首次评级报告、定期和不定期跟踪评级报告；公司债券的期限为一年以上的，在债券有效存续期间，应当每年至少向市场公布一次定期跟踪评级报告；应充分关注可能影响评级对象信用等级的所有重大因素，及时向市场公布信用等级调整及其他与评级相关的信息变动情况，并向证券交易场所报告。目前，我国也发展出一些规模较大的信用评级公司，国际上更有穆迪、标准普尔、惠誉等大型评级机构。

会计师事务所、信用评级公司等中介机构的独立性非常重要。所谓独立，一方面是指中介机构与公司、公共部门、非营利组织等被审计和被监督的机构不存在组织上的控制关系和关联关系，以及人员上的隶属关系，另一方面是指从事审计、监督的人员和机构应该根据自己的专业知识和专业能力做出独立的分析判断，而不盲从和照抄被审计、被监督机构自己提供的数据和账本。如果中介机构不具备基本的独立性，就可能沦为被审计、被监督机构的背书者，一旦被审计、被监督机构弄虚作假，外部中介机构的审计等工作都不能发挥求真和制约作用，治理就会变味、变坏。因此，几乎所有严肃的社会都会要求这些中介机构保持一定的独立性。G20 和 OECD（2015）发布的《公司治理原则》就明确指出，公司的年度审计应该由独立、称职和有任职资格的审计师按照高质量标准来开展，以保障审计报告的客观性；由董事会内独立性较强的审计委员会来选择外部审计机构，被认为是良好实践；对于有关国际机构发布的《审计师独立性原则及公司治理在监督审计师独立性中的作用》（Principles of Auditor Independence and the Role of Corporate Governance in Monitoring an Auditor Independence）所倡导的对审计师独立性构成威胁的一些因素，譬如私利交换、密切关系、推介、胁迫等，应该被禁止。2023 年，我国中办、国办印发的《关于进一步加强财会监督工作的意见》也指出，要发挥会计师事务所、资产评估机构、税务师事务所、代理记账机构等中介机构的执业监督作用，中介机构要严格依法履行审计鉴证、资产评估、税收服务、会计服务等职责，确保独立、客观、公正、规范执业。

但在现实中，中介机构要做到这种独立性并不容易。国际上著名的会计师事务所也屡屡曝出审计丑闻。在世纪之交，当时全球最大的会计师事务所安达信就因为参与美国的安然公司财务造假而走向破产境地，安然事件也成为全球公司治理领域的一起重大且影响深远的事件。即使到了近几年，全球四大会计师事务所，即德勤、安永、普华永道和毕马威，也不时卷入一些公司的财务丑闻。譬如德勤曾于2018年向美国司法部支付了约1.5亿美元的巨额罚金，以对TBW公司的审计失败而负责；并于2023年因涉及华融财务造假问题而被我国财政部罚款2.1亿元。美国注册舞弊审查师协会（Association of Certified Fraud Examiners）2020年的一项研究表明，在所有财务舞弊案件中，由审计师发现的不到4%，这在很大程度上是因为中介机构的收入来自本应由其揭露真实财务状况的公司，从而它们可能会睁一只眼闭一只眼，也就是公司支付的巨额报酬让中介机构变得没有那么独立。[1]

因此，除了会计师事务所等中介服务机构，独立分析机构的存在也有利于提高治理的透明度，促使公司等机构披露真实信息，防止财务造假的盛行。这些分析机构包括数据分析公司、研究公司以及证券市场上以调查研究为基础的做空机构等。美国的兴登堡研究公司（Hindenburg Research）就是一家以揭露公司财务造假而闻名的机构，它曾对印度最大企业阿达尼（Adani）发

---

[1] 德勤被美国、中国政府罚款的报道请见《福布斯》杂志：https://www.forbes.com/sites/brandonkochkodin/2024/01/10/how-auditor-deloitte-missed-a-nigerian-companys-massive-fraud/?sh=35dbe2cb59f4。

难，指责其存在严重的财务造假行为，并曾对美国著名移动支付公司布洛克（Block）进行做空，指责其蓄意伪造用户数量等数据。美国的浑水研究公司（Muddy Waters Research）是另一家类似机构，它曾针对十几家在境外上市的中资公司发布做空研究报告，指责这些企业虚构营业收入、粉饰财务数据。在香港上市的我国著名铝材企业中国忠旺，在 2015 年就被一家美国分析公司杜普雷（Dupre Analytics）做空，后者指责前者存在虚构销售收入、骗取退税等行为，并称自 2011 年以来前者公布的收入中至少有 62.5% 为虚假收入，但前者执行董事兼副总裁反指后者的"整个报告严重失实，充斥着主观臆断、揣测、虚假数据，是我见过最不专业、不负责任的报告"。①

新闻媒体的调查性报道对于透明度和信息披露的提高也具有促进作用。我国经济学家陈志武（2019）就认为，新闻媒体与靠企业吃饭的会计师事务所大不一样，新闻媒体的角色也跟会计师、审计师不同，新闻媒体对证券市场和企业的调查报道可以独立验证各方信息的真实性和合规性，它们挖掘财务造假、大股东欺诈，这对于公司治理有重大意义。他还提到，美国安然公司财务造假丑闻的曝光也与媒体报道有一定关系，即美国《财富》杂志于 2001 年 3 月 5 日发表了题为《安然股价是否被高估?》的文章，指出安然提供的财务数据过于烦琐和混乱不清，连标准普尔公司负责财务分析的专业人员都无法弄清数据的来由，并判断安然财务有"黑箱"。此后《华尔街日报》也发表调查报道，对安

---

① 有关报道请见《人民日报》海外版官网 2015 年 8 月 13 日的报道：https：//m.haiwainet.cn/middle/352345/2015/0813/content_29056057_1.html。

然的财务问题进行深度挖掘分析和质疑,而此时高盛和美林的分析师仍在强力推荐安然股票。我国也有一些公司财务造假丑闻是由新闻媒体揭露的。日本著名的百年企业东芝公司在2015年被《日本经济新闻》等媒体曝出巨额财务造假丑闻,导致公司管理层大改组和受到罚款处分,东芝后来从证券市场退市。① 而德国著名汽车企业大众公司也曾被媒体曝出伪造尾气排放数据,后遭到巨额罚款。②

当然,需要指出的是,会计师事务所、评级公司,以及分析机构、新闻媒体,不但可能因专业素养不够、分析水平不高而不能识破财务造假和虚假事实,从而发布不客观、不准确的分析结果,甚至有可能由于各种原因而参与财务造假、数据伪造,从而起到相反的作用。美国《财富》杂志也曾连续数年把最具创新性的奖项颁发给安然公司。而著名的评级公司标准普尔也曾因在业务竞争中过分迁就客户,在评级中作出不实陈述并对投资者形成误导,而被美国证券交易委员会施以7 700万美元的罚款。③ 我国也有一些中介机构因类似行为而受到处罚。

此外,由于大公司以及发行债券的政府是这些中介机构的"金主",所以在很多时候,中介机构并不愿意得罪"金主",从而与"金主"形成某种程度的默契,不再严格坚持专业性、客观

---

① 东芝财务造假丑闻请见界面新闻2015年7月21日的报道:https://www.jiemian.com/article/331630.html?utm_source=tuicool。
② 大众汽车尾气排放数据造假丑闻请见环球网2015年9月22日的报道:https://m.huanqiu.com/article/9CaKrnJPE15。
③ 标准普尔被美国证券交易委员会罚款的报道请见人民网2015年1月23日的报道:http://cpc.people.com.cn/n/2015/0123/c87228-26435027.html。

性，使得扭曲性、误导性甚至虚假性的数据和信息大行其道，导致投资者因此蒙受损失。强势的公司和政府还会对中介机构施加很大压力，迫使他们在分析和评级时变得更顺从。譬如2023年冬季，穆迪公司将美国政府的评级展望下调为"负面"，而美国财政部副部长公开表示"不同意这一下调"。[①] 一般而言，中介机构并不容易顶住这种强大压力。

四、对造假、误导、欺诈与腐败的惩治

信息披露和透明度不足是良好治理的重大障碍，而弄虚作假、误导欺诈，以及各种腐败则是对治理的直接伤害。因此，构建良好治理，不但要努力加强信息披露、提高透明度，更要严厉惩治造假、误导、欺诈与腐败。

不论是企业、非营利组织、政府发布虚假数据和扭曲性信息，还是中介机构和新闻媒体发布歪曲事实、掩盖真相的分析报告和调查报道，尽管会受到越来越强烈的谴责，但事实上这些情况一直都未能有效消除。一项关于财务欺诈的近期研究（Fang et al.，2021）显示，财务欺诈和监管机构的反欺诈就像一场猫捉老鼠游戏，没有终点。我国证监会于2023年发布的《上市公司2022年年度财务报告会计监管报告》（以下简称《会计监管报告》），就指出了上市公司年报中会计处理和信息披露存在的诸多问题，主要是未能恰当、正确地确认营业收入，错误地计量股权

[①] 有关报道请见《参考消息》2023年11月12日的报道。

和资产的公允价值，未充分披露或错误披露相关信息等。①而OECD发布的一项研究也表明，治理改善和透明度提高面临着虚假信息的严重挑战，而扩大参与度、加强问责、鼓励正直都有利于应对这个挑战（Matasick et al.，2020）。杨洋（2020）基于我国债券市场数据，对虚假陈述问题进行了专门研究，发现虚假陈述行为的表现形式多样，涉及主体较多，造假等乱象屡禁不止，给市场造成很大危害。

的确，许多国家正在不断加大对造假、误导与欺诈的惩治力度。许多人都知道，美国的企业上市制度基于信息披露，因而对上市公司的虚假披露、错误陈述、数据编造等行为一直保持高压措施。在经历了安然公司财务造假等严重事件之后，美国通过了《萨班斯-奥克斯利法案》（其真实名称叫作《公众公司会计改革与投资者保护法案》），主要内容就是针对财务造假等问题，要求公司所有的财务责任，包括表外责任，必须保持透明，内控体系必须健全、规范并有利于发现欺诈，董事会审计委员会应具有独立性并确保财务报告过程的可信可靠，公司首席财务官和首席执行官对签字的财务报告承担真实性方面的责任等。在美国公司治理的司法实践中，有不少公司和公司高管都因为财务欺诈和虚假陈述等罪名而受到法律制裁，而一旦落得如此下场，不管曾经有多亮光环的企业家、职业经理人、执业会计师，都将留下比经营失败更加难以洗刷的污点。

我国也在不断采取有力措施惩治造假和欺诈等行为。我国境

---

① 有关资料请见证监会官网：http://www.csrc.gov.cn/csrc/c100028/c7430932/content.shtml。

内上市公司乐视网的财务造假案曾经轰动一时，并引发我国公司治理历史上具有里程碑意义的集体诉讼。这项诉讼在2023年迎来了一审判决，乐视网被判赔偿金额超过20亿元。[1] 我国境外上市公司瑞幸咖啡和中国忠旺的财务造假案更是引发国际关注，前者通过与关系企业合作，虚构交易额超过20亿元，导致其从美国纳斯达克退市[2]；后者通过与关联企业签订循环贸易合同，虚构了高额的营业收入和利润，被曝光后也引发其从香港交易所退市[3]。我国对公司之外其他领域的造假和欺诈行为也进行了严厉打击，足球领域一度有十分严重的"踢假球"问题，不但蕴含了权力与体育勾结导致的腐败，而且摧残了正常的游戏规则、腐蚀了健康的体育生态。这个问题在2022年以来也得到了有力惩治。[4]

我国政府还出台了一系列文件，以对造假、欺诈、误导进行制度性防范。证监会发布的《上市公司信息披露管理办法》就明确规定，会计师事务所应当严格执行注册会计师执业准则、职业道德守则及相关规定，完善鉴证程序，科学选用鉴证方法和技术，充分了解被鉴证单位及其环境，审慎关注重大错报风险，获

---

[1] 有关资料请见央广网2023年9月22日的报道：https://www.cnr.cn/ziben/yw/20230922/t20230922_526429256.shtml。
[2] 瑞幸咖啡造假有关资料请见《中国新闻周刊》总第955期（2020年7月13日）的报道。
[3] 中国忠旺造假有关资料请见《财新周刊》2023年第26期（2023年7月3日）的报道。
[4] 中国国家男子足球队主教练李铁等人的假球与腐败案见光明网2024年1月10日的报道：https://baijiahao.baidu.com/s?id=1787661968768003746&wfr=spider&for=pc。

取充分、适当的证据，合理发表鉴证结论。国务院办公厅印发的《关于进一步规范财务审计秩序促进注册会计师行业健康发展的意见》也明确指出，要持续提升注册会计师执业能力、独立性、道德水平和行业公信力；坚决纠正会计师事务所串通舞弊、丧失独立性等违反职业规范和道德规范的重大问题；提高应对财务舞弊的执业能力，对财务造假进行精准打击。中共中央办公厅、国务院办公厅印发的《关于进一步加强财会监督工作的意见》更是明确指出，要坚持"强穿透、堵漏洞、用重典、正风气"，从严从重查处影响恶劣的财务舞弊、会计造假案件，强化对相关责任人的追责问责，严肃查处财务数据造假、出具"阴阳报告"、内部监督失效等突出问题，依法严厉打击伪造会计账簿、虚构经济业务、滥用会计准则等会计违法违规行为，持续提升会计信息质量。

　　虚假信息、不实披露等问题，不但表现在公司治理领域中，而且在公共治理领域也比较严重，且危害更大。在美国等国家，不但一些公共机构发布的误导性资料、数据被公众和媒体发现，甚至一些重要政治人物也涉及个人信息造假等行为。2023年，美国一位非常年轻的政治活跃人物当选国会议员，但不久之后就被媒体曝出其个人履历严重造假，并涉及诈骗和向众议院进行虚假陈述，后来受到调查并被联邦法院刑事起诉。不过他自己拒不辞职，众议院道德委员会在经过调查后向众议院提交报告，建议将其从议会除名，后经投票而将其驱逐。[①] 美国总统特朗普在首次卸任后遭到检察官的调查，他和他的企业被指控在2011年至2021年

[①] 有关情况请见新华网2023年12月2日的报道：http://www.xinhuanet.com/2023-12/02/c_1130004728.htm.

"反复且持续欺诈性地使用"虚假和误导性的财务报表,将十多项资产的价值夸大了数亿美元,从而应担负欺诈责任,并可能面临巨额罚款的法律判决[1];2024年2月,纽约市一家法院裁定特朗普该项罪名成立,被判处3.55亿美元罚款,判决还禁止他及与其相关的9家机构和企业在3年内不得从在纽约州注册的金融机构申请贷款,他在3年内也不得在纽约州的企业担任负责人。[2]

我国对公共领域的造假也实行惩治。统计造假曾经是我国公共领域的一个重大问题。国家统计局负责人就统计造假问题答记者问时指出,统计造假是统计领域最大的腐败,严重违反统计法,严重影响统计数据质量,干扰甚至误导宏观决策,违背党的实事求是思想路线和求真务实工作作风,损害党和政府公信力。统计造假违纪行为被划分为两类,一是进行统计造假,二是对统计造假失察。统计造假的行为包括自行修改统计机构和统计人员依法搜集、整理的统计资料,要求统计机构、统计人员及其他机构、人员伪造、篡改统计资料等。对统计造假失察的行为包括本地方、本部门、本单位大面积发生或者连续发生统计造假、弄虚作假,发现本地方、本部门、本单位统计数据严重失实不予纠正等。我国在全国范围组织开展统计造假不收手不收敛问题专项纠治行动、统计造假专项治理行动,取得了良好效果。[3]

---

[1] 有关报告请见澎湃新闻网2023年10月3日的报道:https://www.thepaper.cn/newsDetail_forward_24822007。

[2] 该项判决请见新华网2024年2月17日的报道:http://www.news.cn/world/20240217/7b859955f6d5420f904f9792e0cf5ce8/c.html。

[3] 国家统计局负责人就统计造假答问请见统计局官网2024年1月22日报道:https://www.stats.gov.cn/xw/tjxw/tjdt/202401/t20240122_1946794.html。

特别需要强调的是，在信息技术和数智化手段日新月异的时代，通过互联网虚拟空间，尤其是通过互联网社交媒介，利用人工智能等方式发布虚假信息、扭曲事实真相、传播欺骗性观点，变得十分容易，而且非常难于监管。虚假信息和片段性资讯往往在互联网空间迅速扩散，并形成强大影响；而人工智能的深度伪造技术，一时使这些信息和资讯真假难辨。因此，此类信息和资讯的发布和传播可以发展成所谓的"认知战"。无疑，这会对良好治理形成重大冲击。为了应对这种冲击，欧盟在2018年即发布了《应对网络虚假信息》（Tackling Online Disinformation）的备忘录，后来又颁布了《反虚假信息行为守则》（Code of Practice on Disinformation），并要求一些大型互联网平台公司签署和遵守该守则。2022年，欧盟通过的《数字服务法案》（DSA）强制要求互联网平台应该避免虚假资讯和仇恨言论。我国的《互联网信息服务管理办法》也明确规定，互联网信息服务提供者不得制作、复制、发布、传播反对宪法所确定的基本原则、危害国家安全、损害国家荣誉和利益的内容，以及散布谣言、扰乱社会秩序、破坏社会稳定的内容。2023年11月，在英国布莱切利市举行的首届全球人工智能安全峰会发布了《布莱切利宣言》，强调人工智能的使用必须避免生成欺骗性内容、传播虚假信息。

打击虚假和扭曲性信息披露，提高透明度，有利于发现和惩治腐败。造假本身也可被视为一种腐败，因为造假常常旨在获得不当利益。当然，还有许多其他种类和形式的腐败。腐败的蔓延对治理有很大的侵蚀和动摇作用，而治理的改善包括透明度的提高，则可以有效地遏制腐败。透明国际就强调，透明度的提高是反腐的有效手段，它每年发布的最重要成果就是众所周知的清廉指数，这个指数的真实名称其实叫作腐败感知指数（Corruption Perceptions Index，CPI）。美国的证券法律对虚假陈述实施严厉的打击措施，而《反虚假申报法案》（False Claims Act，FCA）以及《反虚假申报改革法案》（False Claims Reform Act，FCRA）则针对虚假申报实施严厉惩罚。无论在公司治理领域，还是在公共治理领域，反腐的重点无疑是处于顶层、掌握很大控制权的那些人物，因此必须要求他们满足较高的信息披露和透明度标准，甚至要求他们必须牺牲一些个人和家庭隐私，譬如应该披露收入、财产、商业关系，以及纳税记录等信息。只有这样，才可以使他们"不敢腐败"。如果他们进行虚假披露或不披露，则会受到舆论的猛烈抨击；如果虚假披露或者不披露的背后潜藏着腐败，便会受到法律的惩处，并遭到社会的唾弃。而针对公司和政府机构内部其他管理人员的反腐防腐，则可以通过更加健全的内控体系来实现。如果一个社会中掌握很大控制权的人物缺乏透明度，而要求低层级的人事事透明，则是反常的。

五、结语

建立治理的过程在很大程度上就是一个求真的过程，一个去掩盖的过程。我们可以认为，信息披露和透明度是良好治理的基础性工程。缺乏这个基础，即使看起来有分权制衡框架，有参与投票制度，也可能被误导、被愚弄，甚至被欺骗、被剥夺。几乎所有与治理相背离的行为和体制有一个基本的共同点，那就是不透明、不披露，这不但可以掩盖丑陋真相，而且可以制造美丽假象，譬如古代帝王就可以把自己出生时的景象描绘为金光四射、紫气缭绕。所以毛泽东主席说，五帝三皇神圣事，骗了无涯过客。

阳光是最好的杀虫剂，公开是最佳的消毒液。在阳光照耀之下，阴暗就会退缩；有了公开和透明，转移资金、侵占资源、输送利益、交换好处等暗箱操作就难以长期存在。很少有哪个追求良好治理的企业、非营利机构、政府会公然宣称要以不公开、不透明的方式运作，会固执地拒绝基本的信息披露和数据发布，会严酷地控制中介机构和社会公众进行事实调查、资料分析和相关报道。因此，判断是否存在治理和治理是否良好的一个基本标准，就是看是否存在最起码的信息披露和透明度。

良好治理中的信息披露与透明度，指的是公司、社会组织、公共机构，尤其是拥有控制权的那些人物，应该对远离控制权的股东、会员、公众保持必要的透明度，及时披露重要信息，而不是相反。如果要求无权的人向有权的人报告信息、保持透明度，如果让权大的人透视和窥探权小的人，如果普通人一举一动都受到监视而权势者为所欲为都无人能知，那就不属于良好治理中的信息披露和透明度，而属于封建帝王的御下术。

当然，虚假的甚至欺骗性的信息披露和数据发布，选择性的甚至蓄意误导的资料公开和财务报告、情况说明，更是对治理的极大伤害。追求良好治理，必然意味着严厉打击造假、误导、欺骗。不过，弄虚作假、虚与委蛇在很多社会都具有流行性和顽固性，这很可能与文化土壤和生态气候有关。一个社会如果"假大空"吃香，做作与谎言流行，虚假动作与刻意伪装获益，那就很难有良好治理，最后就会出现劣币驱逐良币。

本章参考文献

陈志武. 陈志武金融投资课 [M]. 北京：中信出版社，2019：323 – 331.

经济合作与发展组织. 国有企业公司治理指引 [M]. 北京：中国财政经济出版社，2005.

经济合作与发展组织. 公司治理原则（2004）[M]. 北京：中国财政经济出版社，2005.

经济合作与发展组织. 公司治理问责与透明度：国家所有权指南 [M]. 北京：中国财政经济出版社，2011.

杨洋. 债券市场虚假陈述问题与治理对策探析 [J]. 西南金融，2020（2）.

Fang, V., N. Li, W. Wang et al., 2021. Everlasting Frand. 10. 2139/ssrn. 3762260.

Matasick, C., C. Alfonsi, and A. Bellantoni, 2020. Governance Responses to Disinformation. OECD Working Paper 39.

OECD, 1999：Principle of Corporate Governance. https：//www. yourarticlelibrary. com/corporate-governance/oecd-principle-of-corporate-governance/99356.

G20/OECD, 2015. *Principles of Corporate Governance.* OECD Publishing, http：//dx. doi. org/10. 1787/9789264236882-en.

G20/OECD, 2023. *Principles of Corporate Governance 2023.* OECD Publishing, http：//dx. doi. org/10. 1787/ed750b30-en.

World Bank, 1992. *Governance and Development.* Washington, D. C.

第八章
治理中的纵向关系

前文已经论述，在一个科层组织中，治理主要着眼于顶层的横向关系，即在顶层如何分配权力和责任并实行制衡，因为顶层以下"有上级管"，需要的是加强和改善管理，而顶层"无上级管"，则需要构建治理。但是，一方面必须区分治理和管理，另一方面也不应该机械地截然劈开治理和管理。正如前面各章已经指出的那样，治理和管理存在交叠重合区域。

首先，就是在现实世界中，有许多组织、机构、集合体并不是单纯的科层化结构，譬如企业集团中的母子公司结构，以及联邦制国家的联邦、州（省或邦）结构，就属于此类。尽管人们仍然习惯于以"上面"和"下面"来指代各自的位置，而这并不准确，因为子公司、州（省或邦）有其自身的独立性和治理体制，譬如子公司有独立的股东会并选出董事会，州（省或邦）有由本州选民选出的议会和州长，它们并非直接依照母公司和联邦的行政指令行事，但它们的运行的确又受到母公司、联邦的节制甚至指引。显而易见，治理中的纵向关系比管理中的纵向关系复杂得多，后者一般而言属于"下级服从上级"体制。

其次，即使在一个单一的科层组织中，譬如在一个单体公司内部，看似以上级管理下级、下级服从上级为主导，但在现代社会，随着人们的表达、参与诉求日益增强，以及这些诉求的权利化进程不断加快，他们的积极性、协作性、创造性日益依赖这些诉求和权利是否得到满足，所以科层组织常常会在管理中引入治理元素和治理机制，譬如让下级群众给上级领导打分，提拔干部时对候选人进行民主测评等。这些治理元素和治理机制的引入，不但有助于调动下级的工作积极性和能动性，也有助于上级特别是顶层克服其信息获取方面的局限性，从而改善决策。不过，人们经常会问：下级打分和民主测评到底是走形式，还是能够发挥实质性作用，或者应该有多大权重的实质性作用？也就是说，在这样的纵向关系中，虽然主导性关系是管理和被管理，但引入的治理元素到底应该怎样发挥以及发挥多大作用，仍然受到关注和讨论。

因此，无论从哪个方面来看，治理中的纵向关系是现代组织、现代社会中的重大问题。如果不能细致地分析、正确地处理这个问题，许多组织和社会就有可能陷入失效和失序的境况中。

一、企业集团中的治理与管理

从企业集团入手更容易了解治理中的纵向关系。国家的纵向结构与企业集团的纵向结构在关键领域有不少类似之处。

在单体公司内部，基本的纵向关系就是下面层级服从上面层级，譬如在总分公司结构中，分公司不具备法人地位，它接受总公司的指令、服从总公司的指挥。公司与下属工厂之间的关系也是这样。这是典型的垂直型科层结构。科层体系内部如果引入一些治理元素，譬如下级群众给上级领导打分和测评，部门领导向全体员工公开部门账目等，在现代社会也受到欢迎。此外，尽管从法律意义上来说，科层结构不存在下层独立自主的强制规定，但这并不绝对意味着权力必须高度集中于顶层。实际上，越来越多的科层结构也倾向于纵向分权，譬如，即使一个单体公司采用直线职能制结构，它也可以赋予下属业务单元以高度自主权，以激励其能动性和创造力，强化其对商业环境和市场竞争的适应力。

而企业集团则是母子公司结构和科层结构交织在一起的体系。在这样的体系中，纵向关系要复杂得多。所谓母子公司结构只是一个简称，实际上子公司可能还有自己的子公司，即母公司的孙公司，并不断向下衍生。世界上有不少大企业集团，存在5~10个级次的法人企业，母公司处于第一级次。当然，在每个子公司内部，不但有直接听命于本公司最高管理层的职能部门，还可能有由职能部门进行分工管理的生产工厂，工厂内部则有更基础的单位——车间。需要指出的是，每个级次的公司在法律上都是独立法人，可按公司法设立自己的董事会。从理论上讲，每个级次公司的董事会不需要听命于更高级次公司的董事会。当然，除母公司之外，在同一级次，往往有几个甚至十几个平级的子公司，它们从事不同业务。

在现代经济中，许多企业随着规模增大和业务多元化，很容易发展成企业集团。日本很多公司就以企业集团结构而闻名于世。一些大企业即使没有使用企业集团这样的名称，但出于业务多元化、跨地域化的需要，或者出于隐藏最终投资者和控制人的需要，或者出于更加复杂的其他原因，都会成为事实上的企业集团。譬如吴国鼎（2014）的分析表明，在法国、韩国、印度等国，许多大企业都使用了金字塔结构，即多层级法人结构；还有不少国家，最终股东都通过多层级投资对企业实行实际控制，这也会催生企业集团结构。欧美的跨国公司和其他大型企业事实上也采取了企业集团结构，不但传统行业的跨国公司是如此，连新兴的互联网企业也是如此，譬如著名的互联网企业谷歌公司，其实只是庞大企业集团中的一个二级法人，其母公司 Alphabet 是一家伞形公司（umbrella company），旗下不但有从事搜索业务的谷歌公司，还有从事健康业务的 Verily 公司，以及从事无人驾驶业务的 Waymo 公司等。[1] 而在我国，不管是国企还是民企，只要规模稍大，基本上都存在这种结构。

即使不是典型的大企业集团，公司结构也有可能面临治理中的纵向关系。譬如美国著名的 OpenAI 公司，虽然是一家规模不大的新兴企业，但至少存在三个法人层级。最上层是 OpenAI Inc，即 OpenAI Nonprofit，这是一个根据美国税法 501(c)(3) 条款设立的公共慈善机构；第二个层级是与其员工等投资者联合拥有的一家控股公司，但第二层级的控制权由第一层级 OpenAI Nonprofit 设立的全资有限责任公司 OpenAI GP LLC 作为普通合伙人来行使；第三层级则是由第二层级作为第一股东、微软作为第二股东而设立的有限责任公司 OpenAI Global LLC，这是一家利润封顶公司（caped profit company），第三层级的控制权也由 OpenAI GP LLC 行使。需要指出的是，这三个层级只有一个董事会，即第一

---

[1] 有关资料来自 Alphabet 官网关于其公司业务的介绍（2023 年 12 月初的内容）：https://www.alphabet.com/en-ww。

层级 OpenAI Inc 这个非营利机构的董事会，它控制着 OpenAI Inc 以及下面的层级；每个董事必须承担其促进人工智能安全和广泛受益的受托责任。在 2023 年 12 月，这个董事会暂由三位独立董事组成。①

在这样的母子结构中，每个层级的公司法人应该都有各自的治理体系，即应该各自设立股东会、董事会、管理层，并且应该在法律意义上独立运行。而像 OpenAI 这样的构架，仅仅在第一层级设有董事会，是极为罕见的情形。不过，由于下级公司的股份有较高比例由上一层级公司持有，所以其董事会及管理层成员实际上可由上一层级公司选定。这就涉及一个问题，子公司董事会和管理层的决策，是否应该听从上一层级公司的意见甚至指令？这种情况如果出现，是否意味着子公司的治理沦为上一层级公司的管理？

应该说，这是一个难以做出简单回答的问题。对于这个问题，最基本的争辩就是：上一级公司正是出于战略意图才设立子公司，如果子公司独立行事，上一级公司的战略意图岂不落空？而若子公司不能独立行事，子公司的小股东、债权人、员工、客户的利益会不会被上一级公司侵蚀？

正如英国学者丹恩（2008）阐述的，认为集团中每个公司法人都应该保持独立的法律人格，或者认为整个集团是高度一致的一体化实体，都不是令人满意的答案，而各种各样的答案带来的争论不可胜数。的确，从最基本的法律理念来说，子公司的董事

---

① 有关资料来自 OpenAI 官网关于其结构的介绍（2023 年 12 月初的内容）：https：//openai.com/our-structure。

和高管，即使由上级公司选定，也应该对本公司的所有股东，而并非仅仅对大股东——上级公司，尽其受托责任；即使上级公司是本公司的唯一股东，他们也应该为本公司利益而非上级公司利益的最大化服务，而这两种利益并不一致。但在实际运行中，子公司的董事和高管很难保持法律强调的独立性，他们不但与上级公司可能存在一些利益关系，譬如他们的续任和升迁要由上级公司考察和提名，他们的亲友在上级公司就职，他们与上级公司的管理人员是熟人、朋友，会受到这些熟人、朋友的压力而做出决策。此外，他们掌握了上级公司的商业信息和战略意图，在决策时的确比小股东推荐的董事更有优势。美国著名的公司法专家布鲁姆伯格（Blumberg，2005）就指出，在具有母子公司结构的企业集团中，母公司往往可以通过多种手段和渠道对子公司施加实际控制，此时就不应该认为母子公司的治理是各自独立的。我们知道，在2023年春，美国一些规模不大的商业银行因出现流动性危机而倒闭，其中一家是加利福尼亚州的硅谷银行。该银行倒闭后，其小股东发起了集体诉讼，诉讼对象并不仅仅限于硅谷银行高管，而且针对硅谷银行的母公司——硅谷银行金融集团。小股东指责被告隐瞒了"利率上升将使硅谷银行特别容易受到银行挤兑的影响"这一事实，美国加利福尼亚州圣何塞的联邦法院受理了这一诉讼。[①] 可见，在实际中，上级法人和下级法人并不容易真正实现各自独立、互不影响，至少要证明这样的独立性并非易事。也就是说，并没有很好的办法来确证他们的决策是相互独立

---

① 有关信息来自中国中央电视台央视网：http://m.app.cctv.com/vsetv/detail/C10336/7d05021b556e4d80b17bd880d948b119/index.shtml#0。

的，特别是能够确证下级公司的决策是出于上级公司的影响以及压力、指令。

因此，子公司董事、高管的决策和经营是否导致子公司利益严重受损，特别是这些损失是否主要由上级公司之外的小股东或者债权人、客户、员工来承担，而上级公司却获得了相应利益，就具有关键意义。也就是说，子公司董事、高管的决策本身，以及决策是否受到上级公司的左右，居于次要地位，而决策结果，即谁受损和谁受益，则居于主要地位。进一步而言，受损者的参与行权机制可以发挥作用，即可以抗议、起诉，可以提出更换董事、高管。因此，在欧美的实践中，正如丹恩（2008）阐述的，针对具体事件而采取具体措施，特别是诉讼等措施，而不是笼统地争辩和评判到底应该维护子公司的独立性还是维护企业集团的一体性，成为普遍性的解决方案。

这些普遍性的解决方案主要针对如下几个领域。首先，是子公司债权人的利益受到损害，即子公司的偿债能力受到严重削弱。此时就可以利用"戳穿公司面纱"原理发起诉讼，不但可以使子公司的那些偏向母公司的董事、高管受到法律制裁，也可以设法使母公司承担偿债责任。其次，是子公司小股东的利益受到损害，譬如子公司的业务选择主要是为上级公司"补台""输血"，而非子公司盈利。此时，小股东也可以起诉董事、高管涉嫌损害子公司的商业机会。再次，子公司的员工、供应商等利益相关者的利益受到损害，他们也可以根据劳动法、合同法等条款进行起诉。如果母公司占用、挪用子公司的资金，或者通过关联交易转移了公司的利润，也符合相应的诉讼条件。

这些解决方案主要还是依赖法治体系。不过，政府监管和社会监督也日益发挥重要作用。库马尔和扎托尼（Kumar and Zattoni, 2016）就精辟地指出，政府推行的现代监管，特别是针对会计和财务方面的监管，对于提高公司透明度，增强小股东和利益相关者的知情权，有着极为重要的作用；只有具备这个基础，诉讼等行为才可以发生并更加有效。罗进辉（2012）专门研究了社会传媒在这方面的监督作用，总体结论是有利于公司治理的改善，可以在制约大股东的越权行为等方面发挥积极作用。这些研究也表明，对于上市公司，特别是涉及母子公司结构的上市公司，证券监督机构的监管可以覆盖母子公司之间的资金往来和关联交易，证券交易所也可以要求相应的信息披露，这都有助于应对母子公司结构中复杂的纵向关系问题。此外，社会传媒和分析机构也可以对重要的上市公司，以及并未上市但有较大影响力的企业，进行跟踪研究和报道，这会构成社会压力，从而制约企业集团的行为。

需要特别指出的是，这并不意味着企业集团的母公司和子公司、上级公司和下级公司，是"桥归桥、路归路"的陌路人关系。企业集团结构之所以存在，当然是因为要寻求整体优势。这意味着集团内重要企业之间存在协作性、一致性，只要这些协作性、一致性处于一定范围。张文魁（2003）的研究显示，在实践中，企业集团有一些基本方法，可以使各层级公司相对独立性得到保持、小股东和利益相关者权益得到维护的前提下，实现某些协调与合作，并获得整体收益。这些方法可以是不涉及商业机密的信息沟通和分析，可以是共同的战略筹划和研发推进，也可以是默契的市场定位，以及文化构建等；同时，企业的集权与分权应该与组织结构区分开来，直线职能制也可以有很高程度的分权，而母子结构的上级企业也可以通过合法合规的管理控制方法来触及下级企业的公司治理。实际上，在企业集团中，甚至在相对简单的母子公司双层结构中，存在各式各样的层级关系，公司治理与管理控制交织在一起，以实现各公司相对独立于集体联合统一的复杂组合，只要这些组合没有引起强烈质疑和法律诉讼，就可以持续下去。

因此，在公司领域，治理和管理存在某种意义的交叠。很难说这是好是坏。但必须再次强调的是，因为存在日益严密的公司法、证券法、合同法等法律，并且有着日益发达的诉讼机制和监督机制，所以这种交叠给小股东、债权人及其他利益方可能带来的损失得到了比较有效的控制。此外，企业终究要在市场上竞争，不管其采用多层级的母子公司结构，还是采用一贯到底的直线职能结构，或者是事业部结构，最终都要接受市场的奖惩。在不明显触犯法律的前提下，如果企业发展良好，获得了市场奖励，那么包括大股东、小股东、债权人、员工在内的各方都可以分到奖赏；相反，如果企业在市场中失败，那么作为大股东的上级公司，将会蒙受更大的损失。就这个角度而言，在经济领域，市场机制是一种更具根本意义的治理机制，各利益方最终要接受市场机制带来的结果，并根据情况来调整企业集团的公司治理和管理控制关系，也可以重新选择组织架构。

总之，企业集团是一种比较普遍的商业体制，在这种体制中，公司治理和管理控制相互交织，形成了复杂组合。从某种意义上可以说，这些复杂组合处于灰色地带。但是，公司治理原则中最基本的独立性和透明度要求仍然具有很强的法律基础，特别是当小股东和债权人等利益相关者的利益受到明显侵占时，诉讼将发挥作用。市场竞争机制也将为这些复杂组合的经济效果提供最终裁决。

二、国家治理中的纵向关系：央地关系与分级治理

理清和理顺国家治理中的纵向关系，要比公司领域困难得多。首先，对于如何设计和处理公司领域的权责利关系，许多社会都经历了漫长的探索和试验，并在过去几百年里形成了比较完整的法律体系；即便是如何应对治理中的纵向关系，公司领域也有一些基本的法律原则，人们也从实践发展中获得了一些经验。而国家，虽然从广义来说，也有很长历史，但现代国家的历史非常短，我们很难把中国古代王朝的周制和秦制中的纵向关系直接移植到现代国家的治理体系中。其次，严格地看，公司仍然"有上层管"，即有国家法律、政府监管来管辖，因此算不上最终意义上"再无上级"的顶层。在现实中，我们可以看到，一些治理崩溃的公司陷入严重的混乱，员工、银行、供应商忧心忡忡，这时政府就会出场，甚至临时接管公司，从而稳定局面。当然，这并不意味着政府可以随意介入治理崩溃的公司，这只是从一个侧面反映公司治理仍然不是终极的顶层治理。公共治理中的主权国家才是最终意义上的真正顶层，因为至今为止并没有一个全球政府位于国家之上。而且，主权国家也是唯一的合法暴力组织，公司治理不可能像国家那样以合法暴力来维护治理秩序。国家治理的横向关系构建也比公司治理的横向关系构建困难得多，而纵向关系在很大程度上受到横向关系的约束。再次，国家不需要在市场上竞争并接受市场奖惩，也就是说，市场机制在国家治理中无

法像在公司治理中那样发挥作用,从而推动公司治理演化,包括纵向关系演化。

但纵向关系在国家治理中很可能比在公司治理中更加重要。因为,极端而言,公司组织可以拒绝母子公司结构,简单地采用直线职能结构、事业部结构,这样就可以避免处理治理中的纵向关系,而只需处理管理中的纵向关系。但国家不一样。一些国家本来就是先有下级"法人",后有上级"法人",譬如英国和美国,都是先有地方政府,后有统一的中央政府,从而自然形成了类似于母子公司的结构;在更多国家,即使没有上述情况,但各个区域的地方政府面对的环境和情况千差万别,并且与不同民族、不同宗教和文化传统纠合在一起,它们意欲获得更大自主权的倾向不容忽视。此外,纵向关系处理不当,对于公司而言,最差的结局不过是公司的关闭破产,市场上会有其他公司来填补;但对于国家而言,后果难以设想。我们知道,即使在英国这个有着古老宪制传统并能完整维系数百年的国家,目前仍然面临着苏格兰独立运动的严重困扰,而西班牙也面临着加泰罗尼亚分裂势力的干扰,还有更多国家面临着央地关系调整和重构的压力。

在理论体系中,国家的纵向关系一般被分为两大类,即联邦制(federal)和一元制(unitary,也称单一制)。不管是联邦制还是一元制,都会涉及这样一些不可回避的问题:地方行政机构掌握控制权的人物应该如何产生,譬如是由当地选举产生,还是由中央任命?对他们的监督和制衡是由中央实行,还是由同一层级的监督和制衡机构实行?他们的工作主要应该执行上面的指令、完成上面的任务,还是应该依照当地的需要开展工作?

纯粹从理论上说,似乎不难回答这些问题,即一元制国家的地方行政负责人应该由中央任命并对中央负责，应该实行由上到下的纵向监督、制衡、问责；而联邦制国家的地方行政负责人应该由当地选举产生和由选民监督，并实行横向制衡。但在实际中，却呈现混合图景，即一元制和联邦制都在某些方面采用了对方的方案。也许，人们会习以为常地认为，两种方案的有机结合、因地制宜的综合施策，才是应有的现实选择，但这样的认识无助于探究事物的本质。

在现实中，无论采用的是联邦制还是一元制，在过去一百多年到几十年里，央地关系都已发生了巨大变化。在联邦制国家，中央政府的职能已经得到了极大强化。美国就是一个典型代表。本质上，联邦制中的央地关系很难说属于纵向关系，许多美国人，至少许多学者并不认为地方政府是联邦政府的下级。由此可以认为，美国联邦政府和州政府之间存在横向分工。之所以存在横向分工，很大程度上可以用公共品理论来解释。根据布坎南（2009）的分析，在公共品集合中，各种公共品覆盖的地域范围并不一样。公共品涵盖非常广泛的范围，从基础设施到生态、环境、治安、教育、卫生、风险管控、社会福利、安稳和谐的社会氛围、更好的创业环境、更大的商业吸引力和文化吸引力，以及相应的信息收集处理和发布等。在这个公共品集合中，存在大量的地方性公共品，由于它们的属地化性质很强，并不适合由中央政府统一提供。因此总体而言，美国的央地关系更像一种横向关系。

不过，根据西拉（2018）的描述，在美国央地关系的长期博弈中，中央政权得到日益强化，譬如联邦政府通过战争和购买等方式，成为最大的土地拥有者之一，并通过土地销售、赠送以及划拨于特定用途,极大地提升了其谈判地位和调控能力,并逐渐建立起对州政府的优势地位。尤其是在最近一百多年里,联邦政府在帮助州政府处理地方债务问题的过程中,赢得了金融和财税方面的压倒性优势,并在进步主义运动中取得了监管方面的巨大权力。正是在这场漫长的博弈中,美国联邦政府不断"做实""做大",许多联邦机构在各州设立了分支机构,这些分支机构执行联邦托付的任务和职能,而不是听命于当地的民选州长。联邦层面还通过了大量重要法律并构建了相应治理框架,以强化各州之间在某些事务上的一致性,譬如联邦贸易法的通过和联邦贸易委员会的设立,就是为了打破各州之间的贸易壁垒,促进美国全境统一市场的形成,而国防、外交事务更毋庸赘言。即使州长本人,尽管其"帽子"并不由联邦给予,但由于联邦掌握了许多资源,特别是财政和金融资源,所以在一些重要事务上也与联邦保持高度的协同一致。如果州长与联邦总统同属一个党派,他们的执政理念、政策倾向的一致性就更强,推行相关事务就会有更高的协同性。

一元制国家的央地关系则发生了相反方向的巨大变化,即地方权力和职责得到更多加强,在传统的纵向关系中引入了一些横向分工。现在,已经很少有哪个一元制国家能够像一个小企业那样实行纯粹的纵向一体化管理。正如直线职能制企业也存在纵向分权一样,许多一元制国家越来越多地赋予地方自主权,乃至推行地方自治制度。欧洲许多国家是事实上的联邦制,而法国总体而言属于一元制,不过在过去几十年里,法国的央地关系已经发生了很大变化。根据桂檬(2016)的分析,在20世纪80年代之前,法国各省的行政长官——省长,由中央派出,省议会在实际运作中只有行政质询和监督功能；1982年启动的法国央地关系改革，实行自治化的大区制度，赋予大区和省、市的议会独立的地方立法权、财税权、监督权，后来这些改革得到了进一步深化。如今，不但法国地方议会和行政机构的自主权已基本确立，而且地方民众对当地一些重要事务也具有请愿和投票表决的权利。在亚洲，日本也是传统的一元制国家，而且实行君主立宪制。但在过去几十年里，日本央地关系也逐步引入了地方自治架构。根据林良亮（2009）的描述，从1989年开始，日本推行了进一步的地方自治化改革，以建立向地方分权的社会，在1999年通过了《地方分权一览法》，对央地政府进行了重新分工，扩大了地方政府的权力和责任，废除了机关委任事务制度，并重新审视中央政府对地方事务的干预，规定了干预的基本原则、基本模式、基本程序及对干预过程中产生讼争的处理方式。

这些一元制国家的央地关系实践表明了一个总体趋势，即在国家治理框架中，地方已经很难只作为被中央管理的下级单位而存在，而是要强化地方治理，使地方一方面具有更大的自主权，另一方面在其自身的横向层级上构建分权制衡和监督体系。同时，问责机制也发生了相应变化，使从前的纵向问责（上级给下级下达计划、指派任务）和对下级任免官员、授予权力、分配资源以及进行考核和奖惩，变为当地化问责，包括当地的民意测验、选举、请愿、表决、弹劾、诉讼等。这意味着地方公共机构的权力和责任越来越多地来自当地委托人，即当地民众，而非来自上面层级的委托和授予，只要这些权力和责任没有触犯国家主权和基本一致性。

在一元制国家的地方层面引入自治机制，构建本级治理框架，有利于开启和促进地区之间的治理改革竞争。无疑，国内的地区之间存在一定的竞争关系，譬如经济增速更快、财政收入更多、治安状况更好等，这些竞争最后会体现为地方官员的升迁与否和民望高低。如果在地方层面引入治理甚至自治，那么有着良善治理的地区就有可能吸引其他地区居民的迁入，而相反的地区则会有居民迁出，导致民众以脚投票局面的出现，这也是一种问责机制。地区之间的治理竞争是比经济增速竞争更加体现综合能力、综合水准的竞争，也更加能够催生治理改善的各种良好实践，这最终一定会提升国家治理水平，也一定会把国家引向更加良性发展的道路。

我国也是一元制国家，而且是幅员辽阔、人口众多、各地情况千差万别的大国，因此面临着更为错综复杂的央地关系改革问题。我国从中央到省、地级市、县、乡，共有五级政府，如果把行政村视为半政府层级，则有六级，或者算是五级半。这么多的正式层级，恐怕在世界上也绝无仅有。因此我国的纵向结构具有相当的独特性，如何推进一些必要的改革是国家的重要议题。早在1956年，毛泽东（1999）在其《论十大关系》讲话中就指出："中央和地方的关系也是一个矛盾。解决这个矛盾，目前要注意的是，应当在巩固中央统一领导的前提下，扩大一点地方的权力，给地方更多的独立性，让地方办更多的事情……我们不能像苏联那样，把什么都集中到中央，把地方卡得死死的，一点机动权也没有……现在几十只手插到地方，使地方的事情不好办……表报之多，闹得泛滥成灾……还有一个地方和地方的关系问题，这里说的主要是地方的上下级关系问题……中央要注意发挥省市的积极性，省市也要注意发挥地、县、区、乡的积极性，都不能够框得太死……正当的独立性,正当的权利,省、市、地、县、区、乡都应当有,都应当争。"

改革开放以来,我国更加重视央地关系的调整。十一届三中全会公报就明确指出:现在我国经济管理体制的一个严重缺点是权力过于集中,应该有领导地大胆下放,让地方和工农业企业在国家统一计划的指导下有更多的经营管理自主权。这份公报还提到,要充分发挥中央部门、地方、企业和劳动者个人四个方面的主动性、积极性、创造性,使社会主义经济的各个部门各个环节普遍地蓬蓬勃勃地发展起来。在实际工作中,我国在央地关系调整方面进行了许多有益探索,譬如对一些地区实行计划单列制度,实行市管县制度,实行重要职能机构的垂直管理制度。21世纪以来,还开展一些新的改革尝试,譬如县财政省管、央地事权重新划分等。一些重要的官员和专家特别强调央地事权与财权匹配的重要性,譬如楼继伟(2013)就指出,1994年的分税制改革没有改变政府间事权和支出责任的划分,大量事项由中央和地方共同承担,效率低下;应该合理界定政府间事权和支出责任,侧重强化中央政府职能,弱化对地方政府的干预。而贾康(2022)则更加具体地指出,未来应该建立扁平化的"中央—省—市县"三级框架,合理化地明晰事权、匹配税基,形成"一级政权,一级事权,一级财权,一级税基,一级产权,一级债权,一级预算"格局。

不过,仅仅从行政体制和财政关系角度来看待央地关系,并试图提出解决方案,与从治理中的纵向关系角度来看待央地关系和寻求改革方案,毕竟存在明显区别。2019年,我国十九届四中全会通过了《中共中央关于坚持和完善中国特色社会主义制度 推进国家治理体系和治理能力现代化若干重大问题的决定》，提出了更为清晰的治理改革议题，该文件明确指出：要健全充分发挥中央和地方两个积极性体制机制，理顺中央和地方权责关系，加强中央宏观事务管理，维护国家法制统一、政令统一、市场统一；赋予地方更多自主权，支持地方创造性开展工作；构建从中央到地方权责清晰、运行顺畅、充满活力的工作体系。相信在未来的改革中，这些顶层设计将逐步得到落实。

三、一些讨论

纵向关系不但广泛存在，而且是一种十分复杂的关系。在公司领域，许多学者都关注纵向一体化问题，譬如威廉姆森（2011）从交易费用角度，哈特（2016）从不完全合同角度，都探讨过这个问题，并且实际上也涉及非一体化结构，即母子公司结构到底存在什么问题。这是对市场上商业机构的分析。政治和社会领域的一些学者也研究了公共体系中的类似问题，譬如美国政治学者特里·莫（2013）就深入研究了现代组织的发展和演变，提出了组织理论的新范式，这个范式也包含一体化、纵向分权、治理改革等议题。不过总体而言，能够有力地解释纵向关系的复杂性和多变性，以及能够清晰预测纵向关系中的治理构建和治理改革趋势的研究仍然非常稀少。

反而是现实成了最好的教材。无论如何，从实际趋势来看，更多的纵向分权和分级治理，以及权责的清晰化和对等化，受到越来越多的欢迎。在公司领域不难发现，在采用事业部结构的大企业中，事业部也有着高度的自主权和相应责任，事业部下面还有可能设置一些战略业务单元，它们也有很大的自主权和相应责任；即使在典型的纵向管理的企业中，不少基层单元也引入了治理元素。在公共领域，即便在实行一元制而非联邦制的国度，地方的自主权越来越大，自治性也越来越强，横向分工和当地化问责正在悄然发展。这种趋势的结果就是多层治理体系得以形成；同时，分级治理与纵向管理又存在一些交叠。英国著名学者罗兹（2020）就指出，传统观点认为英国拥有一个集团化的政府体制，但实际上，英国在各个政府网络中都存在多层治理，1988年之后尤其如此。此外，英国加入欧盟之后，又引入了英国与欧盟之间的多层治理关系，使政策网络更加复杂。被一些人认为是一元制国家的英国尚且存在复杂的多层治理，其他国家可想而知。

之所以出现这样的趋势，最重要的原因可能是人们在实际工作和生活中，对大机构、大组织、大体系的严重病症有了更加深刻的认识，对高耸的金字塔结构和僵硬的纵向管控有了更加痛切的反感，并对官僚主义和形式主义泛滥有了更多的痛恨。在公司领域，高耸的金字塔结构和僵硬的纵向管控集中体现为大企业病。尽管医治大企业病有许多可选药方，但赋予下面层级以更大的灵活性和自主权，并让其员工有更多的发言权和其他权利，正是最有效的药方之一。同时，分拆出独立的公司，或者选择母子公司结构，也是一种药方。这样的药方促进了公司领域的纵向关系改革和多层治理的形成。在公共领域，大机构病更是屡见不鲜，其形式主义泛滥的基础就是金字塔结构，官僚主义凶猛的本质就是全面管控，因而在高耸的金字塔结构和纵向全面管控的体系中，形式主义和官僚主义成为顽症是必然结果。为了破解这个结果，推进纵向关系改革，推动多层治理形成，应该是必不可少的药方。

纵向分权的扩大，多层治理的形成，无疑会给组织机构和社会体系赋予更多弹性和韧性。同时，在纵向框架中，在下面层级适当地引入横向单元之间的治理竞争，不但会促进下级单元自身的治理改善，也会刺激纵向关系中的治理演化，从而使整个体系朝着更具适应能力的方向前进。现代组织结构和现代社会体系处于快速变化和发展的环境中，而且有参与要求的人群越来越庞大、诉求越来越多样，互联网和数字化、智能化的新浪潮进一步刺激了这个进程。在这个快速变化发展的时代，如果中间层级和基础层级缺乏一定的独立性和相应的责任机制，就会在很大程度上丧失能动性和创造力，这反过来又会侵蚀整体实力和一体化认同。只有在治理的轨道上继续改进治理中的纵向关系，较好地把一体化发展与多层治理融合在一起，才会使弹性和韧性与时俱进地得到增强，并通过下面层级的横向单元之间的治理竞争，提高横向和纵向关系在演化中的选择能力。

还应该从更加广泛的范围，即超出企业集团内部各个层级法人关系、国家内部央地关系的范围，来认识纵向分权以及多层治理。譬如在一个国家，中央政府与企业及各种社会机构之间的关系，地方政府与当地企业及社会团体之间的关系，都属于治理中的纵向关系。这种关系更加复杂。从法律上看，这些企业、机构、团体基本上都是法人实体，具有治理上的相对独立性，譬如有相对独立的董事会或理事会，即使它们由政府兴办或资助，其管理层也应该独立地行使决策权力、维持运营纪律等。但是，它们必须接受国家的统一规制，受到地方法律法规的约束。这还不是全部，如果它们由政府兴办或资助，它们的董事会或理事会，以及管理层成员的产生可能会由政府主导，薪酬和行为规范可能会受政府约束；即使它们由民间兴办和资助，某些方面也会受到政府的影响，在遇到一些特别事件时会受到来自政府的压力。

即使在美国，像哈佛大学、麻省理工学院、宾夕法尼亚大学这样著名的私立大学，其独立性有着世界性声誉，不过在2023年底以色列与哈马斯发生冲突的背景下，三位校长被美国国会众议院传唤，就校园出现的反对犹太人的声浪出席听证会。由于三位校长在听证会的发言对反犹声浪的处理持暧昧态度，遭到七十多名议员联名呼吁三所学校撤换校长，一些著名校友和捐款人也发出同样呼吁，随后众议院通过了不具法律效力的要求几位校长辞职的决议。虽然宾夕法尼亚大学校长因此压力而立即辞职，但哈佛大学和麻省理工学院数百名教职员工发出公开信，要求学校管理层"抵制与学术自由原则相左的政治压力"，两校的校董委员会也决定了校长的留任，后来哈佛大学校长还是因为被质疑论文抄袭而辞职，不过麻省理工学院校长截至2024年1月上旬仍然留任。[①] 这个事例说明，在美国这样的国家，广泛意义上的纵向治理也受到多种因素的影响，社会中的基层治理即使在日常运营中具有较高的独立性和自主性，但来自政府的潜在力量也不可忽视，而且社会中的"政治正确"也会扮演重要角色。当然，这里并不是要一味地为基层治理的独立性和自主性进行某种意义上的辩护，而是想说明，在现实中，治理中的纵向关系存在灰色区域。而且也可以看到，实际中的纵向关系和多层治理的存在，需要基层人们的参与行权和积极表达，当然也需要社会机构和团体

---

① 有关情况见《环球时报》2023年12月11日、13日及2024年1月4日的有关报道。

有足够坚韧的治理结构。

还需提示的是，纵向关系的改革，特别是在纵向关系中引入和强化多层治理，应该考虑到机构、组织、体系的统一性和完整性会受到怎样的影响，以及这样的影响是否可以接受和承受。向下分权，构建下面层级的治理，一般而言有利于提高下面层级的积极性、能动性，也可能会因此增强整体的活力、实力和竞争力，但也可能引致下面层级的离心力，从而削弱这个机构、组织、体系的统一性，甚至导致其解体。在公司领域，企业演变为母子结构或者分拆出独立实体，以及企业集团解体，并不鲜见，也并不令人惊讶。无论如何，公司治理基于清晰的股东权利，只要公司利润得到提升、股东利益得到增进，以及员工等相关者的利益没有损失，各种分拆与解体并无大碍。即使单个公司在分拆与解体等重组运动中走向破产，股东和债权人仍然可以通过法律获得一些救济。但在公共领域，情况迥然不同，纵向关系的改革如果引发离心力的增强，就是大问题；如果引发解体，则难以收拾。

即便纵向关系的改革不会导致这样的结果，也不意味治理的层级越多越好。相反，在很多时候，治理层级的减少有助于减少摩擦和消耗，有利于提高活力和效率。因此，如何做到分级合理化、体系扁平化，是一个值得注意的问题。治理会耗费额外成本，会使选择过程和决策程序变得冗长，甚至会放大人们之间的差异和分歧，因此不根据实际情况、不进行科学分析地增加治理层级，形成层层叠叠的多层治理，反而可能徒添烦恼。纵向关系中的治理和管理相交叠，也有可能导致治理和管理被错误地相互取代，譬如以治理取代合理合法的管理，或者以管理取代磨合中的治理。相互取代不仅会造成功能紊乱，而且会造成权力、责任、利益的错位，譬如在公共领域，许多层级都有自己的行政、咨议、监督、问责甚至立法机构，同时又要应对上面层级的相应机构，机构叠床架屋、权责纵横交错、运转左支右绌，使各个群体都无所适从。

同时，应该防止纵向关系调整滑向完全相反的方向，即下面层级的治理被削弱甚至被消除，多层治理滑落为多层管理，导致金字塔结构更加高耸，纵向管控更加严密。这相当于把母子公司结构改为总分公司结构。尤其是在公共领域，这样的滑落更容易出现，因为公司领域纵向关系的调整还需经过比较复杂的股权重组和法律更改程序；而公共领域的纵向关系在很大程度上被公权力左右，如果民众基本权利和下层治理机制得不到伸张，那么集中化的公权力很容易建立起"事在四方，要在上方"体系，极端的体系就是"钱在上，事在下""权在上，责在下"，从而激励每个下层官员都努力往上爬，成功者就可以支配更多的钱、担负更少的事、掌握更大的权、承受更少的责。在这样一个典型的金字塔体系中，越往上爬，就可以抱着越大的钱袋向下征敛和施舍，拿着越粗的权杖向下挥舞和击打。在这样一个体系中，纵向全面管控会在很大程度上取代各个层级的横向治理，从而使这个体系逐渐失去韧性、包容性和反应能力、纠错能力、创新能力，并且导致现象级的官僚主义凶猛、形式主义泛滥。当然这就走到了治理的反面。

本章参考文献

詹姆斯·布坎南. 公共产品的需求与供给[M]. 上海：上海人民出版社，2009.

珍妮特·丹恩. 公司集团的治理 [M]. 北京：北京大学出版社，2008：48 - 85.
桂檬. 法国地方制度改革及启示 [J]. 理论视野，2016（3）：78 - 80.
贾康. 论中国省以下财政体制改革的深化 [J]. 地方财政研究，2022（9）：4 - 13，91.
奥利弗·哈特. 企业、合同与财务结构 [M]. 上海：格致出版社，2016.
林良亮. 渐进式的地方自治改革——日本地方自治制度的发展及其对中国的启示 [J]. 行政法论丛，2009（12）：551 - 569.
罗兹. 理解治理：政策网络、治理、反思与问责 [M]. 北京：中国人民大学出版社，2020：122 - 144.
楼继伟. 中国政府间财政关系再思考 [M]. 北京：中国财政经济出版社，2013.
罗进辉. 媒体报道的公司治理作用——双重代理成本视角 [J]. 金融研究，2012（10）：153 - 166.
毛泽东. 论十大关系 [M]//中共中央文献研究室，编. 毛泽东文集 第七卷. 北京：人民出版社，1999.
特里·莫. 新组织经济学 [M]//道格拉斯·诺斯，等. 交易费用政治学. 北京：中国人民大学出版社，2013.
奥利弗·威廉姆森. 市场与层级制 [M]. 上海：上海财经大学出版社，2011.
吴国鼎. 所有权与企业价值创造 [C]//鲁桐，仲继银，等. 公司治理与价值创造. 北京：中国发展出版社，2014.
西拉. 实验联邦主义：1789—1914 年美国政府的经济学 [M]//斯坦利·恩格尔曼，罗伯特·高尔曼. 剑桥美国经济史（第三卷）. 北京：中国人民大学出版社，2018.
张文魁. 大型企业集团管理体制研究：组织结构、管理控制与公司治理 [J]. 改革，2003（1）：23 - 32.

Blumberg, P., 2005. The Transformation of Modern Corporation Law: The Law of Corporate Groups. *Faculty Articles and Papers*, 192, University of Connecticut.

Kumar, P., and A. Zattoni, 2016. The Effects of Accounting and Financial Regulation on Corporate Governance. *Corporate Governance: An Interview*, 5 (24): 466 - 467.

第九章
国企治理及其与国家治理的关系

许多国家都有国企,这些国企在国民经济中的地位和作用存在差异。由于是由国家出资设立,并或多或少要接受国家控制或引导,国企顶层的决策体制、权力分配方式及激励和问责制度,与非国企相对照,会有一些特殊之处,即便越来越多的学者主张国有企业应尽量遵循普通企业的治理准则。这些特殊之处,无论从表层的"治理结构",即权力架构来看,还是从深层的治理机制和权责利逻辑来看,都会受到国家治理的巨大影响,折射出国家治理的浓重影子。

我国是有中国特色的社会主义国家,不但国有部门体量较大、地位重要,而且国企治理也体现着社会主义性质和一些中国色彩。不过,在全球化环境中,一国企业的治理已很难作为"内政"而不受外部世界的评论和评价,因为公司治理已经成为商业环境和竞争关系的一部分,越来越多的国际经贸协定已然将公司治理纳入谈判范围。况且,我国国企还必须"走出去"参与全球竞争和全球合作,其治理很难被视为"只是自己的事情"。即使撇开全球化因素,在一国内部,国企治理也会对是否有助于提升企业自身效率产生影响,并影响与非国企之间的竞争是否公平。

因此，国企治理及其与国家治理之间的关系，是治理领域一个不能忽视的重大议题。

一、国家治理如何影响国企治理

国企是世界范围内的一个客观存在。所谓国企，主要是指由一个国家的中央政府出资设立或占多数股份的企业。不过在我国，国企也包括由地方政府出资设立或占多数股份的企业。美国国企相对而言数量较少，主要分布于公共服务、重要基础设施等领域。西欧多数国家和日本在第二次世界大战之后都设有不少国企。许多发展中国家设立的国企更多，这种做法很可能与它们实施赶超战略和控制重要资源及重要行业有关。当然，苏联和东欧国家在实行社会主义制度时期，国企占主导地位。自20世纪80年代之后，许多国家将一部分国企实行了民营化或关闭重组，不过直到现在，全球范围内仍然存在大量重要国企。OECD（2015）的资料表明，2013年，世界上最大的2 000家企业中，有204家是国企，占比超过10%，其中中国有70家、印度有30家、俄罗斯和阿联酋各有9家、马来西亚有8家。即使那些发达的工业化国家也仍然保留了一些国企，尤其是在能源、交通、电信等产业，其中以法国、挪威、希腊等国比较典型。在这些国企中，大约有90%都设立了国外子公司，即比较普遍地实行全球化经营。张春霖（2023）对60多个经济体在21世纪前10年的国有部门进行了识别，发现在14个有产出数据的经济体中，国有部门产出占GDP（国内生产总值）比重高于20%的有6个，其中俄罗斯以36%的比重位居第一，越南和中国分别为29%和28%，塞尔维亚为24%。世界银行（2023）发布了一份最新的国有经济分析报告，该报告基于其跨国数据库发现，国有经济（Businesses of the State）的收入相当于GDP的17%，这个数据之高超过了之前的许多类似研究，而且国有经济在竞争性领域也广泛存在。不过从国有经济的表现来看，其生产率普遍低于民营经济，国企与国家之间的关系也更加密切，譬如以各种形式获得国家支持，同时为国家承担一些非商业化的功能。

  国家设立了国企，国家治理无疑会投射到国企治理当中。这里讲的国家治理是泛指公共领域的治理，主要是指国家政权领域的治理，尤其是中央政权层面的治理，但也包括社会领域的治理，譬如非政府组织的治理。国企治理受到国家治理的影响，首先在于国家治理在某种程度上复制国企治理，几乎是一种自然而然的倾向。复制是一种简单易行的推行方法。即使是在普通企业的治理结构和治理机制中，也不难发现其来自公共领域、社会领域的复制印记，譬如早期西方公司的董事会显然复制了古希腊、古罗马的议事会、元老院体制。现代美国公司的董事长往往兼任首席执行官，而英国公司的董事长和首席执行官或总经理则由不同人士担任，这也折射出国家治理的影子，因为美国总统就是国家元首兼政府首脑，而英国的国家元首是国王，政府首脑是内阁首相。国企既然由国家出资设立，国企治理若将国家治理的一些重要构架和机制平移过来，就更加自然而然。在苏联，十月革命胜利之后不久，政府很快就在工厂等经济组织中建立了工厂委员会，并对工厂实行集体管理，该委员会由全体工人选举产生（刘东文，1986）。显然，工厂委员会体制基本上就是把苏维埃体制平移过来。而在南斯拉夫，由于国家政权建设具有比较明显的自治制度导向，从而国企中的工人委员会也向着自治的方向发展，1974 年颁布的《联合劳动法》还把工厂自治制度写进了法律，规定"按自治方式联合劳动是社会劳动联合的一种形式，工人自由地、直接地和平等地管理自己的劳动"（卡德尔，1980）。在我国，国企治理无疑体现了中国特色社会主义制度的一些重要方面。

其次，国家希望在一定程度上影响甚至控制国企的运作，从而事先规定国企的使命、功能、决策体制、董事和高管的产生方式。这也直接决定了国企治理的基本面。OECD（2005）也没有讳言政府在国企治理中的作用。实际上，许多国家在设立重要国企时，都在企业章程中，甚至通过专门立法，规定了企业使命、职责、业务范围、发展目标，以及决策体制和问责制度。譬如美国的田纳西河流域管理局（以下简称 TVA）是一家重要国企，联邦政府在设立 TVA 的时候，就以专门立法明确规定，TVA 的经营目标是控制流域洪水灾害、保障流域通航、促进流域工农业发展；TVA 由董事会进行管理，董事会成员及董事长由总统任命，董事会向总统和国会负责（张政军，2007a）。北欧的挪威是社会民主主义国家，其公用事业和资源开发领域的国企具有比较重要的地位。该国把国企分为多种法律类型，其中一类是国家控股公司，虽然这类公司也设有董事会，但国家有关法律规定，国家内阁会议可以否决董事会的决定（李兆熙，2007）。在法国，国企治理结构普遍采用董事会制度，但其董事会，特别是国有独资公司董事会，在较大程度上受到法国国家股权管理局的影响（张政军，2007b）。在我国，毫无疑问，国企要服务于国家战略，并且国企领导人由国家有关部门管理。

再次，国家决定着与国企治理直接或间接相关的法律法规，譬如公司法、国有资产法等，透过这些法律来左右国企治理。美国TVA在设立之前，联邦层面就通过了专门的《TVA法案》，具体规定了其治理结构，譬如除了设立董事会和独立监察长，还须设立地区资源管理理事会，这是一个咨议机构，有20名成员，包括流域内7个州的州长指派的代表、TVA电力系统配电商的代表、防洪和航运及环境等受益方的代表、地方社区的代表（张政军，2007a）。我国更注重通过有关法律来对国企治理设置一些特别规定，譬如2023年修订的《公司法》就有关于国家出资公司的专门章节，明确规定国有独资公司不设股东会，股东会职权由国有资产监督管理机构行使；设立董事会，且应有职工代表董事。我国的《企业国有资产法》明确规定，发挥国有经济在国民经济中的主导作用，增强国有经济的控制力、影响力；履行出资人职责的机构委派的股东代表，参加国有资本控股公司、国有资本参股公司召开的股东会会议、股东大会会议，应当按照委派机构的指示提出提案、发表意见、行使表决权；履行出资人职责的机构对拟任命或者建议任命的董事、监事、高级管理人员的人选，应当按照规定的条件和程序进行考察，考察合格的，按照规定的权限和程序任命或者建议任命。由此可见，我国国家治理对国企治理有着非常强烈的影响。

还有，国家治理中的政治因素难以避免地会影响国企的治理结构。譬如在多党制国家，执政党的更替很容易造成国企董事会和管理层成员的重大调整。法国不但在第二次世界大战之后设立了一些国企，而且在20世纪80年代社会党执政鼎盛时期，政府实行"法国式社会主义"，对11个产业集团、36家银行实行了国有化。在此之前社会党就努力在企业中建立党支部，此后更是加强在国企中发展党员、开展党组织活动，到1990年，60%以上的党员是政府公务员和国企员工（贝尔古尼欧和戈兰博格，2013）。意大利在20世纪90年代之前就有庞大的国有部门，其中的伊里集团（IRI，工业复兴公司）和埃尼集团（ENI，国家碳化氢公司）两大国有控股公司具有重要地位，但它们的董事长和总裁往往在政党选举之后就被更换，而在多党联合执政时，国企高管人选其实就是各个党派搞政治平衡的结果（冯春，1998）。即使在议会，政党也可能把国企视为"地盘"，形成复杂的权力和利益关系。在意大利的国家控股公司中，依靠政治关系获任的高管在较大程度上是建立在金钱或非金钱利益交换基础上的效忠体制，而且在这方面各反对党经常合谋，例如大多数对国有企业有好处的政策措施，譬如补贴，都会在议会上获得各党派一致通过（刘卫，1996）。在一些发展中国家，这样的情况也不鲜见，而且往往与严重的腐败联系在一起。委内瑞拉国家石油公司是该国最大的国企，查韦斯在执政的21世纪最初十几年任命了其重要支持者，统一社会主义党副主席拉米雷斯担任石油部部长兼国家石油公司总裁，但后者于2018年遭到委内瑞拉政府的贪腐指控，委内瑞拉政府还要求国际刑警组织对其发出红色通缉令。[1] 在马来西亚，一个马来西亚发展公司（一马公司）是该国最重要的国企之一，由时任总理纳吉布于2009年设立，但在2018年，该企业被美国媒体揭露涉嫌存在洗钱和资产转移等行为，纳吉布本人后来

---

[1] 有关资料请见中国国际在线转载的新华社2017年12月8日的报道：https：//news.cri.cn/zaker/20171208/1cfefd2e-9b28-7e96-9ee2-99d096eb3ace.html。

因为涉及此案而获刑。①而在哈萨克斯坦，首任总统纳扎尔巴耶夫的两位女婿，分别长期担任国家石油公司和国家天然气公司的首席执行官，且一度被爆涉嫌贪腐传闻。但在2022年初该国出现民众抗议活动之后，他们辞去了公司的首席执行官职务。②

此外，国家治理中的一些独特文化和惯例也会影响普通公司的治理结构和国企的治理结构。譬如在德国，包括国企在内的大公司的监督委员会（我国许多人将其称为监事会），即实际意义上的董事会，有一定比例的工会代表。这与德国历史上的社会主义思潮以及第二次世界大战之后的社会民主党思想有很大关系，也与德国社会中的工会力量有很大关系。而在社会主义思潮更有影响力的北欧国家挪威，大公司除了设立董事会，还要设立公司议会（corporate assembly），其职能是选举并监督董事会，并参与公司并购重组等重大决策；公司议会由股东大会选出，它通常由十余名成员构成，其中一部分成员来自职工中的工会代表。在日本，一些重要国企的董事会和监事会成员来自政府退休官员，这应该与日本的官僚文化传统有一定关系。

毋庸讳言，国企治理在体现国家治理的同时，也有可能在一定程度上反映国家领导层的取向。十月革命之后建立的苏维埃政权，于1918—1920年实行战时共产主义，推行企业国有化政策，但1921年又在列宁的主导下实行所谓的"新经济政策"，实际上就是有限恢复市场经济并允许非国有经济存在。不过在1922年苏

---

① 有关资料请见澎湃新闻2022年8月23日的报道：https：//baijiahao.baidu.com/s?id=1741957189045684763&wfr=spider&for=pc。
② 有关资料请见澎湃新闻2022年1月15日的报道：https：//www.thepaper.cn/newsDetail_forward_16306792？commTag=true。

联成立之后，特别是在1925年提出社会主义工业化方针和优先发展重工业战略，以及1927年实施农业集体化、1928年实施第一个"五年计划"之后，苏联迅速抓住资本主义经济危机大爆发的时机，从美欧大量引进工业设备和技术、人才，建成数千个重点国企。在这个过程中，国企确立的"一长制"领导体系也颇具浓厚的斯大林个人色彩。南斯拉夫国企实行的自治制度，无疑带有南斯拉夫当时的主要领导人铁托和重要领导人卡德尔的个人印记。我国在1978年实行改革开放之后，邓小平推动了许多领域的改革，包括国家体制和国企体制改革。据原国家经贸委官员张用刚（2008）记述，邓小平在1980年中央政治局扩大会议上发表了题为"党和国家领导制度的改革"的讲话，明确提出"要有准备、有步骤地改变党委领导下的厂长负责制、经理负责制，经过试点、逐步推广，分别实行工厂委员会、公司董事会、经济联合体的联合委员会领导和监督下的厂长负责制、经理负责制"。但囿于当时的情况，1983年出版的《邓小平文选》把这段话删掉了，1994年再版时才补上。显然，后来实行的董事会等制度与邓小平的推动有很大关系。

总之，国家治理会影响国企治理。但反过来，国企治理也会影响国家治理。最基本的影响渠道就是在国有部门占比很高的国家，如果国企治理不佳，导致国企效率低下，那么国家财政收入和宏观调控能力以及整个国家治理就会受到不利影响。据博尔托洛蒂等人（2011）的研究，西欧的不少国家于第二次世界大战之后建立了比较庞大的国有部门，但到了20世纪80年代初，国企的低效率吞噬着越来越多的公共补贴，成为一些欧洲国家"首要的政治问题"。印度在第二次世界大战之后实现独立，尼赫鲁在较大程度上受到社会主义思潮的影响，建立了大量国企，但到了20世纪七八十年代，许多国企充斥着冗员并陷入慢性亏损，严重拖累国家发展，以至于拉吉夫·甘地在1985年出任总理后，严厉指责"病态"国企，提出国有部门不应该继续对"病态"企业熟视无睹（张敏秋，1997）。在20世纪八九十年代，包括印度在内的许多国家对国企实行了大刀阔斧的改革，就是因为国企经营遇到许多困难。英国的国有部门在第二次世界大战之后不断扩张，到20世纪70年代已在国民经济中占据重要地位，但总体而言效率低下，加重了当时的"英国病"，这也直接导致80年代撒切尔夫人开启的私有化改革（毛锐，2005）。此外，国有部门如果形成强大势力和话语权，也会投射到国家治理之中，譬如国企高管会升迁为国家治理中的重要成员，来自国企的意见和叙事会影响国家重大决策。譬如在英国国企势力兴盛的20世纪70年代，最大最有势力的工会如全国矿工工会、钢铁工会、运输工会等都是以国企职工为主的工会，这些工会享有高度的法律豁免权，设置纠察线和阻止工人上班都不受法律制裁，对工人的投票倾向也有很大影响，以至于时任英国首相希思感叹道：到底是谁统治英国（毛锐，2005）。

二、我国国企治理与国家治理之间的关联

我国的国家治理很有特色。十九届四中全会通过的《中共中央关于坚持和完善中国特色社会主义制度 推进国家治理体系和治理能力现代化若干重大问题的决定》指出，我国国家制度和国家治理体系具有多方面的显著优势，并把坚持党的集中统一领导排

在这些显著优势的首位。坚持党的集中统一领导,各级政府、各个机构的党委会发挥着重要作用。毛泽东(1991)特别重视党委会的民主集中制及相应工作方法,并在新中国成立前夕专门撰写了《党委会的工作方法》。这篇十分重要的文稿后来作为文件下发。在这个文件中,毛泽东提出,党委会要经常开会、要学会"弹钢琴",开会应该把问题摆到桌面上来讨论,党委书记要善于当"班长","班长"和委员要"互通情报"、要互相谅解。

从治理视角看,毛泽东对党委会体制和工作方法的设计,与现代治理中的理事会、董事会体制有相似之处。毛泽东的党委会制度设计并不局限于党政部门,也涵盖企业领域。实际上,他对苏联在国营工厂实行"一长制"就持明确的批评态度,后来在我国提倡"鞍钢宪法",即"两参一改三结合":干部参加劳动,工人参加管理,改革不合理规章制度,工人、干部、技术人员三结合(高华,2010)。因此在改革开放之前,我国国企领导体制虽然经历了一些调整和演变,但基本上与各级政权的领导体制保持一致,即实行党委领导制度。当然,我国也难以完全摆脱苏联"一长制"模式的影响,毕竟一些重要国企是在苏联援助下设立的。在"文革"期间,重要国企与政府机关一样,建立了"革命委员会"体制。

不过需特别指出的是,我国党委会与西方董事会还是存在根本性区别。西方董事会制度基于董事个人的独立判断、独立投票、独立担责,这与西方的个人主义文化传统密切相关。董事如果不是由股东本人担任,即使由股东推荐,他仍然可以不听命于股东。董事长在很大程度上只是会议召集人和主持人,在董事会决策时与其他董事一样只有一票,很难被看作"领导班子"的

"班长"。如果董事长并不同时担任首席执行官或总经理,那么其权力非常有限。董事会的决策权,以及董事个人的独立投票权,均由法治体系来保障,并不是由股东授予。而我国的党委会当然不是这样,尤其是党委书记在实际中有很大决断权。

在建立了大量国企之后,我国国企的党委会体制一度与苏联"一长制"实现了某种程度的"糅合",即实行党委领导下的厂长负责制。但在1961年,邓小平主持制定了《国营工业企业工作条例(草案)》,即著名的"工业七十条",更多强调厂长职权。实行改革开放后不久,邓小平即考虑对国企领导体制进行改革,他(1994)于1980年发表的题为"党和国家领导制度的改革"的讲话,提出"要有准备、有步骤地改变党委领导下的厂长负责制、经理负责制"。1981年到1982年,国家先后颁布了《中国共产党工业企业基层组织工作暂行条例》和《国营工厂厂长工作暂行条例》提出党委要把生产经营活动交给厂长统一指挥、全面负责;1983年颁布的《国营工业企业暂行条例》明确规定厂长是国企的法人代表。此后一段时间,国企全面实行厂长负责制,同时发挥党委的政治核心作用和职工代表大会的民主管理作用。在这个体制下,厂长在生产经营中发挥指挥中心作用,厂党委书记发挥政治核心作用,但是"中心"和"核心"在实际工作中时常发生矛盾冲突。特别是我国企事业单位一般只有一个法人代表,因其签字具有法律效力,故其权力被广泛接受。毫无疑问,法人代表地位加强了厂长的权力。后来,为了化解"中心"和"核心"之间的矛盾,实践中普遍采取了"两人变一人"的做法,即厂长、书记"一肩挑",由同一人担任,从而使"两心变一心"。"一肩挑"的做法,"二变一"的变通,一直延续到国企的股份制改革和董事会建立之后，即使到现在，许多国企的董事长也兼任法人代表，实际上相当于当年的厂长兼法人代表，同时也担任党委书记职务。

1993年，我国决定实行社会主义市场经济体制，此后国企陆续改组为公司制企业。随着新中国第一部《公司法》的颁布实施，公司治理的概念得到确立，国有公司也逐步建立了董事会、监事会等新机构。不过，所谓的"新三会"（股东会、董事会、监事会）与"老三会"（职工代表大会、党委会、工会）之间的权责划分并不十分清晰，实际运行中矛盾不少。此后一段时间，国企治理改革的主要思路是推进国企股份化改造，更多发挥董事会作用，包括引入外部董事和独立董事。至今为止，大多数重要国企的大部分资产都装进了国有控股的股份制公司，这些公司都依法设立了董事会。但很难说，这些公司的"新三会"与"老三会"之间的矛盾得到了妥善解决。即使国有独资企业，包括国有控股上市公司的母企业，也已经改制为国有独资公司，并依据《公司法》设立了董事会，而总经理、副总经理等高管名义上由董事会聘任，并接受董事会领导。需要指出的是，我国企业的董事长一般而言都担任公司的唯一法人代表，即使他不直接兼任总经理或首席执行官职务，也是公司最高控制权的掌握者，即公司的"一把手"。这与西方的"光杆"董事长有着本质区别。

除了"新三会"和"老三会"，我国国企治理还有另外一些特色，或者经过了另外一些历程。在20世纪末，国企在市场化改革过程中，由于过去的行政主管部门不再继续"在位"，但出资人又没有及时"到位"，所以出现了比较普遍和比较严重的"内部人控制"问题，譬如企业账目混乱、国家权益受侵，以及国企高管贪污腐败等。这时，国家向大型国企派出稽查特派员，后来建立了外派监事会主席制度。国企也建立健全了党的纪检机构设置，并且加强了对国企的巡视。特别是对于国企"三重一大"（重大决策、重要人事任免、重大项目安排和大额度资金运作）事项，中共中央办公厅、国务院办公厅专门颁发了《关于进一步推进国有企业贯彻落实"三重一大"决策制度的意见》等文件，明确提出，董事会研究"三重一大"事项时，应事先听取党委（党组）意见，进入董事会的党委（党组）成员，应当贯彻党组织的意见或决定，纪检监察机构要加强对国企贯彻落实"三重一大"决策制度情况的监督检查，"三重一大"决策制度的执行情况应作为巡视重要内容。我国国企治理的这些特色很难在其他国家的国企中找到。这说明，我国对国企治理的探索是全方位的，对国企治理的构建是全环节的。

随着时间推移，我国在中央、省、市三个层面建立了国有资产监督管理委员会（国资委），作为出资人代表机构对国企行使出资人权利，国企治理也发生相应变化。根据有关规定，国资委委派的股东代表在参加国有资本控股公司、国有资本参股公司召开的股东会会议、股东大会会议时，应按照国资委的指示提出提案、发表意见、行使表决权。当然，国资委对国企董事长、总经理及董事、监事的人选也有较大决定权或话语权。国有资产出资人代表机构的设立和功能的发挥，对于解决国有股的股东"缺位"问题具有积极意义。不过，各级政府如何避免国资委职能的错位，仍然是一个悬而未决的关键性问题。这个问题不解决，国企与政府之间的关系就难以理清，国企治理就难以规范化、法治化。

我国国有资产出资人代表机构的分级设立，各级政府分别代表国家履行出资人职责、享有出资人权益，本身就是具有中国特色国家治理的重要内容。这项内容也对国企治理产生了重要影响，即国企治理也具有明确的层级性，就是说，不同的国企由不同层级政府下属的国资委履行国有股的股东职责、享有国有股的股东权益。这实际上触及治理中的纵向关系。我国政府有五个层级，第一到第四层级政府，即中央、省、地级市、县政府投资形成的资产属于国有资产，对应的企业属于国有企业，而第五个层级，即乡镇政府投资兴办的企业属于集体企业。因此，我国国有资产体量非常庞大，而且有所谓的央企、省属国企、市属国企、县属国企之分，后三者被称为地方国企。这与其他许多国家的国企明显不同，后者的国企一般不包括地方政府投资兴办的企业。各个层级的国企通过各级政府的国有资本经营预算，与各级财政预算联结在一起，所以各个层级政府实际上可以为本层级国企注入资金，并通过各种渠道注入其他重要资源，使它们成为实现本层级政府战略意图的重要载体。当然，各级政府也可以向本层级国企安排干部。地方国企与中央政府的关系也值得探究。一方面，地方国企必须按照国家统一的法律法规和文件规定进行经营管理，另一方面又可以从中央层级的银行获得大量贷款，而一旦这些银行陷入危机，中央政府将承担债务救助的最终责任。因此，地方国企和中央政府之间的边界并不十分清晰，特别是地方投融资平台企业与中央政府的关系更加复杂，因为中央政府目前事实上已经承担了化解地方投融资平台巨额债务的责任。这种情形反映了我国国家治理与国企治理之间错综复杂的关系。

论述我国国企治理及其与国家治理的关系，不能忽视的一项内容是国企如何弘扬企业家精神、发挥企业家作用。在我国曾经的计划经济体制中，国营工厂当然没有企业家。随着我国把经济体制改革目标确定为实行社会主义市场经济体制，国企治理如何与企业家精神兼容就成为国企改革的题中应有之义。早在1993年，十四届三中全会通过的《中共中央关于建立社会主义市场经济体制若干问题的决定》就提出：要加强职工队伍建设，造就企业家队伍。1999年，十五届四中全会通过的《中共中央关于国有企业改革和发展若干重大问题的决定》更加明确地提出：国有企业要适应建立现代企业制度的要求，在激烈的市场竞争中生存发展，必须建设高素质的经营管理者队伍，培育一大批优秀企业家；建立和健全国有企业经营管理者的激励和约束机制；实行经营管理者收入与企业的经营业绩挂钩。这些文件反映了当时的政策倾向。

但在实际中，不可否认的是，如果把国家治理的一些具体做法直接移植到国企治理，就可能会抑制企业家精神、轻视企业家作用。正如前文提及的那样，即使在一些发达国家，对国企董事甚至高管的挑选也体现了政治决定。而他们的薪酬更难以实现市场化，对他们的问责也存在有别于其他所有制企业的特别程序和政策。对于我国而言，由于国企在国民经济中的比重和地位远远高于OECD成员国，而且国企分布范围涉及大量的一般竞争性行业，因此国企治理中的企业家精神和作用就是一项更加重大的议题。但是，我国国企的董事长、总经理及大多数副总经理并不是职业企业家、职业经理人，他们基本上都是党管理的干部。一方面，他们许多人有着较强的责任感，另一方面，他们也需遵循几乎与党政干部一样的退休年龄制度、任期考核制度以及一些请示报告制度，对他们的激励也不能实行市场化薪酬，而且还会将他们在不同国企之间进行频繁调动。此外，他们中相当一部分人会走"旋转门"，即从党政官员岗位走到国企负责人岗位，以及反方向调动。

因此，通过怎样的机制挑选比较合适的人物进入国企负责人岗位，并比较稳定地激励他们把企业经营管理工作作为自己的职业，以及激发他们的企业家精神，并不是一件轻而易举的事。不过，中央有关文件高度重视这个问题，并且提出了一些重要思路。2017年，国家颁发的《中共中央 国务院关于营造企业家健康成长环境弘扬优秀企业家精神更好发挥企业家作用的意见》专门提到了"国有企业家"，并明确提出：增强国有企业家坚持党的领导、主动抓企业党建意识，建好、用好、管好一支对党忠诚、勇于创新、治企有方、兴企有为、清正廉洁的国有企业家队伍；对国有企业家以增强国有经济活力和竞争力等为目标、在企业发展中大胆探索、锐意改革所出现的失误，只要不属于有令不行、有禁不止、不当谋利、主观故意、独断专行等情形者，要予以容错，为担当者担当、为负责者负责、为干事者撑腰。该文件还指出：激发企业家创新活力和创造潜能，依法保护企业家拓展创新空间，持续推进产品创新、技术创新、商业模式创新、管理创新、制度创新，将创新创业作为终身追求。

尤其是党的十八大以来，国企治理有了新发展。党加强了对国企的领导，党的领导融入国企治理之中。中央深改委于2020年审议通过了《关于中央企业党的领导融入公司治理的若干意见（试行）》。这份十分重要的文件指出，中央企业党委（党组）是党的组织体系的重要组成部分，发挥把方向、管大局、促落实的领导作用；要正确处理党委（党组）和董事会、经理层等治理主体的关系，推动制度优势更好转化为治理效能。2021年，中共中央办公厅印发了《关于中央企业在完善公司治理中加强党的领导的意见》，要求在完善公司治理中加强党的领导，并明确了中央企业党委（党组）在决策、执行、监督等各环节的权责和工作方式。需要特别提醒的是，这些文件的颁布实施意味着加强党对国企的领导不仅限于前述的"二人变一人，二心变一心"方案，而是有着更加严谨的制度和程序。此外，国企高管薪酬制度也得到了改革。2014年，中央出台了《中央管理企业主要负责人薪酬制度改革方案》，适用范围确定为中央企业中由中央管理的负责人，包括由国务院代表国家履行出资人职责的国有独资或国有控股企业中，由中央管理的企业董事长、党委书记（党组书记）、总经理（总裁、行长等）、监事长（监事会主席）以及其他副职负责人，其他中央企业负责人、中央各部门所属企业和地方所属国有企业负责人薪酬制度改革，也参照改革方案精神积极稳妥推进。改革方案将此前的薪酬由基本年薪和绩效年薪两部分构成，调整为由基本年薪、绩效年薪、任期激励收入三部分构成，将重点考核生产经营业绩调整为对履职情况进行全面综合考核评价，特别是加强对履行政治责任、社会责任等反映综合素质和能力情况的考核评价。经过这次改革，多数中央管理企业负责人的薪酬水平有所下降，有的下降幅度还比较大。自此，我国国企治理基本定型，并且比较明显地体现了国家治理的时代特征。2022年，党的二十大报告指出，完善中国特色现代企业制度。这意味着党的领导将进一步制度化。

三、一些讨论

国企在很大程度上体现国家意志，所以国企治理受到国家治理的影响，甚至两者相互影响，是容易理解的事情。但在过去几十年里，一般竞争领域的国企走上市场化道路，成为全球性趋势。市场化国企在治理上也会与普通企业尽量接轨。不过，国企毕竟由国家全部持股或控股，国家股东很难与市场上的普通股东有着完全一样的利益考虑和权利行使方式。况且国家掌握着大量的自然资源、财税资源、金融资源和其他资源，又握有强制性的公权力，因此国企治理与普通的公司治理很难完全一致并实现对接。不一致、难对接，一方面会导致国企与政府之间的关系难以清晰界定和稳定处理，另一方面会导致国企与非国企的关系难以平等和规范。即使在通常被认为具有较为成熟的市场经济体制的 OECD 国家，该组织（2008）的一项全面调查也显示，其许多成员国的国企"董事会任命过程受到了很强的政治影响，这个过程往往会退步为一种以政治干预为特点的境况""在很多情况下，董事会任命的过程存在直接的政治维度，受到内阁甚至总统的直接干预"，以及充满政府各有关部门"讨价还价的结果"；在有些成员国，对首席执行官的挑选"是政府的一项政治特权"，而且在董事会内部，代表不同政府部门意见的董事也存在相互冲突；"国企通常会受到免于被接管和破产这两大主要威胁的保护"，而这两大威胁对于非国有的普通企业而言是重要的市场化出清机制，很显然这意味着国企与非国企之间的竞争终究是不平等的。在其他国家，这两大问题的严重程度可想而知。

国家与国企之间的特殊关系，也必将体现于股权多元化的国企股东会、董事会内部的分裂和矛盾上。OECD（2008）的调查还显示，其许多成员国都推行了国企的股份制改造，在原来的国有全资企业中引入了其他股东，同时保持国有控股；但这些国有控股公司的少数股东往往是非国有股东，其知情权并不容易得到保障，决策权更难得到落实，并且"国家可以为达成政治目标，将成本转嫁给持有少数股份的股东"。在我国，绝大部分国企都实行了混合所有制改革，这比一般的股份制改造走得更远。但我国国有控股的混合所有制企业的公司治理仍然存在一些严重问题。有研究（张文魁，2015）表明，国家对企业的强烈影响和干预仍然存在，这种影响和干预既妨害了企业的自主经营权，又妨害了市场公平竞争，而且非国有股东在企业中很难获得与其股份相称的话语权。

因此，如何改善国企治理，改进国企治理与国家治理之间的关系，属于一个全球性重大议题。十几年前，OECD（2005）就颁布了《国有企业公司治理指引》，提出"如何在积极行使国家所有权的同时，又避免强行对公司管理进行不适当的政治干预之间找到平衡"，是一项严重挑战；"如何确保一个使私营公司和国有企业进行公平竞争的市场，确保政府在实施监管权力时不扭曲这一市场竞争规则"，是另一项严重挑战。2015年版的《国有企业公司治理指引》（OECD，2015）进一步指出，国企必须以有效、透明、可问责的方式运作。在过去十几年里，很难说这些挑战在全球范围内得到了较好应对，以至于国企治理及其与国家治理的关系已经成为全球重大经贸协定谈判的重要内容，而《跨太平洋伙伴关系协定》（TPP）和《全面与进步跨太平洋伙伴关系协定》（CPTPP）谈判，以及《美墨加自由贸易协定》谈判，就是其中的代表。此外，世界贸易组织（WTO）的有关谈判，以及其他谈判中涉及的所谓"竞争中性"（competitive neutrality）内容，也触及了这一议题。

21世纪的这些国际经贸协定对国企治理及其与国家治理之间关系的关注，也使我国置身事内，因为我国已正式申请加入CPTPP，并在WTO改革的有关商谈中发挥重要作用。CPTPP一方面关注国有股的比例，另一方面更加关注国家对企业治理的实际影响力，譬如是否掌握了50%以上的投票权、是否掌握了选择大多数董事席位的权力。CPTPP奉行竞争中性原则，规定国家通过"非商业援助"（non-commercial assistance）对国企进行专项（specific）支持的，其他国家就可以采取反补贴措施；这些援助既包括资金的直接转移，也包括潜在的资金或债务转移，譬如赠款、债务减免、超过该企业商业条件的优惠贷款或贷款担保、不符合投资惯例的权益资本注入，而且援助的来源既包括政府，也包括国企甚至政府授意的民企。显然，这些条款对我国国企与国家之间关系的现状提出了挑战。此外，CPTPP对国企提出了很高的透明度要求，我国国企治理的现状也难以满足这个要求。而WTO改革虽然目前尚未出现与CPTPP同等要求的国企治理条款，但未来的商谈是否会有类似内容，难以预料。即使WTO改革不会触及这方面的内容，但在其他可能出现的国际经贸谈判中应该无法回避关于国企治理的内容。

更加棘手的议题是这些21世纪的经贸协定不仅涉及国企治理，而且不可避免地延伸到国家治理，因为国企治理与国家治理密切相关。这将把国企的公司治理问题与政治牵扯在一起，并使全球范围内旨在寻求治理秩序的博弈带上强烈的主权和安全维护色彩。事实上，许多国家的国企的确较多地布局于关系主权和安全的行业。因此不难想象，在这样的全球化环境中，在一个大国博弈非常激烈的时代，国企的治理机制和治理结构改革、国资的布局调整，可能并不像许多学者想象的那样，是一件单纯的事情。OECD（2005）虽然主张国企应该尽量实行商业化运营，但一些国家与这种主张正在渐行渐远。

当然，我们不应该将自己的国企治理改革，以及国企治理与国家治理之间关系的更新，纯粹视为国际压力。我们本身就一直有着进行这方面改革的强烈意愿，因为我们在自己的实践中早已知道，不实行国企市场化改革、不矫正国企与国家之间的关系，国企不仅无法持续地提高效率，也无法与其他所有制企业真正地公平竞争，完善的社会主义市场经济体制最终也无法建立。早在1993年，十四届三中全会通过的《中共中央关于建立社会主义市场经济体制若干问题的决定》就提出，"国家要为各种所有制经济平等参与市场竞争创造条件，对各类企业一视同仁"。2003年，十六届三中全会通过的《中共中央关于完善社会主义市场经济体制若干问题的决定》又提出，"保障所有市场主体的平等法律地位和发展权利"。2013年，十八届三中全会通过的《中共中央关于全面深化改革若干重大问题的决定》则提出，"国家保护各种所有制经济产权和合法利益，保证各种所有制经济依法平等使用生产要素、公开公平公正参与市场竞争、同等受到法律保护，依法监管各种所有制经济"。这些精神应该落到实处。要落实这些精神，当然离不开国家治理的改革。十九届四中全会通过的《中共中央关于坚持和完善中国特色社会主义制度 推进国家治理体系和治理能力现代化若干重大问题的决定》就指出,"全面推进依法治国,坚持依法治国、依法执政、依法行政共同推进,坚持法治国家、法治政府、法治社会一体建设"。可见,只有法治得到真正确立,国企治理及其与国家治理之间的关系才会最终得到完善。

本章参考文献

阿兰·贝尔古尼欧,吉拉德·戈兰博格. 梦想与追悔:法国社会党与政权关系100年(1905-2005)[M]. 重庆:重庆出版社,2013:201-359.

贝尔纳多·博尔托洛蒂,等. 西欧的私有化:典型事例、结果和未决的问题[M]//热拉尔·罗兰,主编. 私有化:成功与失败. 北京:中国人民大学出版社,2011:39-43.

邓小平. 邓小平文选(第二卷)[M]. 北京:人民出版社,1994.

冯春. 意大利的国家控股公司[J]. 湖北社会科学,1998(5):23-24.

高华. 革命年代[M]. 广州:广东人民出版社,2010.

经济合作与发展组织. 国有企业公司治理指引[M]. 北京:中国财政经济出版社,2005.

经济合作与发展组织. 国有企业公司治理:对OECD成员国的调查[M]. 北京:中国财政经济出版社,2008.

经济合作与发展组织(OECD). 国家发展进程中的国企角色[M]. 北京:中信出版社,2016:260-273.

爱德华·卡德尔. 公有制在当代社会主义实践中的矛盾[M]. 北京:中国社会科学出版社,1980.

李兆熙. 挪威国家控股公司和股份公司的治理[M]//陈小洪,主编. 企业改革和发展研究. 北京:中国财政经济出版社,2007.

刘东文. 苏联企业一长制初探[J]. 管理世界,1986(1):84-92.

刘卫. 意大利国有制与公司治理结构的演进[J]. 改革,1996(4):44-50.

毛锐. 撒切尔政府私有化政策研究[M]. 北京:中国社会科学出版社,2005:25-33.

毛泽东. 毛泽东选集 第四卷[M]. 北京:人民出版社,1991.

张春霖. 国有企业的全球图景[J]. 比较,2023(1).

张敏秋. 印度公有企业的私营化[J]. 南亚研究,1997(1):25-31.

张文魁. 混合所有制的公司治理与公司业绩[M]. 北京:清华大学出版社,2015.

张用刚. 深化企业改革、增强企业活力,是经济体制改革的中心环节[M]//陈清泰,主编. 重塑企业制度. 北京:中国发展出版社,2008.

张政军. 美国田纳西流域管理局运营和管理体制[M]//陈小洪,主编. 企业改革和发展研究. 北京：中国财政经济出版社，2007a.

张政军. 瑞典、奥地利、法国国有独资公司董事会的情况和启示［M］//陈小洪，主编. 企业改革和发展研究. 北京：中国财政经济出版社，2007b.

OECD，2015. *Guidelines on Corporate Governance of State-Owned Enterprises*，2015 Edition. OECD Publishing，http：//dx. doi. org/10. 1787/9789264244160-en.

World Bank，2023. *The Business of the State*. http：// creativecommons. org/licenses/by/3. 0/igo.

第十章
作为治理机制的市场经济

在研究治理时,如果忽视其与市场经济之间的关系,绝对是一个巨大遗漏。而在研究市场经济时,这种关系的确被学术主流所忽视,因为市场经济主要被理解为一种资源配置机制。在现实中,市场经济一般也被当作资源配置机制而存在。我国关于建立、完善社会主义市场经济体制的重要文件就提出要发挥市场在资源配置中的基础性或决定性作用。

市场经济是一种资源配置机制,这当然没有错。在计划经济中,资源依照政府指标进行分配、流动,有关理论认为这可以消除资源浪费、经济波动、发展失衡等问题。而在市场经济中,资源则随着价格、其他供求信号以及企业家对未来的判断而流动,并通过竞争和淘汰机制促进效率提升。

不过,将计划经济和市场经济仅理解为资源配置方式并不完整。譬如,在市场中,许多交易需要签订合约,而合约的执行则建立在共同信念和法律体系的基础之上。即使那些无须签约的大量交易,也暗含着人们对交易合理性和选择多样性的认可,即他们并不认为自己在交易中"吃了大亏""受了强迫"。此外,与市场交易密切相关的分工体系不但带来了效率和创新,也强化了合作的自愿性和自觉性。因此，市场机制体现了一种秩序和人们对这种秩序的认同，从而把人们联结在一起来创造社会财富，并增进个人福利。

更进一步，在现实世界中，市场机制通常与个人自由选择、民主权利表达联系在一起。很少看到哪个社会没有发达的市场经济，却存在高度的个人自由和充分的民主权利；也很少看到哪个社会缺少个人自由和民主权利，却有强劲的市场经济在运行。即使在近代之前，历史上出现过一些比较繁荣的社会，在那里，市场经济往往得到了较好的维持，而且人的个性释放、机会获得、权利伸张的程度相对较高；那些经济凋敝的社会往往是市场受到打击、个人自由和权利受到压制的社会。许多研究表明，正是市场经济的发展与人的权利伸张、法治体系确立等因素结合在一起，才逐渐把传统社会推向了现代社会。

因此，仅仅从资源配置角度来看待和理解市场经济，不但远远不够，而且不能从根本上认清市场经济至关重要的意义。从更深层次来看，市场经济是一种治理机制。尽管单纯的市场机制也会存在一些严重缺陷，但这些缺陷可以通过一些方法得到克服和弥补。只有认真分析市场经济作为治理机制的一面，才能促使我们更加自觉、更加积极地维护市场经济，并与时俱进地提升市场经济，同时促进治理的改善。在我国，这尤其重要。

一、市场经济不能仅仅被视为资源配置机制

市场经济在现实中的存在当然远早于理论。初始的市场交易活动应该是在很早之前自发产生的。经济史学家彭慕兰和托皮克

（2018）就指出，遥远的古代就有了市场，至少在几千年之前就已出现远距离的市场交易活动，不过市场只是多种交换方式之一，而且那时还没有建立"普适性"的市场交换规则，并且市场交易一方面有助于规避暴力倾向，另一方面常常伴随着暴力活动。金融史学家戈兹曼（2017）的研究发现，在公元前两千年，幼发拉底河和底格里斯河流域的乌尔城就存在比较活跃的市场经济，《美索不达米亚法典》中还有产权保护、合约保障方面的条款。他甚至认为，市场化的金融活动导致了乌尔城资本主义经济的"普遍性"，并催生了大量的独立个人作为阶层而出现，他们不必依赖家庭和国家而获得晚年的生活保障。制度经济学家霍奇森（2019）则认为，中国的市场经济至少已经存在了五千年以上，尽管早期只是比较原始的市场经济，但在世界许多地方，雇佣劳动和货币其实很早就已出现。

不过，在理论界，市场经济似乎并没有得到应有的足够阐述和研究。20世纪70年代，诺贝尔经济学奖获得者诺思（North, 1977）就尖锐地指出，经济学家对新古典经济的核心制度——市场，研究得太少了。这种批评在某方面可能是偏颇的，因为经济学鼻祖亚当·斯密（2011a）早在18世纪出版的《国富论》中，就通过分析分工与交易，实际上赞许了市场机制对资源配置的有效性；阿罗和德布鲁（Arrow and Debreu, 1954）已于20世纪50年代，运用数学模型严密论证了市场机制对资源配置的最优效果，创立了所谓的阿罗-德布鲁范式；此外，还有发生于20世纪30年代轰动一时的兰格与米塞斯关于计划与市场的争论。但是，诺思之所以发出这种批评，很可能是因为他对经济学界仅从资源配置角度分析市场，从而使人们对市场的认识被钉在新古典经济学关于资源配置的表盘上，表达出强烈不满。

的确，仅从资源配置角度来论述市场经济很可能并不能证明市场经济的不可或缺，甚至会引向恰恰相反的结论：如果计划经济可以更好地配置资源，则可以摒弃市场而拥抱计划。作为现代主流经济学的新古典经济学，其一般均衡理论就论证了市场机制以天衣无缝的精妙方式配置资源和分配利益，达到了所谓的帕累托最优。但这样的论证隐含了一些重要假定，如无数企业进行完全竞争、价格是唯一的竞争手段、信息是完全的，等等。而这些假定在现实中并不存在，因此并不能证明现实中的市场经济可以实现最优的资源配置。实际上，从资源配置思路出发，也可以论证计划经济的优越性。兰格（1981）在1936年发表的论文《社会主义经济理论》中也使用数学方法证明了计划经济可以通过计划部门和企业经理的试错方法，实现资源配置的最优化，并指出，社会主义由于实行公有制，还能实现收入分配的最优化和社会福利最大化，并避免经济波动和经济危机，更好地促进创新和技术进步。而到了1967年，兰格（1981）宣称，借助于计算机，可以在一秒钟内就得到资源配置的最优解，计划经济将更加完美，市场经济更无必要。在经济学界，即使不倾向于实行计划经济，也可以根据资源配置范式来论证市场经济的许多固有缺陷，譬如诺贝尔经济学奖获得者斯蒂格利茨（Stiglitz, 1989）以开辟学术前沿的手法，从信息不对称和外部性等视角质疑了市场有效性。而更多的现代经济学家则从宏观经济波动和市场不稳定的视角研究了市场机制的病症。

在20世纪社会主义阵营的计划经济与资本主义阵营的市场经济并存的时期，对计划经济在实施中暴露的重大缺陷的反思，以及针对如何改进计划体制的大量研究，也停留在资源配置的路径上。社会主义阵营中最重要的经济学家之一，波兰的布鲁斯于20世纪60年代发表的论文《经济计算和政治决策》，就试图在计划体制中引入市场化的资源配置方式，以论证社会主义完全可以把计划优势和市场灵活性结合起来（1981）。不过布鲁斯在几年之后又特别指出，如果要将这两者有效结合起来，真正的民主集中制就极为重要（1984）。另一位社会主义阵营中的重要经济学家，捷克斯洛伐克的锡克（1982）也沿着同样的思路，论证了计划经济与市场调节相结合才是最好的经济模式。有意思的是，锡克（1989）后来也提出，社会主义经济体制改革应该实行生产的民主化、人道化、效率化，实行经济发展的全社会民主决策。布鲁斯和锡克在研究如何引入市场机制时谈论的民主集中制、民主决策等，实际上已经触及治理这个议题，只不过在当时，他们自己无法意识到。而在我国，20世纪70年代末开始实行改革开放的重要缘由，也是要适当引入市场在资源配置中的灵活性，以改革计划经济体制的僵化性。那时国内绝大部分经济学家都从如何优化资源配置角度来设计改革方案，而且几乎所有方案都是计划经济与市场机制的结合，只不过结合的领域和程度各有不同。我国当时著名的经济学家刘国光（1980）就认为，中国经济体制改革就是要转向计划调节和市场调节相结合。另一位著名经济学家林子力（1988）也认为，应该把商品经济机制，实际上也就是市场机制，与计划调节结合起来，这将有利于我国建立社会主义经济新秩序。

但在我国实际经济工作中，还是有一些人，特别是基层干部和群众以及接触实际更多的经济官员，看到了市场活动、市场机制超越资源配置方式的一面。我国的市场化改革自发地始于农村。为什么会这样？是因为农村干部、农民群众更有理论水平，认识到市场机制可以更好地配置资源吗？并非如此。因为他们被饥饿逼迫，不得不冲破政府禁令，搞包产到户；允许农民多种一点自留地、多做一些家庭手工业，允许他们开展市场交易和长途贩运。据杜润生（2018）回忆，1980年春季，他向副总理姚依林提出，要解决贫困区的饥饿问题，向这些地区运送粮食存在很多困难，还不如包产到户，姚表示同意；杜还指出，包产到户这种做法，实际上就是1961年安徽等地面临灾荒时农民群众和基层干部的自然选择，那时就有一种说法，"责任田是救命田"，所谓责任田就是包产到户的田。显然，杜润生等人的解决方案实际上就是允许农民自由选择，尊重农民通过自己的劳动或地域流动而免于饥饿的基本权利，而不仅仅是资源配置。而更早些时候，安徽一些地方的饥饿农民连去外地逃荒乞讨的自由也没有，需要大队开证明。

　　城市的市场化改革大致也是此类情形。根据原国务院知识青年上山下乡办公室负责人顾洪章（2018）以及原国家工商总局个体经济司副司长梁传运（2018）的回忆，改革开放之初允许个体经济发展的政策，就是在回城知青缺乏就业岗位的情况下做出的决策。这也是一个社会的自由度问题，而非单纯的资源配置问题。国企市场化改革是从所谓的"松绑"开始，即从解除束缚、增加自由选择、尊重基本权利、落实基本责任开始。据陈清泰（2018）回忆，第二汽车制造厂，即现在的东风汽车公司，在计划经济时代上马的时候，国家对其下达的任务是年产10万辆军用越野车和卡车，到了1979年，国家计划的项目遇到困难，但厂领导看到民用汽车有很大需求，于是，企业能不能自产自销？能不能获得自主权？可不可以自负盈亏？就成了改革突破口。

从整个社会层面观察，许多人都能够看到，市场扩展实际上就是社会松绑。而与此相反，计划经济就是社会紧绑，不但企业的经济活动被来自上级政府的指标和指令紧紧束缚，而且个人生活也被公权力牢牢地绑在生产队、国营工厂、国家单位中。在我国改革开放初期，松绑是最流行、最受欢迎的词汇之一，也是整个社会的发展方向。松绑不但带来了市场活力和经济发展，也释放了人们的能动性、创造性以及积极乐观的精神，使整个社会都昂扬向上、蓬勃兴旺。而一旦转向紧绑，实行严厉管制、全面管控，整个社会就会变得消极和消沉，悲观和悲愤。可以说，普通人对市场经济的感受肯定不是资源配置，而是社会紧绑还是松绑。也可以说，资源配置方式是社会紧绑或松绑的结果，而不是原因。

显然，从资源配置角度看待市场经济，用数学推导方式论证市场经济，根本不能厘清市场的核心作用和核心价值。在 20 世纪 30 年代与兰格进行的有关计划和市场的论战中，米塞斯和哈耶克等人被当时许多人认为是辩论的输家，因为他们无法证明市场经济更有利于资源配置。但是，米塞斯和哈耶克从知识的性质和人类价值观的角度，揭示计划经济的弊病和市场经济的必要性，这些都随着时间推移而闪烁更加耀眼的思想光芒。米塞斯（2015）那时就尖锐地指出：以计划经济替代市场经济就是消除一切自由，而留给个人的只是服从的权利；最狂热的计划者不得不承认，他们的方案是要废除人们享有的许多自由。哈耶克（Hayek，1945）在 20 世纪 40 年代精辟地指出：与经济有关的知识不是以一种集中的形式存在于一个统一的机构，而是以分散、不完整甚至互不一致的形式存在于不同的个体。哈耶克（2000）后来又指出：经济秩序是由竞争过程形成的，这是一个分散利用知识的过程。以米塞斯和哈耶克等人为代表的奥地利学派，从人的自由选择和自由权利的角度，从知识局限性和分散竞争与试错的角度来认识市场经济，这无疑更贴近事物的本质。这些视角实际上带有治理的眼光。我国经济学家张维迎（2019）也深受奥地利学派的影响，他认为世界上有两种追求幸福的逻辑，第一种是通过使别人不幸福而使自己幸福，这是强盗逻辑，第二种是通过使别人幸福而使自己幸福，这是市场逻辑，而市场逻辑以个人自由和私人产权为基础。把市场逻辑作为一种追求幸福的机制，并与强盗逻辑进行对应比较，确实非常深刻。

二、为什么市场经济是一种治理机制

有意识地将市场经济与治理机制联系在一起的经济学家应该是诺思和威廉姆森等人。从诺思（1977，1991）的学术轨迹来看，在20世纪70年代，他在相当程度上仍将市场作为诸多资源配置方式的一种，但到了90年代，他对市场机制的认识已带有明显的治理视角。威廉姆森（2007）从治理的角度区分企业和市场，他认为作为治理结构的企业，实行强度相对较低的激励并使用大量的控制工具，用科层制而非法庭来解决争议，而作为治理结构的市场，与之正好相反，并且现实中也有介于标准的市场和企业之间的混合形式，譬如企业集团内部就可以模拟市场。显然，威廉姆森（2001，2011）把企业和市场都视为完成一系列交易的机制，前者是由行政过程实施的科层化的治理，后者则是非科层化的治理。不过细究下来仍然可以发现，他们对市场经济作为治理机制的认识存在一些重要的含混和空缺区域，譬如威廉姆森（2011）对哈耶克关于计划经济的批评就持怀疑态度，认为这会把经济治理带到原子化的地步，而且他把官僚组织不加区分地视为一种治理结构，从而泛化了治理概念。而诺思（1991）虽然详尽分析了制度在市场中的作用，特别是强调了在高度专业化分工、非人格化的现代市场中，博弈规则中良好的激励与约束机制如何促进合作以实现报酬递增和经济增长，但他并没有专门从治理机制的角度阐释市场经济的发展。

因此，有必要以更广泛的视野来认识作为治理机制的市场经济。特别是，应该系统深入地从治理的本质出发，来认识、分析、维护市场经济。

第一，应该认识到市场经济源自普通人的一些最基本的自由权利，以及基于这些权利的机会开放秩序。

在一个社会中，绝大部分普通人缺乏对组织的控制权，也缺乏对重要资源的控制权，但是这些远离控制权的人如果能够更多地拥有一些最基本的自由权利，市场就可以发展起来，否则就很难形成市场经济。的确，已经有一些重要经济学家注意到了自由权利与市场经济之间的关系，并进行了深刻论述，特别是哈耶克和米塞斯等奥地利学派的经济学家。美国经济学家弗里德曼等人（2022）也精辟地指出，市场机制源于人们的自由选择权利，自由可以激发人的积极性和创造力，并提供均等机会，因此自由选择权利是经济繁荣和人类文明的根本源泉。张维迎（2019）强调，市场和自由是一枚硬币的两面，市场经济基于自由和一些基本权利，包括产权、人权等。不过遗憾的是，经济学中的这些思想睿见并不能被整合到主流经济学的分析框架和模型之中，更没有成为经济学教科书的主要内容。

然而，我国市场化改革的实践经历，使自由在市场经济中的含义显得更加令人信服、更加生动。中国的市场化改革恰恰就是从扩大"自主权"开始的。前文已经提到，20世纪70年代末到80年代初，无论是农村的市场化启动，还是工业领域中的市场化发轫，都始于扩大最基本的权利、允许最基本的自由。如果陷入饥饿的农民连个人多出力多辛劳、家庭多打粮多吃饭的权利也被剥夺，连种一点自留地、卖一些绿豆花生的自由都被禁止，怎么会有市场交易？如果企业看到了对产品的需求，却没有生产和销售这种产品的自主权，怎么会有市场经济？所以，市场经济根本不是经济学教科书详细解释的价格涨跌、供给和需求变化、货币流通量的增减那么肤浅，也不是信息是否对称、竞争是否充分那么简单。欧美发达国家的经济学学生和教授，由于自始就置身于一个不存在基本自由和权利被剥夺的环境中，所以他们不可能更深入地理解市场经济，正如张维迎（2019）批评斯蒂格利茨时所言，即使获得了诺贝尔经济学奖，他对市场的理解也未必深刻。

从市场经济发展长河来看，中国的市场化改革不过是提供了一个短期范本，而从更长历史来看，同样是自由权利催生和发展了市场经济。金融史学家戈兹曼（2017）的研究清楚地表明，自由受到压制更少的阶段便是市场经济发展得更多的阶段。我国经济学家陈志武（2015）在分析了古代许多国家的发展经历之后，更加明确地指出，正是市场把人从传统的工具约束和不自由的处境中解放出来，市场经济把社会逐渐带出了由暴力和强力主导的秩序，促进了暴力发生率的不断下降，使人类逐渐走出野蛮；市场经济最核心的原则是个人自由选择，而不是威权压力下的被迫接受，市场不但有助于创造财富，而且市场机制本身让个人更有权利和尊严，更加追求感情和精神世界的丰富；在市场机制中，个人的权利牺牲最少，是一种更文明的机制。打一个可能并不特别恰当的比方：村里最帅气的小伙和最漂亮的姑娘结对成婚，这是最佳的资源配置结果；两人自由恋爱结婚，是市场经济，以父母之命、媒妁之言结婚，甚至指腹为婚，这是计划经济或命令经济。这两者之间有着本质区别，前者也可以自由离婚，并且所有的个人权利都受到社会尊重和法律保护，伤害权利则要承担相应责任。

基本的自由权利得到扩展，也就意味着人的能动性和创造力得到释放，以及所谓的企业家精神得到弘扬。许多人都知道企业家精神的重要性，却把企业家精神看成一种非常特殊和稀缺的东西，这种看法其实是错误的，而且并不符合事实。市场经济之所以能激发创新精神，能激发创造价值的热情，是因为普通人可以伸张其基本的自由权利，从而使大多数人固有和内在的闯劲、冒险精神、以变求通思维可以在现实中得到尝试，从而使财富源泉四处奔涌。而自由权利的抑制便意味着创造力的抑制，市场经济的精髓将不复存在。只有看到了市场经济的这些方面，才能理解市场经济为什么能够创造巨大财富。

基于自由选择权利的市场经济也构建了一种机会开放秩序。在市场经济中，一个人只要不懒惰，就有机会赚钱谋生、养家糊口；如果有闯劲、有韧性，就有机会经营企业、积累财富；如果好钻研、懂技术，就有机会推进创新、获得突破。尽管市场经济中也存在如何反垄断、反暴力等问题，但的确是一种机会开放的秩序。反之，在计划经济中，或者在统制经济中，即便处于太平盛世，大多数人的生活过得还不错，但一切都来自基于权力和权威的分配、施舍、恩赐，自己一个人并无机会去改变命运，因为所有机会都由权力和权威垄断。诺思等人（2013）所讲的权利开放准入型秩序（open-accessed order），实际上就是机会开放秩序。

第二，市场经济得以确立和发展，需要以平等为基础。有自由而无平等，仍然不可能有市场经济。英国法学巨擘梅因（2013）在分析古代历史发展进程之后，精辟地指出了"从身份到契约"的关键意义。身份，尤其是古代身份，与不平等紧密联系在一起。在非市场化占主导的社会中，无论是劳动分工，还是物品交换，以及社会交往的开展和社会秩序的维持，无不以不平等的身份为基础，家庭和宗族是这样，部落和国家也是这样。只有身份基础被彻底动摇之后，市场经济才可能不断发展壮大。正如哈耶克（1945）指出的，市场经济其实是从颠覆不平等的权威体系开始的，森严的社会等级制度与市场经济将产生难以调和的对立，并且还会导致知识无法分散地被传播和利用，因此也不会产生持续的效率提升。米塞斯（2015）也看到了市场经济蕴含的平等基础。

在市场经济中的企业内部，由于分工和科层制的存在，以及由于投资者权利的存在，的确存在地位不平等，一些人指挥，一些人被指挥。但只要有组织和机构的存在，实际上就不可能彻底摈除不平等地位。不过，市场经济给予人们人格平等的机会和机制。在计划经济时代，我国所谓的"三大差别"，即工农差别、城乡差别、体力和脑力劳动差别，是令人困扰的问题。但实行市场经济之后，市场机制为农民、乡里人、体力劳动者提供了前所未有的消除差别的更公平的机会。此外，在现代市场体系中，也有比较健全的法律要求企业进行公平竞争和优胜劣汰。交易基于非身份化的货币媒介，分工也在较大程度上基于非身份化的人力资本，这时人格平等才得以体现。虽然市场经济中的货币作用会发展到被抨击为"货币拜物教"的地步，但如果对金钱的赚取可以主要依靠勤劳和创新，而非主要依靠身份，那么在收入和财富不平等表象的背后仍然存在人格平等这个根本，并且可以通过政府转移支付等手段来适度缩小收入和财富不平等，就可以认为这样的社会仍然是健康的、进步的。因此，在企业内部的科层制不平等的背后，在收入和财富不平等的背后，市场经济中根本性的人格平等远胜于传统社会，而且这种平等推动着市场机制的持续运作和良性发展。我国经济学家陈志武（2009）就强调，现代市场经济是人解放的必由之路，他不但指出了计划经济对人的束缚，还分析了我国儒家传统文化中的"三纲五常"等等级桎梏是如何与市场经济不相容的。

第三，市场经济作为治理方式，意味着对合约的倡导与尊崇，从而蕴含着合约文化和诚信守约精神。在人类历史中，广义的交易，即包含馈赠、施舍、进贡、互换，以及家庭和宗族内部的分配等行为，比市场化交易的历史要长得多。市场交易，特别是没有亲属关系、上下级关系的人们之间的交易，以及距离遥远、互不相识的人们之间的交易，要得以实现并且可以重复进行，就得依靠合约，而不是依靠亲情约束或权力约束。梅因（2013）描述了在很早的时候，古罗马等社会中的民间社会契约仪式和内容的演变，指出了商业交易中的财产转移和债务关系如何在合约中得以确立。他认为，古罗马的万民法契约有利于通商交易和财富泉源的涌流。而且这种文化精神和法律意识后来在欧洲其他地区得到继承和发扬，从而有力地促进了商业的发展。当然，在最近几百年中，合约文化和许多硬性及软性基础架构得到了前所未有的大发展，为市场经济的最终成形和日益强大提供了必不可少的坚强基础。可以说，市场治理在很大程度上就是合约治理，即交易各方对产品数量、品质、价格等约定，自愿同意、合作认可，从而使交易得以实现。很少有哪个社会，一方面缺乏合约治理，另一方面却可以持续地发展市场经济。

自由选择是合约的基础，但并不等同于合约治理。市场要得以成立，就必须遵守合约。众所周知，绝大多数基层的市场交易并不借助于正式合约，但交易者仍然遵循惯常的交易规则。即使复杂的大型交易建立在正式合同之上，需要法庭调解和判决而完成交易的情况也非常少见，主要还是依赖交易者的理性和诚信。我们知道，哈特和穆尔（Hart and Moore，1988）指出了合约的不完备性，认为即使签约者对各种可能情形考虑得非常周全，所签订的合约仍然可能挂一漏万。但在现实中，为什么市场交易中的隐性和显性合约仍然能够得到较为普遍的自动执行？毫无疑问，这是因为民间社会存在着自治精神、自治文化。因此，市场机制在很大程度上也是一种自治机制，市场治理在基础层面意味着自动实施的合约治理。此外，哈特和穆尔（1990）还在此基础上论述了企业的性质，指出企业应运而生的必然性，从而暗示了在市场合约与企业管理之间存在着界面，而公司治理的重要意义由此凸显。事实上，市场中的企业一方面植根于市场机制之中，另一方面受到公司法等法律规范的调整和约束，可以认为是合约治理和法治进展的高度结合。

需要澄清的是，民间的自治精神和自治文化为合约治理提供了良好土壤，但市场机制的持久和公正运行，最终还是需要法治。当然也可以认为，法治本质上源于民间自治。不过在现代社会，法治已经基本上独立于民间自治而存在。法治对于市场经济的重要性，已经有不少重要论述，这里无须赘言。

第四，市场经济作为治理机制，也体现为对经济利益的承认，包括对分化的经济利益和市场化出清结果的接受，以及对合理合法的财产权利的保护。一种有效、良好的治理必定对应着有效、良好的激励机制。而作为治理机制的市场经济内在地包含着以经济利益作为奖赏的激励制度，以及相应的经济惩罚制度。如果生产更多产品、提升更多效率、促进更多创新，而不能得到更多经济利益，这就不可能是市场经济。当然，激励机制的另一面是约束和惩罚机制，也就是说，在市场经济中，如果生产产品、提升效率、促进创新更少，甚至为负，那么就应该受到经济损失，譬如赔钱，甚至破产。因此在一定程度上可以说，市场机制是一种比较"严酷"的机制，市场化出清的确会给一部分群体带来直接损失，尽管他们以后也有可能在市场竞争中获胜从而获利。但是，如果不承认经济利益，不接受分化甚至悬殊的经济利益差距，不正视市场化竞争和出清的结果，不维护产权和不履行合约，就不会有市场经济。当然，随着社会的进步和政府作用的健全，国家不但应该建立社会保障和救助体系，以改善底层人口的生活状况，同时还应该设立企业破产等机制，让市场上的竞争失败者可以及时止损以及重新再来。

中国的市场化改革也可以生动地说明这一点。在"文革"时期，通过拉开工资差距、发放奖金等方式鼓励工人积极工作，被贬称为"物质刺激"，甚至被视为"资产阶级法权"。因此那个时代被后来许多人称为平均主义时代，更形象地说就是"大锅饭"时代，在农村是农民吃集体的"大锅饭"，在城市是职工吃企业的"大锅饭"、企业吃国家的"大锅饭"。而中国市场化改革的先奏竟然是从重新实行"物质刺激"开始，即允许实行计件工资制度、允许发奖金、允许多劳多得。根据曾在国务院政治研究室工作的冯兰瑞（2018）的回忆，这个研究室于1975年根据主持国务院工作的邓小平指示而成立，在1977年，该室就组织召开了三次按劳分配座谈会，到1978年10月召开第四次座谈会时，基本上扫除了实行计件工资制度和奖金制度的障碍。据曾任国家经济委员会副主任和国家经济体制改革委员会副主任的张彦宁（2018）回忆，改革前国企被管得很死，产供销、人财物都是上面说了算，他说"我当过厂长，没有什么自主权"，而国企改革就是从扩大自主权开始，这个自主权不但包括生产自主权，也包括分配方面的自主权，主要就是给企业留一点儿利润，由企业自己分配，譬如发奖金、搞福利等，后来又进一步发展为利改税、承包制，并一步一步走向市场化的现代企业制度。当然，中国的市场化改革，特别是国企激励和约束机制的市场化改革，至今尚未完成，但毕竟已经实现了一些重要突破，譬如实行了企业的法人财产制度，以及引入了破产制度等。

尽管市场经济已有很长历史，但在许多时期、许多地方并不能顺利地发展，其中的一个重要原因很可能是毫无遮掩地承认经济利益的正当性，允许个人追求巨额的金钱和财富，允许私人财产权利存在，这些都被认为不道德、不正义，因而遭到压制。许多文化表面上都以追求金钱和财富为羞耻，不允许人与人之间在经济收入上存在过大差距。这样的传统文化往往会阻碍市场经济的发展。反过来说，承认经济利益的正当性，接受金钱和财富的一定差距，才能发展市场经济并促进社会繁荣。美国学者福山（2016）指出，人类历史进程由两大力量推动：第一是理性的物质欲望，第二是黑格尔所讲的寻求承认的斗争，即个人希望自己从根本上作为自由的、道德的存在而被其他人承认；而市场恰恰为这两种力量的发挥提供了强大机制，所以充满活力的市场经济对稳定的民主制度至关重要。美国另一位学者平克（2015）根据大量史实揭示，尽管历史上有许多权威人物，包括知识分子，都轻蔑商人、鄙视金钱和财富，但事实上，是市场经济促进了人与人之间的正和博弈，从而改变了过去占主导的零和博弈和暴力攫取的社会思维。他还指出，人文主义思想的扩散导致了权利革命，而权利革命又与贸易扩张、市场扩展、女性经济独立相互促进。

当然，这里并不是说过度分化、差距极为悬殊的经济利益丝毫不需要进行节制。幸运的是，在现代社会已有一些比较合理可行的办法来应对这个议题，譬如对贫困人口进行救助，建立必要的社会保障体系，以及对富人征收更多的税收等。

第五，市场经济作为治理机制，也体现为对掌握控制权的人物进行分权制衡。的确，自由权利、合约精神以及对经济利益的承认，可以催生市场经济。制度经济学家霍奇森（2019）指出，市场经济和资本主义从古至今历经曲折，其发展和繁荣严重依赖于环境和政治条件；市场是现代经济的必要条件而非充分条件，必定有别的东西和市场一起让现代经济在1700年之后发展起来。

因此，市场经济一定还有其他的内在因素。其中之一就是对掌握控制权的人物进行分权制衡。分权制衡恰恰也体现了治理的本质。张维迎（2019）认为，如果没有对公权力的分权制衡，强盗逻辑将占上风，市场逻辑将遭破坏。而美国学者诺思等人（2013）则认为，受到监督、具有制衡机制的公权力，才可以发展出政策的可信承诺，才会使大量的企业家致力于开拓各种可能性边界，从而让市场以不可思议的方式提供解决各种问题的无限可能性。

事实上，世界上许多国家都因为对掌握控制权的人物缺乏应有的分权制衡，致使市场经济遭到严重抑制甚至破坏，从而阻遏经济发展。世界银行（1992）在分析了许多国家的发展进程之后明确指出，权力制衡、法治等因素对于维护市场的有效性以及促进经济发展具有重要意义。而美国经济学家巴罗（2017）基于更加细致的跨国研究指出，法治、制衡对于经济增长的重要意义。这些全球性研究和国别分析，为我们深入理解市场经济的内在元素，以及充分了解市场经济强大力量背后的脆弱一面，提供了有益材料。

即使就市场中的经营主体而言，在大型企业中，控制权如何分配以及是否存在制衡，也是公司治理是否良好的重要指标，并且关乎经济发展是否持续健康。美国学者约翰逊等人（Johnson et al., 1999）曾就20世纪末发生于亚洲一些国家的金融危机与那些国家的公司治理进行了研究，指出糟糕的公司治理对经济发展具有严重的破坏性作用。这些研究后来助推了有关国家的结构性改革进程。

最后，可持续地促进繁荣与和平的市场经济，应该有基本的善良、人道、正义，这些元素也正是治理元素。美国经济学家海尔布隆纳（2018）指出，直到几百年前，人们还是对市场经济抱着猜忌、厌恶与不信任感，只是在文艺复兴、宗教改革、大启蒙之后，市场才堂而皇之地存在下去，特别是把土地、劳动、资本这三个要素结合在一起的资本主义市场经济，并不比微积分的出现早多少。他认为市场体系不仅是交换物品的手段，更是维系社会的机制。平克（2015）认为，一方面，市场经济可以促进人与人之间的正和博弈，这种正和博弈摒弃了对暴力的激励，鼓励人性的善良，另一方面，17~18世纪人道主义在欧洲的扩散，也是因为市场繁荣促进了同情心的扩展。张文魁（2022）也对历史上的市场经济进行了研究，指出在17~18世纪的欧洲市场经济中，虽然已经有基本的法治体系，但仍然缺少足够的正义，并认为给市场经济赋予正义，使之成为义治的市场经济，极为重要。森（2012）更加深刻地指出，市场经济使个人福利更多地建立在非人格化的社会网络中，从而可以极大地改变个人身份，但同时也应该从职业、收入、财富、工作状况、爱好的运动和音乐、对社会事业的投入等角度来给个人增添新的身份特征，从而使个人可以更加平等地获得社会机会。总之，我们只有以超越市场的眼光，以跨越经济的视角，才能领会市场经济中的韧性、善良和社会道义，才能促进市场经济与时俱进地朝着正确方向不断发展。

三、市场经济与良好公共治理之间的相互促进

美国金融史学家戈兹曼（2017）提出了一个振聋发聩的问题：市场早在几千年前就已出现，甚至比较复杂的金融市场和相

应的法律规范在公元前就已出现于美索不达米亚地区，但市场经济一次又一次地被摧毁，然后一次又一次地顽强重生，这到底是为什么？

在更早的时候，德国著名社会学家韦伯（2006）于20世纪初就提出了这样的问题：为什么资本主义市场经济比较发达的地区都是新教伦理占主导的地区？既然赚钱发财的强烈欲望自古即有，为什么近代资本主义的经济伦理观却可以压倒掠夺性的财富欲望和安贫乐道的思想观念，使得"天职"（calling）精神强劲地推动资本主义市场经济的发展？韦伯其实始终都在论述一种新的秩序，即资本主义市场经济秩序；从现代治理角度而言，可以认为，韦伯论述了这种新的秩序与宗教改革带来的治理理念萌发和治理精神扩展之间的关系。

而美国学者温加斯特（1993）则提出了市场经济的安全基础这一命题，他认为，市场经济即使已经一度存在并且促进了社会繁荣，也不能依靠其自身来保障其持续存在，也就是说，市场经济可能会再度消失，因而如何保障市场经济的持续存在就至关重要；即使有真正意义上的民主，也不足以保障市场经济的安全，安全的市场经济需要更加基础性的东西，譬如纵向分权，从而形成实质性的联邦制度，以及公民意识和法治体系，才能防止集中化的公权力摧残市场。

从历史上来看，摧毁市场经济的最大力量的确是集中化的公权力，以及其与反对市场秩序的经济伦理观的结合。公权力可能因为对市场经济的错误认知，或者因为无法对市场机制及其结果进行必要规制，又或者因为要长期占有掠夺性收益，便关闭和消灭市场经济。众所周知，我国历史上的意识形态由比较鄙视市场经济的儒家思想占主导地位，朝廷的主流政策导向可想而知。市场机制本身亦有缺陷，譬如确有可能造成寡头和垄断问题，如果没有及时的技术创新出现，经济发展和民众福利就会受到损害，反市场的情绪就会蔓延，反市场政策就会登场。公权力也可能出于其他目的，譬如要将资源配置于军事部门，因此压制市场，甚至以强制力量统制经济活动。希克斯（1987）在分析了历史上市场机制的兴起与消退的相互交替之后，认为市场经济来自自发的习惯性力量，但往往因为一个社会需要应对军事威胁或自然灾害等问题，而转向指令性经济体制，导致市场经济被压制和抛弃；他还认为，在不同国家的竞争中，就动员资源以发动战争的能力而言，指令性经济体制比市场经济体制具有更多优势，所以在一个以武力竞争为主的环境中，市场经济相对而言更加脆弱。很显然，由于公权力是唯一合法的暴力组织，因而它可以做任何事情，包括消灭市场经济，也就是说，市场经济往往被暴力所消灭。

当然，不应忘记的是，公权力本身就是一个利益集团，它对民间社会的过度汲取，会抑制市场经济的发展。阿西莫格鲁和罗宾逊（2015）就认为，当权集团往往从短视眼光出发获取利益，所以采取僵化顽固的汲取性政策，历史上大部分国家在大部分时期内采取的政策便是如此；要保护和促进市场经济的发展，必须防止公权力采取汲取性政策，而应该建立包容性制度。这其实就是普通老百姓诠释的"竭泽而渔"和"放水养鱼"的区别，可以认为市场经济是水，财富是鱼，公权力为了把鱼捞得一干二净，就会把水放干。

而实行包容性制度，其实就是普通人能够比较自由地开展经营和竞争，并且能够参与行权，制衡权势人物，使他们难以"竭泽而渔"。历史上包容性制度的建立或许带有一些偶然性，而到了现代社会，人们可以在广泛地总结经验教训的基础上，自觉地发展包容性制度，这实际上就是拥抱公共治理，即摒弃权力垄断、实行权力制衡，以及强化民众监督、惩治官员贪腐等。这就是诺思等人（2013）指出的从有限准入秩序走向开放准入秩序的途径，从而实现权利开放和暴力消退之间的良性循环；在这个循环中，繁荣的市场经济促进稳健的权利开放，稳健的权利开放促进对经济繁荣的分享，使得参与机制不断成熟，治理框架不断完善。美国经济学家弗里德曼（2008）更是强调，以有效率的市场经济促进繁荣，不但有利于政府提供更多更好的公共服务，也有利于民众变得更加自信、善良和富有参与精神，从而有利于社会进步。而德国社会学家埃利亚斯（2018）则认为，文明商贸是文明社会的重大驱动力，在文明商贸的推动下，暴力发生率大大下降，越来越多的人转向市场化的正和博弈活动，人们加强了相互联系与合作以实现共同目标。总之，市场经济与良好公共治理之间的相互促进，的确可以成为现实。

从上述分析来看，应该可以说，市场经济作为一种治理机制，本质上在于这是一种非暴力的个人主义秩序。所谓的自由权利、经济利益、私人产权、合约精神，以及平等、制衡、正义等，背后都是个人的权利、利益、责任的伸张。市场经济作为治理机制的确立过程，正是西登托普（2021）所言的"发明个体"（inventing the individual）的过程。哈耶克（2012）则从方法论个人主义的视角，论述了市场经济秩序的必然性。而梅因（2013）所言的"从身份到契约"，其实也是讲个人地位的确立、个人主义逻辑的延展。麦克法兰（2013）在研究英国社会转型和资本主义市场经济发轫时就明确指出，英格兰的个人主义的兴起，在从家庭集体产权制度迈向个人产权制度的过程中，发挥了极为重要的作用。由此可以看出，如果非暴力个人主义的治理秩序与市场化的经济活动不能相互支撑、相互促进，社会的繁荣进步就会遭遇挫折。

过去四十多年里，我国经济社会发生了巨大的积极变化，这在很大程度上与市场化改革密切相关。到了21世纪20年代，对我国市场化改革作出客观评估十分必要。从资源配置角度来评估，我国经济似乎已经有很高的市场化程度，特别是产品市场的市场化程度已经非常高，要素市场也基本形成。据国家有关部门介绍，我国绝大多数商品和服务的价格已由市场形成，截至2022年秋，全社会商品和服务价格的市场化程度已达97.5%。[1] 王小鲁、樊纲和胡李鹏（2019）编制了更加全面的中国市场化指数，从政府与市场的关系、非国有经济的发展、产品市场的发育程度、要素市场的发育程度、市场中介组织的发育和法律制度环境五个方面来衡量市场经济。他们的研究表明，中国市场化指数从2008年的5.45分，上升到2016年的6.72分。不过，总体而言，上述评估主要基于资源配置视角。若从治理角度来评估中国的市场化，可能会得出不一致的结论，譬如我国著名经济学家吴敬琏（2007）就从法治角度论述了市场化改革，他认为建立一个公开、透明和可问责的服务型政府，具有至关重要的意义。

显然，从治理视角来看待我国的市场经济，不难发现，基本

---

[1] 国家发展改革委发布的数据请见中国网：http://news.china.com.cn/2022-12/17/content_85016100.htm。

的自由和权利仍然需要得到更多保障；对经济利益的承认，特别是对分化的经济利益的承认，仍然存在重大不确定性；制衡和监督机制也远远没有到位；善良、人道、正义等促进良好治理的价值观还有待弘扬和普及。如果单从资源配置的视角来看待我国的市场经济，很可能会出现两种可能结果，即要么满足于资源的市场化配置指数的提高，要么以新技术手段来更好地配置资源，并以新计划经济取代市场经济。实际上，随着互联网、大数据、人工智能等高新技术在我国的快速发展，不少人开始认为计划经济已经变得可行，并引起了激烈争论（李雯轩、李晓华，2018）。因此，抛开治理机制而独抱资源配置机制的市场经济思想，是一种不健全且危险的市场经济思想。

不过值得期待的是，十八届三中全会通过的《中共中央关于全面深化改革若干重大问题的决定》，既提出了要紧紧围绕使市场在资源配置中起决定性作用深化经济体制改革，同时又提出全面深化改革的总目标是完善和发展中国特色社会主义制度，推进国家治理体系和治理能力现代化；加快发展社会主义市场经济、民主政治、先进文化、和谐社会、生态文明，让一切劳动、知识、技术、管理、资本的活力竞相迸发，让一切创造社会财富的源泉充分涌流，让发展成果更多更公平惠及全体人民。2024年，党的二十届三中全会通过的《中共中央关于进一步全面深化改革推进中国式现代化的决定》强调，充分发挥市场在资源配置中的决定性作用，并在阐述进一步全面深化改革的总目标时指出，继续完善和发展中国特色社会主义制度，推进国家治理体系和治理能力的现代化。我们相信，这样的改革将会有力地推动我国现代化的实现。

本章参考文献

德隆·阿西莫格鲁,詹姆斯·罗宾逊.国家为什么会失败[M].长沙:湖南科技出版社,2015.

罗伯特·巴罗.经济增长的决定因素[M].北京:中国人民大学出版社,2017.

布鲁斯.社会主义的政治与经济[M].北京:中国社会科学出版社,1981.

布鲁斯.社会主义经济的运行问题[M].北京:中国社会科学出版社,1984.

陈清泰.亲历国有企业改革的实践与决策过程[M]//中国经济体制改革研究会,编.见证重大改革决策.北京:社会科学文献出版社,2018.

陈志武.金融的逻辑2[M].西安:西北大学出版社,2015:29-82.

陈志武.金融的逻辑[M].北京:国际文化出版公司出版社,2009:240-249.

杜润生.从包产到户到家庭联产承包经营责任制[M]//中国经济体制改革研究会,编.见证重大改革决策.北京:社会科学文献出版社,2018.

冯兰瑞.改革开放初期理论界的拨乱反正[M]//中国经济体制改革研究会,编.见证重大改革决策.北京:社会科学文献出版社,2018.

米尔顿·弗里德曼,罗丝·弗里德曼.自由选择[M].北京:机械工业出版社,2022.

本杰明·弗里德曼.经济增长的道德意义[M].北京:中国人民大学出版社,2008.

弗朗西斯·福山.信任:社会美德与创造经济繁荣[M].桂林:广西师范大学出版社,2016:333-339.

威廉·戈兹曼.千年金融史[M].北京:中信出版社,2017:5-105.

顾洪章.知青返城冲破了传统就业体制的藩篱[M]//中国经济体制改革研究会,编.见证重大改革决策.北京:社会科学文献出版社,2018.

冯·哈耶克.致命的自负[M].北京:中国社会科学出版社,2000:98-99.

冯·哈耶克.个人主义与经济秩序[M].上海:复旦大学出版社,2012.

罗伯特·海尔布隆纳.哈佛极简经济学[M].海口:海南出版社,2018:11-33.

杰弗里·霍奇森.资本主义的本质:制度、演化和未来[M].上海:格致出版社,2019:113-176.

诺贝特·埃利亚斯.文明的进程[M].上海:上海译文出版社,2018.

奥斯卡·兰格.社会主义经济理论[M].北京:中国社会科学出版社,1981.

李雯轩,李晓华.2017年经济学热点争论[N].中国社会科学报,2018-01-23.

林子力.劳动商品化、财产社会化和市场机制的生成[J].经济研究,1988(9):3-12.

梁传运.发展个体、私人经济的决策过程[M]//中国经济体制改革研究会,编.见证重大改革决策.北京:社会科学文献出版社,2018.

刘国光.略论计划调节与市场调节的几个问题[J].经济研究,1980(10):3-11.

艾伦·麦克法兰.英国个人主义的起源[M].北京:商务印书馆,2013.

梅因.古代法[M].北京:商务印书馆,2013:196-234.

路德维希·冯·米塞斯. 人的行为［M］. 上海：上海社会科学院出版社，2015：253－310，628.

道格拉斯·诺思，约翰·约瑟夫·瓦利斯，巴里·温格斯特. 暴力与社会秩序［M］. 上海：格致出版社，2013：149－253.

彭慕兰，史蒂文·托皮克. 贸易打造的世界［M］. 上海：上海人民出版社，2018：17－40，267－305.

斯蒂芬·平克. 人性中的善良天使［M］. 北京：中信出版社，2015：79－226，447－555.

阿马蒂亚·森. 身份与暴力［M］. 北京：中国人民大学出版社，2012：1－32.

亚当·斯密. 国富论［M］. 北京：中央编译出版社，2011a.

亚当·斯密. 道德情操论［M］. 北京：中央编译出版社，2011b.

王小鲁，樊纲，胡李鹏. 中国分省份市场化指数报告（2018）［M］. 北京：社会科学文献出版社，2019.

马克斯·韦伯. 新教伦理与资本主义精神［M］. 西安：陕西师范大学出版社，2006.

奥利弗·威廉姆森. 治理机制［M］. 北京：中国社会科学出版社，2001.

奥利弗·威廉姆森. 市场与层级制［M］. 上海：上海财经大学出版社，2011.

吴敬琏. 呼唤法治的市场经济［M］. 北京：生活·读书·新知三联书店，2007.

拉里·西登托普. 发明个体［M］. 桂林：广西师范大学出版社，2021.

奥塔·锡克. 社会主义的计划和市场［M］. 北京：中国社会科学出版社，1982.

奥塔·锡克. 一种未来的经济体制［M］. 北京：中国社会科学出版社，1989.

约翰·希克斯. 经济史理论［M］. 北京：商务印书馆，1987.

张维迎. 市场的逻辑［M］. 西安：西北大学出版社，2019.

张文魁. 墨子的义治市场经济思想及其现代意义［J］. 中国浦东干部学院学报，2022（2）：116－127.

张彦宁. 亲历国有企业改革的决策过程［M］//中国经济体制改革研究会，编. 见证重大改革决策. 北京：社会科学文献出版社，2018.

Arrow, K., and G. Debreu, 1954. Existence of an Equilibrium for a Competitive Economy. *Econometrica*, 22: 265－290.

Hart, O., and J. Moore, 1988. Incomplete Contracts and Renegotiation. *Econometrica*, 56: 755－786.

Hart, O., and J. Moore, 1990. Property Rights and Nature of the Firm. *Journal of Political Economy*, 98: 1119－1158.

Hayek, F., 1945. The Use of Knowledge in Society. *American Economic Review*, 35: 519－530.

Johnson, S., P. Boone, and A. Breach, 1999. Corporate Governance in the Asian Financial Crisis. NBER Working Paper, No. 297.

North, D., 1977. Markets and Other Allocation Systems in History. *Journal of European Economic History*, 6 (3): 703－716.

North, D., 1991. Institutions. *Journal of Economic Perspective*, 5 (1): 97－112.

Stiglitz, J., 1989. Markets, Market Failures and Development. *American Economic Review*, 79: 197－203.

Weingast, B., 1993. Constitutions as Governance Structure: The Political Foundations of Secure Markets. *Journal of Institutional and Theoretical Economics*, 149 (1): 286–311.

Williamson, O., 2007. An Interview with Oliver Williamson. *Journal of Institutional Economics*, 3 (3): 373–386.

World Bank, 1992. *Governance and Development*. Washington, D. C.

第十一章
互联网与数智化时代的治理

　　一些基本的治理思维和简约的治理框架，的确可以追溯到治理这个术语出现前的数千年的古典时代，但必须指出，治理也会随着时代的发展而遇到新问题、新挑战、新机遇，同时也会获得新进展。在工业革命之后，随着社会流动性的迅速提高、分工的广泛普及，以及识字率和就业率的大幅提升，经济增长和权利革命渗透到世界上的许多角落，使得参与、行权、制衡，以及对透明度和诚信度的要求，都促进了治理水平的提升。从技术角度看，治理需要许多技术性支撑，很难想象，如果没有印刷技术的突破和通信技术的革命，股东投票或公民投票如何得到普及。

　　而当今时代，随着信息技术革命浪潮不断席卷，互联网和数智化时代正在到来。这不但使信息传播更加快捷，信息渠道更加多元，而且过去毫无价值的数据正在得到广泛的价值化利用，算法和人工智能也正在发挥着前所未有的作用。在这种情况下，治理会受到怎样的冲击，治理应该得到怎样的改善，以及数据、网络、人工智能的自身治理应该如何构建，都将是无法回避的议题。

一、互联网和数智化与治理的关联

互联网和数智化不但显著地扩大了人与人之间的联系和互动，改变了人与人之间的关系结构和地位特征，而且也导致了人与物、人与意识、人与知识之间关系的变化。因此毫无疑问，这对治理将产生深刻影响。一些人认为互联网和数智化将使曾经失败的计划经济体制变得可行和必行，这实际上反映了他们对这个议题的关切。① 更多的人意识到，互联网、大数据、人工智能可以给治理赋能。譬如米苏拉卡等人（Misuraca et al.，2014）就非常明确地提示了这种赋能的巨大力量和深远意义。我国学者更重视这种赋能，并看到了这对实现我国治理现代化的推动作用，譬如许勇和黄福寿（2022）专门研究了人工智能如何赋能国家治理，认为从加快治理内容的数字化采集、研发定制化的人工智能算法、构建智能化的数据治理大脑、建立人机协同的治理机制等方面，可以促进国家治理现代化。欧阳康和胡志康（2023）也认为，在大数据时代，社会治理可以往智能化方向加速发展。还有一些学者开始探讨互联网、大数据和人工智能涉及制度和治理的一些深层次问题。江小涓（2018，2020）指出，一方面，大数据为政府加强社会管理提供了新的积极因素，另一方面，"民主"决策与"科学"决策的冲突可能增加，而且网络空间公私边界会走向重构并引发对"共治"的需求。何大安（2018）认为，互联网应用扩张会导致人类选择的偏好、认知和效用期望的变化，以

---

① 关于互联网和大数据是否可以使计划经济可行的激烈争论，请见《中国社会科学报》2018年1月23日刊载的李雯轩、李晓华的文章《2017年经济学热点争论》。

及个人、厂商和政府实际选择的变化。他特别指出,由于认知形成过程将主要由大数据规定,大数据对选择偏好和效用期望的影响就是显而易见的;他(2023)还认为,顶级科技水平可被解析为一种自然演化的非制度安排,而一切经济活动都可通过"算力"和"算法"安排的逻辑推进。白锐和郑一凡(2018)则从福柯政治哲学理论中的"治理态"概念出发,认为治理是主体与客体相互印证的过程,从而认为互联网时代的治理态将呈现社会空间复杂化、知识—权力关系深化、个人身份复合化的趋势,这将促使国家治理内涵发生深刻的变化。罗梁波(2020)强调了"互联网+"带来的国家和社会深度互嵌的治理新基础,认为这必将引发政府治理模式的巨大变革。叶林和侯雪莹(2020)则分析了互联网的开放性、无边界性、传播快速性、去科层化等特点,以及这些特点与传统国家治理的科层制系统之间的矛盾,从而揭示了治理改革的必要性。

总的来看,学术界高度关注互联网和数智化的赋能力量,也意识到这股新技术浪潮对治理带来的巨大影响。然而,在新的时代浪潮中,理论是灰色的。特别是,目前很可能只处于互联网和数智化的早期阶段,还难以预测这场变革的未来图景,因此也很难预测这场变革会如何洗礼治理,或者会有怎样的相互洗礼。但从现实世界已经展露的事实和端倪来看,互联网和数智化至少在以下几个方面与治理存在直接关联。

首先是信息成本大幅降低与治理存在直接关系。治理在很大程度上依赖于信息。如果缺乏必要的信息,治理将无从谈起。管理当然也需要信息,但在一定程度上,将信息从上到下地单向传递,就可以实行管理。譬如,车间主任将生产任务指标下达给生产班组，并以扣工资等手段要求工人必须完成指标，就可实行简单的管理。但治理与此不同，治理需要更多的人，即远离控制权的人的参与行权，这便意味着这些人需要获得关于控制权的配置及其效果、掌握控制权的人物的基本状态等信息，同时，这些人表达的意见及其投票决定，需要畅通地向上传递，以使掌握最高控制权的人物能够清晰了解最底层的实际情况和主要诉求等信息。总之，即使科学有效的管理也要基于信息，但治理对信息的需求要大得多，而且更具双向性、互动性。

可以想象，如果信息成本过高，或者信息传递不畅，治理会遇到多大难题。不难理解，在前现代时期，往往把投票权赋予识字的那些人，这在较大程度上就是来自信息方面的要求。而到了工业时代，印刷技术的推广、印刷成本的降低，以及广播、电视的普及，为治理在全球范围的推行提供了强大动力。互联网和数智化在开始的时候就被称为信息技术（IT）革命。这场革命极大地降低了信息成本，特别是信息扩散的边际成本趋近于零。同时，去中心化的信息生产和传递构架使得信息来源分散化、信息流动多向化。因此，普通人的表达和参与变得更加容易、更加难以阻遏，而掌握控制权的人物要想维持信息不对称则变得更加困难。在互联网和数智化时代，即使居住于偏远地区，或者不会写字，也易于把自己的意见传递出去，甚至有可能得到广泛传播。相对而言，传统精英既往的信息优势大打折扣，而且控制信息传播和封锁事实真相变得越来越困难。

不过，互联网和数智化给人类送上的礼物是一把信息双刃剑。双刃剑的另一边刀刃就是制造信息泡沫、扭曲信息、开展信息轰炸变得更加容易。信息成本如此之低，大量的信息被产生和传播，就像泡沫一样迅速堆积和膨胀，人们稍不注意就被泡沫淹没。与信息泡沫相比，个人对信息的选取能力显得弱小不堪，分辨能力和判断能力更是不值一提。但是，许多人又热衷于加入制造和传播信息泡沫的队伍。在信息泡沫的淹没中，扭曲信息也变得非常容易。扭曲信息包括蓄意制造和传递虚假信息，以及分解和重组信息结构，从而使真相变得模糊，或者用假象掩盖真相。信息成本极低也会助长信息轰炸，即一些人或一些机构不断地制造和传递包含某种基本面的信息，数量之大、频次之多，等同于狂轰滥炸，即使接受者不堪忍受，也往往无法阻止。信息双刃剑既可以为治理开辟新空间，也可以伤及治理自身。

其次，在互联网和数智化时代，快速精准匹配方式的日渐普及，也与治理存在直接关联。快速精准匹配对治理的影响丝毫不亚于信息成本极低带来的影响。以互联网为基础，以数智化为手段，快速精准匹配正在许多行业、许多领域成为一种基本能力和基本装配。在算力的支持下，对数据的抓取和分析能力变得越来越强大，从而在不同事物之间建立关联关系也变得轻而易举，而且强大算力和智能算法可以有意地推动关联关系的形成和强化，所以快速精准匹配成为一种强大武器。快速精准匹配最先可能出现在互联网阅读和购物平台，即平台根据对用户阅读和购物的历史数据的抓取和分析，找到用户的习惯和倾向，然后主动地在需求即将出现的时候，向用户推送同类的阅读材料和商品品类。现在，快速精准匹配开始渗透到社交、科研、供应链、娱乐活动等各个领域。毫无疑问，治理必将受到快速精准匹配的强大影响。在一定意义上，治理就是精准匹配博弈，譬如具有某种观点、能力的人物得到认同其观点和能力的人们的支持。但在过往时代，相互发现并不容易实现，快速精准匹配更是难上加难。互联网和数智化正在改变这种状况。从治理角度而言，这可以使肯定和否定、赞成或反对的意见，都找到自己的群体、形成自己的力量，从而使各种诉求都能够显露，并在一定的框架和机制中进行筛选、萃取、整合。

不过也须提醒的是，快速精准匹配的强大力量在促进分类互联和同类聚合的同时，也可能会加剧社会的族群化，导致分化甚至极化。这反过来会给整合化的治理带来挑战。治理意味着在承认和接受不同利益和权利群体存在的基础上，通过一些机制找到公约数。但快速精准匹配很可能会刺激并且放大利益和权利的分歧，并且给不同集团赋予能量和力量，从而加剧纷争甚至对抗。在现实中很容易看到，具有同样意见和倾向以及情绪的人被互联网精准地集合在一起，原本分散于各地的人就形成了强大的集体力量，甚至形成了勒庞所讲的乌合之众，而不同群体的乌合之众具有强烈的对抗性。的确，如果导致对抗增多而合作减少，这与治理的原意有些背道而驰。当然，我们最终还是应该对治理抱有基本的信心，因为治理的发展本身就是在技术进步和社会演化中不断寻找新的道路。

再次，算法的隐秘性与自动性，及其通过互联网实现高度集中和近乎即时的海量信息处理，特别是人工智能的强大记忆、推理、选择、决策功能，以及知识和信息的生成功能，也与治理存在直接关联，并直接影响决策权力和责任结构的分布。治理在相当程度上意味着决策信息的真实性和决策程序的透明度，但在互联网与数智化时代，目前有许多具体的交易决策，以及可以想象的是，未来将有更多的商业决策由智能算法做出。现在，决策智能（Decision Intelligence，DI）正处于迅速发展之中，一些人也已经开始探讨智能决策。甚至一些关于法律纠纷的判断与处理也由智能化程序实现。而智能监管得到了更多的实际应用，智能化合约也得到了不少推崇和尝试。

这些进展以及未来的发展，意味着更加复杂和微妙的权责利辨识难题。智能算法的隐秘性和自动性建立在算法架构和程序之上，甚至还可以实现自我更新和改进。只有极少数的设计者了解其中的一部分逻辑，但也难以了解其中的全部逻辑。因此不但权力行使的主体不再清晰明了，就连责任界定也可能陷入巨大的困难之中。人工智能既可以自动生产海量的信息和知识，包括创作许多文本、图像、视频和其他作品，也可以进行深度伪造（deepfake），使这些信息、知识、作品和制造出的所有东西真假难辨。未来的人工智能将会拥有多么强大的功能，将会得到怎样的应用，以及人工智能是否会脱离人的控制走上自我延伸的轨道，不得而知。这将使原有的控制论本身失去控制。但即使在当下，先进算法和人工智能已然显现出对人们的认知和思维的巨大影响，并且其自身也发展出认知和思维。所有这一切都将极大程度地颠覆原有的治理。

尽管我们相信，人类比算法和人工智能有更大的智慧来理清这些新兴的治理议题，但关键在于我们应该意识到，过去的治理已然迎来前所未有的挑战。而且，在互联网和数智化不断迅猛推进的情况下，海量信息可以进行集中化和即时化处理，从而给传统的分散—集中关系带来巨大改变，因而商业机构、政府机构，以及所有机构的集中化能力越来越强；那么，分散化的决策和交换模式是不是可以被集中化的决策和分配模式取代？从而治理可以更多地被集中管理和严密管控取代？事实上，我们已经看到，一些互联网平台可以覆盖几亿甚至十几亿用户，并可以有效地管理他们的交易、调节他们的某些行为，这在工业经济时代几乎难以想象。进一步而言，政府是不是更可以集中化地管理和调节经济活动，从而使曾经失败的计划经济变得可行并且高效？是不是可以用计划经济全面取代市场经济？所有的分散化社会活动都可以被集中化地进行管理和调节，从而使社会形成新的治理秩序？更进一步，人们创造的人工智能是否可以替代人去实施决策、享有权利和承担责任？这些很可能会在不久的将来成为重要的治理议题。

提出互联网、数智化与治理之间的直接关联，指出了治理迎来的新挑战，表达了新议题带来的一些疑惑和疑虑，并不是马上要得出结论、做出决定。恰恰相反，互联网和数智化带来的议题和挑战只是刚刚开始，所以治理改革也并不需要过于匆忙。而且，过去的经历已经证明了良好治理实践的价值，因而未来迎接互联网和数智化的挑战，更需要依赖良好实践的推进。重要的是，互联网和数智化是一场革命性的浪潮，与治理存在许多直接关联，研究当下和未来的治理，决不能忽视这些直接关联。

二、一些具体的治理构建和治理改革

互联网和数智化一方面给治理带来了新议题、新挑战，另一方面又极大地推动了经济社会的发展。因此，人类对互联网和数智化应该采取拥抱的态度，同时又应该趋利避害。实际上，在互联网和数智化获得迅猛发展的过去三四十年里，特别是近十几年里，一些有益探索和良好实践得到了推行，并获得了一些共识。当然还有更多议题只是获得了关注和讨论，而难以清晰地辨明个中要害，更无法在短期内构建恰当和健全的治理制度。

第一，数字经济领域的反垄断得到了广泛讨论和高度重视。互联网和数智化在经济领域带来的颇具争议的问题，就是所谓的不公平竞争和赢家通吃。不公平竞争、赢家通吃从最一般意义上来讲也意味着不良治理。如果数字经济领域普遍存在这些问题，则意味着经济治理的重大缺陷。美国国会（2020）曾在2020年发布了一份具有全球影响力的调查报告，即《数字市场竞争调查报告》，指责美国的大型互联网平台存在不公平竞争和赢家通吃问题，因此提出需要强力推进针对互联网平台的反垄断工作。在此之前，美国联邦贸易委员会主席莉娜·汗（Khan，2017）就曾公开发表论文指责亚马逊等平台的不公平竞争问题。这些意见，表达了一种强烈的担忧：如果垄断和不公平竞争被互联网、数智化技术所强化而得不到纠正，那么不良治理就会在新科技力量的推动下席卷许多领域。

不过，对于互联网和数智化领域的不公平竞争和赢家通吃问题，仍然有许多争议。张文魁（2022a）在对一些重要资料进行梳理后指出，并不能根据传统理论笼统地认定是否存在垄断和不公平竞争，而应该针对互联网平台典型的策略性行为，譬如自我优待、拒绝交易、杀手型并购、差别化定价与补贴，进行具体分析。他认为，这些策略性行为的要害在于它们基于数据和算法。也就是说，问题的要害在于数据和算法是否被用于排斥公平、实施歧视，以及侵犯隐私、掩盖欺诈等，因而在互联网和数智化时代，要实现良好治理，必须重视对数据和算法的良好治理。而在现实中，尽管包括我国在内的许多国家已经针对一些大型互联网平台企业实施了反垄断调查和执法，但目前的一些趋势表明，更需要推进的工作是对数据和算法的良好治理。

第二，针对数据、算法和人工智能推进治理尝试。人类一方面需要以数据、算法和人工智能等新兴技术推动经济繁荣和社会发展，另一方面必须为其构筑治理框架。张文魁（2022b）把数据和算法在疏于规制、缺乏法治的环境中导致的一些严重问题，总结为数智化时代的新公害。工业经济中的传统公害主要是环境污染、生态恶化、劳工安全得不到保护、食品安全得不到保障等。而新公害则是因为对数据的滥采滥用、对算法的不当和过度使用，自然而然地造成由数据和算法带来的问题。这些问题包括但不限于：个人、企业以及其他机构等个体的信息和隐私受到广泛侵犯；基于数据和算法的遮蔽性歧视广泛流行；人们被算法的强烈诱导性所影响，并产生严重的注意力经济和致瘾性等问题，以及导致的极端性问题；科技伦理方面的问题，包括自动化的造假和诬陷等。随着人工智能技术的快速发展和应用的迅猛扩展，对人工智能的治理也引起了越来越多的关注。微软公司副总经理史密斯（Smith，2023）在为微软发布的人工智能治理报告所作的序言中，就提出应该通过定义和实施人工智能的伦理准则来指导有关工作，并通过建立不断优化的治理体系将伦理准则付诸实践，以确保我们能够最大程度地构建安全、可靠和透明的人工智能系统，从而造福全社会。

至今为止，已经有许多国家或跨国组织出台了数据治理、算法治理、人工智能治理方面的重要文件。欧盟在几年前就颁布实施了《通用数据保护条例》，提出了《算法问责及透明度治理框架》，又于2023年开始实施《数据治理法案》（Data Governance Act，DGA）。我国已颁布实施了《个人信息保护法》和《互联网信息服务算法推荐管理规定》；美国一些议员提出了《数据问责和透明度法案（草案）》和《算法问责法案（草案）》。这些重要文件均强调保护数据权利、防止数据滥用，并对算法透明度要求和算法责任追究等社会关切做出了回应。

特别是随着人工智能的日益强大，如何构建人工智能治理已经成为全球性重大议题。2023年11月，首届全球人工智能安全峰会在英国布莱切利市举行，包括我国在内的28个国家及欧盟共同签署了《布莱切利宣言》，承诺以安全、以人为本、值得信赖和负责任的方式，设计、开发、部署和使用人工智能，并开展这方面的国际合作，以促进包容性经济增长、可持续发展和创新，并保护人权和基本自由。该文件强调，要特别关注人工智能的透明度、可解释性、公平性、问责制、公正监管、减轻偏见和歧视、隐私保护等问题，要避免操纵内容、生成欺骗性内容、传播虚假信息。此后，法国、德国、意大利三国签署了支持对人工智能基础模型的行为准则进行强制性自我监管的联合文件。

2023年12月，欧洲议会、欧盟委员会和27个成员国的谈判代表就《人工智能法案》达成协议，主要内容是对所有通用人工智能模型都提出了透明度要求，并且对人工智能在欧洲的使用方式进行了限制，特别是提出应禁止那些对人类基本权利构成明显威胁的人工智能系统，譬如涉及政治、宗教、种族、性取向等特征的人工智能系统，实行网络或视频监控的人工智能系统，基于人脸识别、表情识别的监控性人工智能系统，操纵人类行为、绕开人类自由意志、剥削脆弱人群的人工智能系统等。同时，该法案强调要促进欧盟的人工智能技术创新，强化未来欧洲人工智能技术的发展前景。2024年3月，欧盟议会通过了该法案。2023年12月，英国最高法院裁定，人工智能创造的研究成果不能被授予专利，明确指出申请专利的"发明人"必须是自然人，而不能是人工智能机器人。① 这一裁决在全球范围内都将具有里程碑意义。2023年12月，欧盟委员会还正式启动针对社交媒体平台"X"（前身为推特）的诉讼程序，以评估其是否在风险管理、内容审核等方面违犯了欧盟的《数字服务法案》。有关方面表示，自2023年10月发生新一轮巴以冲突之后，社交媒体平台"X"收到欧盟委员会有关传播非法内容和虚假信息特别是传播恐怖主义、暴力、仇恨言论的质询，欧盟委员会对该公司9月份提交的风险评估报告、11月份发布的透明度报告以及对质询的回复内容，进行了初步调查分析，然后做出对其发起"正式违法诉讼"的决定。诉讼将重点关注四个方面的内容：打击非法内容传播的履责情况、打击信息操纵措施的有效性、提高透明度方面采取的措施，以及用户界面设计具有欺骗性的问题。②

我国也在这个领域进行了政策探索。国家网信办、科技部、工业和信息化部等部门于2023年联合颁布实施了《生成式人工智能服务管理暂行办法》，明确规定人工智能必须坚持社会主义

---

① 有关信息来自新华社2023年12月21日的报道，http://www.xinhuanet.com/2023-12/21/c_1130039052.htm。
② 有关信息来自新华社2023年12月19日的报道，http://www.xinhuanet.com/2023-12/19/c_1130034606.htm。

核心价值观，不得生成煽动颠覆国家政权、推翻社会主义制度、危害国家安全和利益、损害国家形象的内容；在算法设计、训练数据选择、模型生成和优化、提供服务等过程中，采取有效措施防止产生民族、信仰、国别、地域、性别、年龄、职业、健康等歧视；不得侵害他人肖像权、名誉权、荣誉权、隐私权和个人信息权益。

可以预料，在未来较长一段时间里，关于数据治理、算法治理、人工智能治理方面的法律法规还会得到进一步充实。而且，这方面的学术研究也将长期兴盛，因为这个前沿领域还处于不断拓展的过程中，不但人们的认识还远远没有到位，且技术范式、应用场景、现实影响几乎每天都在更新。

第三，是为虚拟空间构建治理的尝试。所谓虚拟空间，就是人们在互联网空间进行联络、互动。这不但涉及交易和交流，而且涉及虚拟社会的形成。比特币等虚拟货币市场、非同质化代币（Non-Fungible Token，NFT）市场、其他虚拟物品市场，都属于虚拟空间。元宇宙（Metaverse）也是虚拟空间。人们在虚拟空间中的身份以及意见表达和思维倾向，与实体空间往往是脱节的、分离的，他们也可以以完全隐秘的身份出现于虚拟空间。人工智能会与虚拟空间融合发展，从而使虚拟空间有可能完全脱离人类的监视和控制。但是，虚拟空间又会反过来作用于实体空间，单就个人生命而言，就有可能出现替身人（surrogate），并且可以给替身人注入独立的思维和意识。即便目前尚未发展到这样的地步，但智能机器人的广泛应用已经引发了是否要向它们征税的讨论。而脑机接口（Brain Computer Interface）技术则可以使人脑与外部数字网络、数字系统实现联接，真实人与虚拟世界将难以分清彼此。此外，虚拟数字人已经不断涌现于互联网空间，虚拟人与真实人的合成身份也已出现，预计未来将会迅速扩展至各种应用场景，并具有更强的人工智能力量。

一些学者已经开始讨论虚拟空间或虚拟世界的治理问题。张文魁（2023）就认为，虚拟世界治理将是数智化时代一个十分重要但又十分困难的事项，一些重要问题，譬如虚拟空间治理是否基于投票？如何设计投票制度？虚拟空间的人物以及智能化的虚实融合人物是否有投票权？如何设置虚拟空间的法律体系？虚拟身份是否直接属于对应的真实人？虚拟身份是否具有隐私权？虚拟身份的交易和交往数据到底属于对应的真实人还是平台？虚拟身份的消除应该由对应的真实人来决定，还是应该由平台或者由政府来决定？这些问题终将摆到人类面前。聂辉华和李靖（2022）专门对元宇宙的治理进行了研究，认为应该给自治留足空间，以促进元宇宙产业尽快做大做强。季卫东（2023）比较详细地讨论了虚拟人、加密资产、元宇宙等领域的秩序和法治问题。不过毋庸讳言，这些讨论还非常初步，而且根本无法涵盖虚拟世界治理的所有重大问题。实际上，学术界乃至政策界对这个领域的政策构想和治理构筑都处于探索阶段。在美国，一些国会议员几年前就起草了《虚拟现实技术法案》（The VR Techs Act），提议创建联邦政府现实技术可用性咨询委员会，对有关技术和活动进行审查，但由于许多人认为虚拟现实还处于迅速发展和变动之中，应用尚未定型，并不应该匆忙推出规制政策。在我国，中国人民银行等部门于几年前颁布了《关于防范代币发行融资风险的公告》。国际组织金融行动特别工作组（Financial Action Task Force，FATF）于2021年底发布了更新版的《虚拟资产及虚拟资产服务提供商风险指南》(Updated Guidance for a Risk-Based Approach to Virtual Assets and Virtual Asset Service Providers)。但这方面的文件屈指可数。

第四，在互联网和数智化的影响潮流中，公司治理和公共治理都在迎接挑战中进行新的探索、新的尝试。既然互联网和数智化改变着人们的认知和思维，改变着决策习惯和权利结构，那么，已有的公司治理、社会治理、国家治理不可能永远不做出回应。实际上，在公司治理领域，一些新的探索和尝试正在进行之中。人工智能领域最引人注目的公司之一OpenAI的资本结构和治理模式就有所不同，在其创立和发展过程中，不但引入了带有捐助性质、没有分红要求和权利的初始资本，也引入了普通的风险资本；其组织架构不但有非营利性母公司，也有营利性子公司及合伙人体系；其公司章程不但规定了发展科技、造福人类这种带有强烈哲学和伦理色彩的宗旨和使命，也规定了营利之后的分红标准；其董事会则经过了一些改组，虽然强调不受投资者干预的独立性，但也面临着股东压力以适当加强公司与投资者之间的沟通互动。[①]而在社会治理领域，已经有越来越多的机构通过互联网手段来增强透明度、互动性以及对社会的吸引力。政府治理领域受到的影响和发生的变革可能更加深远，一方面，民意调查等方面越来越依赖互联网手段，投票方式也逐渐接受互联网渠道，另一方面，算法和人工智能对人们的政治态度的影响也可能具有偏向性、扭曲性和误导性。譬如2016年美国总统大

[①] 有关资料来自OpenAI官网关于其结构的介绍（2023年12月初的内容）：https：//openai.com/our-structure。

选期间，美国著名互联网企业脸书（Facebook，现改名为 Meta）允许剑桥分析公司（Cambridge Analytica）访问其用户数据，但后者将这些数据用于支持特朗普的选举，这一事件经媒体披露后受到联邦贸易委员会的调查，导致前者被罚以 50 亿美元，并改组公司董事会。① 当然，这些变化只不过才见端倪，治理的未来图景必将有许多新颖案例。应该相信的是，人类社会基于基本的善良和公平正义，一定会找到合适办法来迎接新挑战、解决新问题，从而使治理在时代潮流中更加健全而富有韧性，而不是相反。

总的来看，互联网、数智化与治理之间存在深刻而复杂的关联，一些重要国家和国际组织也意识到由此导致的治理改革的重要性。但在现实中，专家学者和政府官员都无法及时地了解、领会和掌握新科技、新经济、新意识、新行为于人类社会发展的积极和消极意义。因此，一些构建治理的文件还非常粗略。不过，对基本权利和隐私的保护，对扭曲性使用和歧视性结果的查处，对虚假信息传播的禁止，对欺诈、误导、操纵的惩罚，以及强调透明度和可问责，应该是所有领域的基础性治理理念。相信在未来，这些基础性理念也会更多地贯穿于数据治理、算法治理、人工智能治理、虚拟世界治理的政策和法律文件之中；更进一步，也会贯穿于各种回应互联网、数智化对社会治理、国家治理以及公司治理的影响的文件之中。

---

① 有关资料请见新华网英文网站 2019 年 7 月 25 日的报道：http://www.xinhuanet.com/english/2019-07/25/c_138256920.htm。

三、广泛意义上的治理挑战

互联网和数智化还引发了一些更广泛意义上的治理挑战。这些挑战越来越明显地摆在世界面前，等待各个国家乃至国际社会进行恰当处理。

其一，是数据涉及的国家安全问题和数据主权问题。这是全球数据治理中不可回避的重大议题，同时无疑又会涉及国别的数据治理框架和治理机制。

欧洲国家一直比较注重数据涉及的国家安全和主权，并尽量与欧洲国家的数据隐私政策进行关联。欧盟在 2000 年即与美国签订了关于数据流转与利用的《安全港框架》，后来"斯诺登事件"的爆发导致欧盟对这个框架失去信心，双方遂于 2016 年签订《隐私盾框架》。但欧盟法院于 2020 年认为美国的数据保护措施没有达到欧盟水平，又导致该框架失效。2022 年，欧盟与美国经过多年谈判，宣布达成《跨大西洋数据隐私框架》，这意味着双方建立了数据保护的新机制。这个隐私框架在保护个体权利和鼓励数据流动、促进数字经济发展之间建立了一种高标准平衡。在这个高标准的平衡框架中，数据隐私和安全得到可信的保障，同时大中小企业又能充分利用数据跨境流转而开展数字化商业活动。该框架明确规定，美国政府开展的情报活动不得侵犯数据隐私和公民自由，只有在推进合法的国家安全目标所必需时才能收集情报信息；有关企业和组织应继续遵守隐私盾各项规则，并通过美国商务部进行合规标准的自我认证；欧盟居民可通过各种途径对涉嫌犯规的企业和组织进行投诉。该框架特别指出，欧盟将设立一个独立的数据保护审查法院（independent data protection review court）来审理数据流动和利用中的诉讼并提供救济。

在2013年，由于美国发生了轰动一时的"棱镜门事件"，许多国家加强了对本国数据的保护，收紧了数据跨境流动的限制，美国也将数据本地化存储定义为新型贸易壁垒，从而在亚洲太平洋经济合作组织框架中大力推动"跨境隐私准则"（CBPR），要求各国促进数据跨境流动，后来又在其主导的《跨太平洋伙伴关系协定》中嵌入大量促进数据跨境流动的内容，但随着美国退出该协定而未果。美国的《云法案》，即《澄清境外合法使用数据法案》（Clarifying Lawful Overseas Use of Data Act，CLOUD Act），对数据的跨国流动与使用建立了一些基本规则；特别是《云法案》规定，只有通过美国的"适格外国政府"（qualifying foreign governments）审查，其他国家才可以与美国政府相互调取存储在对方的数据。美国与墨西哥、加拿大于2020年签署的《美墨加自由贸易协定》（USMCA）就有一章专门对数字贸易做出规定，以在保护个人隐私权和企业商业秘密的基础上促进数据跨境传输，尽可能减少对数据储存和处理的地域限制，并促进公共数据的开放访问，合作应对网络安全挑战。美国和日本于2019年达成的《美日数字贸易协定》（U.S.-Japan Digital Trade Agreement），是美国把数据治理向亚洲延伸的一个重要步骤。2023年，美国政府在印太经济框架（Indo-Pacific Economic Framework）谈判中的一项重要内容就是数字经济和数据治理。

我国于2021年颁布实施的《数据安全法》强调了维护数据安全的重要性，提出要坚持总体国家安全观，建立健全数据安全治理体系。该法律明确指出，要对数据实行分类分级保护；关系国家安全、国民经济命脉、重要民生、重大公共利益等数据属于国家核心数据，实行更加严格的管理制度；各地区、各部门应当按照数据分类分级保护制度，确定本地区、本部门以及相关行业、领域的重要数据具体目录，对列入目录的数据进行重点保护；国家建立数据安全审查制度，对影响或者可能影响国家安全的数据处理活动进行国家安全审查。我国于2022年开始实施的《网络安全审查办法》也明确规定，网络平台运营者开展数据处理活动，影响或者可能影响国家安全的，应当按照本办法进行网络安全审查。而关于工业领域的数据安全，有关部门制定的《工业和信息化领域数据安全管理办法》也有类似规定。

但是，数字经济具有天然的跨越物理隔阂、地理障碍的特点，数据的跨主体、跨地域、跨国界配置，是数字经济发展的强大内在趋势。如何在这个内在趋势与数据的国家安全之间找到适当平衡，以及如何认识和定义数据主权，将是未来数据全球治理中无法绕过的问题。恰当地解决这个问题，肯定需要国家之间的谈判、协调与合作。

其二，是互联网和数智化引发的人类伦理问题。基于数据和算法可以使人工智能、虚拟现实得到极为广泛的应用，而应用的目的未必正当，应用的结果未必多赢，从而引发伦理问题，而且谁应担责、谁应受罚并不一目了然。譬如，虚拟人、人的数字分身已经出现，脑机接口技术可能很快会得到应用，智能机器人将会具有学习能力和情感表现等，如果缺乏合理、足够规制，会给人类社会造成巨大问题。更值得深思的是，像数字人、脑机接口之类的创新，对真实人和真实世界到底意味着什么。人类需要创新，但创新的颠覆性也可能超过人类的预料。如果数字人在人工智能技术、生物技术和其他技术的加持下，真的可以在很大程度上成为"类人",那么"人类"和"类人"之间到底是什么关系,就不仅是规制难题,而且是哲学难题。特别是人工智能、虚拟现实等技术运用到军事领域,可能会产生大量的人工智能机器人战士,甚至建成兵团执行作战任务,那对人类将产生极大的影响。此外,一些国家已经考虑对智能机器人征税,如果这样的政策得到实施,那将是一件革命性的事情。

2020年,欧美一些机构和人士共同签署了《人工智能伦理罗马宣言》,强调大数据、人工智能等高科技应用不应该侵犯个人隐私和基本权利,不应该妨害社会价值和伦理。欧盟委员会则公布了《塑造欧洲数字未来》的文件,声言在大力发展数字科技和数字经济的同时,要遵循以人为本的原则,并通过数字化塑造一个更加开放、更加民主、更加可持续的社会。2023年,美国总统拜登签署了有关生成式人工智能的监管行政命令,以指导如下八项行动:为人工智能安全制定新标准,保护隐私,促进公平和公民权利,维护消费者、患者和学生的权利,支持劳动者,促进创新和竞争,提升美国在人工智能技术方面的领导地位,并确保政府负责任且有效地使用该技术。该命令还要求,通过建立检测人工智能生成的内容和验证官方内容的标准和最佳方法,保护美国人免受人工智能驱动的欺诈和欺骗。2023年底,欧盟达成的《人工智能法案》也非常明确地指出,人工智能不能反过来用于操纵人类行为,或绕开人类自由意志。

不过,应该清醒认识到,这些文件涉及的人类伦理问题只是初步的步骤,而且在现实中能否得到较好的贯彻落实,并不是自然而然的事。可以设想,如果现实世界的治理是孱弱的、虚伪的,就不要指望互联网、数智化带来的伦理践踏问题可以被很好地避免。

其三，是利用互联网和数智化手段进行监视与管控的问题。这与前两个问题有关，但又相对独立。互联网和数智化在促进经济增长和社会发展的同时，也给人类带来了新的生活方式和生活环境，并使技术能力转化为少数人、少数组织或者政府机构的动员和控制能力。英国小说家奥尔德斯·赫胥黎的作品《美丽新世界》就描写了一个建立在发达工业科技基础上的新世界，人的孕育和出生由一排排的试管开始，经过命运和职业规划室的调配，然后通过流水线"出厂"，出生后要实施统一的教育培训工程，并基于崇高的经济政策而在他们的大脑中消除一切不良的思想观念，要按照特定的统一流程，对每个人进行终生规划和管控，从而维持一种稳定可控的秩序。毫无疑问，互联网和数智化的力量要远大于工业化，掌握先进技术手段的企业和其他机构以及政府部门，可以非常容易地实施全方位的监视与管控。更有甚者，进一步通过有关技术手段来限制人的行动也很容易成为"家常便饭"。譬如在2020—2022年新冠疫情期间，健康码被一些部门不当使用就属于此类问题。如果这种情况广泛出现，数智化将会走向牢笼化，从而把人类推向高新科技噩梦。可以说，如果数智化时代成为全方位监视与管控的时代，那么数智化时代也将沦为治理崩溃的时代。2023年，美国总统拜登签署的有关生成式人工智能的监管行政命令就特别指出，在工作场所的人工智能不能用于不当的劳动者监视。这虽然只是一项小条文，却别具意义。

当然，互联网和数智化带来的更广泛意义上的治理挑战，肯定不止如上三个方面。甚至现在还很难知道，未来的互联网、数智化领域将会发展出怎样强大的技术，将会产生怎样奇特的应用。最重要的是，我们应该保持开放心态和敏锐目光来审视互联网和数智化与治理之间的关系，并且以治理的底层逻辑和基本理念来处理这种关系的变化。

四、结语

互联网和数智化对人类社会的影响才刚刚开始。人们希望借助新科技、新方法来改造社会，这可能是现代社会很自然的思想倾向。早在六七十年前，电子计算机等技术刚刚萌发的时候，这样的思想倾向甚至行动探索就已出现，譬如社会主义阵营的著名经济学家兰格就认为，电子计算机将使计划经济变得更加可行和易行。20世纪70年代，智利总统阿连德则实施了一项赛博协同工程（Project Cybersyn），以在该国实现新技术社会主义。不过，这些早期思想和行动在经过试验之后并未取得预想效果。

而现在，技术的强大已经今非昔比，如果认为互联网和数智化可以改造治理，一点儿也不奇怪。我国学者高奇琦（2020）就认为，智能革命必然深刻影响并参与国家治理现代化的进程。梅立润（2023）则认为，人工智能技术将会置换权力，超级企业和领头国家的出现都将给国家治理的权力结构带来重大影响。陈潭（2023）进一步认为，随着大数据思维和技术的嵌入与赋能，国家治理可以更好地实现精益决策、精细管理、精致服务、精确监管。赵术高和李珍（2021）强调，国家治理现代化本质上就是一个适应技术进步，克服信息不对称、激励不相容和不确定性的制度变迁过程，大数据技术可以为国家治理提供一个良性持久的制度变迁路径。汤峰和蓝国瑜（2023）更加具体地指出，大数据可以降低信息获取和运用成本，缓解信息不对称，从而可以实质性地优化我国的央地关系。张爱军（2020）就人工智能为国家治理提供的技术支持进行了分析，认为国家治理的智慧化可以有效维护社会政治稳定。可以看出，我国许多学者都对新科技时代的治理能力现代化抱有非常乐观的思维。不过也有一些学者持有逆向思维。譬如王小芳和王磊（2019）就认为，人工智能技术嵌入社会治理，在实现社会治理智能化的同时，也存在从"数字民主"滑向"技术利维坦"的潜在风险，而且传统官僚制结构很难主动促进算法和数据的开放。了解这些论述对我们更加全面地审视互联网和数智化与治理之间的亲和关系或紧张关系，当然具有意义。

然而，如果我们有更加长远而宏阔的视野就不难知道，互联网和数智化再神奇，也不过是人类科技发展长河中的一个普通片段；在此之前，现在看来非常平常的技术，譬如铁犁技术，在几千年前也具有革命性意义，未来无疑还会有更多的科技革命出现。因此，正如其他科技革命一样，互联网、数智化和人类生产、生活一定会相互改变对方，但人类社会的关键基本面，包括对基本权利和基本平等的尊重，对基本物质条件和精神自由的追求，对在此基础上的基本秩序的维护，并不会因科技变革和时代变迁而泯灭。这意味着，良善治理的那些基础性因素将是永恒的。

本章参考文献

白锐，郑一凡．"治理态"：理解互联网时代国家治理的内涵与趋势［J］．中国行政管理，2018（5）：40－45．

陈潭．国家治理的数据赋能及其秩序生产［J］．社会科学研究，2023（6）：12－30．

高奇琦．智能革命与国家治理现代化初探［J］．中国社会科学，2020（7）：81－102，205－206．

何大安. 互联网应用扩张与微观经济学基础——基于未来"数据与数据对话"的解说[J]. 经济研究, 2018 (8): 177-192.

何大安. 市场型计划经济：数字经济的未来发展图景[J]. 学术月刊, 2023 (6): 38-52.

江小涓. 如何看待大数据与"计划经济"的关系[J]. 中国行政管理, 2018 (9).

江小涓. "十四五"时期数字经济发展趋势与治理重点[N]. 光明日报, 2020-09-21.

季卫东. 元宇宙的秩序——虚拟人、加密资产以及法治创新[M]. 上海：上海人民出版社, 2023.

聂辉华, 李靖. 元宇宙的秩序：一个不完全契约理论的视角[J]. 产业经济评论, 2022 (2): 186-198.

罗梁波. "互联网+"时代国家治理现代化的基本场景：使命、格局和框架[J]. 学术研究, 2020 (9): 8-14, 177.

梅立润. 技术置换权力：人工智能时代的国家治理权力结构变化[J]. 武汉大学学报（哲学社会科学版）, 2023 (1): 44-54.

欧阳康, 胡志康. 大数据时代的社会治理智能化探析[J]. 天津社会科学, 2023 (6): 20-23.

汤峰, 蓝国瑜. 大数据治理技术与央地关系的优化——基于信息政治学视角的分析[J]. 公共行政评论, 2023 (2): 138-156, 199.

王小芳, 王磊. "技术利维坦"：人工智能嵌入社会治理的潜在风险与政府应对[J]. 电子政务, 2019 (5): 86-93.

许勇, 黄福寿. 人工智能赋能国家治理：定位、逻辑与实践[J]. 哈尔滨工业大学学报（社会科学版）, 2022 (3): 60-66.

叶林, 侯雪莹. 互联网背景下国家治理转型：科层制治理的式微与重构[J]. 新视野, 2020 (2): 74-80.

张爱军. 人工智能：国家治理的契机、挑战与应对[J]. 哈尔滨工业大学学报（社会科学版）, 2020 (1): 1-7.

张文魁. 数字经济领域的反垄断与反不正当竞争[J]. 新视野, 2022a (2): 65-73.

张文魁. 数字经济的内生特性与产业组织[J]. 管理世界, 2022b (7): 79-90.

张文魁. 数字经济的产业组织与反垄断：数字市场全球治理及中国政策[M]. 北京：中国人民大学出版社, 2023: 161-175.

赵术高, 李珍. 信息不对称、交易费用与国家治理现代化——兼论大数据在国家治理现代化中的应用逻辑[J]. 财经问题研究, 2021 (4): 28-36.

Khan, L., 2017. Amazon's Antitrust Paradox. *Yale Law Journal*, 126: 710-805.

Misuraca, G., F. Mureddu, and D. Osimo, 2014. Policy-Making 2.0: Unleashing the Power of Big Data for Public Governance, in M. Gascó-Hernández eds., *Open Government, Public Administration and Information Technology*. Springer Science & Business Media.

Smith, B., 2023. Governing AI: Blueprint for the Future. https://www.microsoft.com/zh-cn/ard/news/news_2023_6.

U.S House of Representatives, 2020. Investigation of Competition in Digital Markets. https://judiciary.house.gov/uploadedfiles/competition_in_digital_markets.pdf.

第十二章
数据治理的底层逻辑与基础架构

随着数字经济的快速发展和经济社会的数智化演进，特别是随着人工智能渗透力的不断增强，数据的重要性及其产生的问题日益凸显。但是应该认识到，关于数据议题，不仅需要引入政府的规制政策，还需要在探索中逐步形成良好的数据治理，这两者并不完全是一回事。欧盟于2023年开始实施的《数据治理法案》引起了全球广泛关注。我国于2022年底颁发的《中共中央 国务院关于构建数据基础制度更好发挥数据要素作用的意见》，也提出了"数据要素治理结构"和"数据要素治理制度"的命题。要形成良好的数据治理，首先应该把握底层逻辑，并在此基础上讨论数据治理的基础架构，否则有可能陷入逻辑混乱和政策失据。这其实就是要"扣好第一粒纽扣"。

一、正确理解数据和数据权利

如果不能正确理解数据和数据权利的形成，就无法把握数据治理的底层逻辑。

首先应该认识到，数据的本质在于它是关于事物状态的信息,即"状其物",其中包括人类的理解、分析以及判断,并延伸到思考、想象甚至情感。因此,"状"也许比较准确、客观,或者还包含一些"状其情"。也就是说,数据是客观世界在人类认知上的投射。所以,数据不是新东西,也不是神秘的东西。不过,当人类有了身体器官之外的先进器具和方法,并运用其去采集各种状态信息,并且有需求去加工和利用这些信息,数据体量就可以无穷无尽地膨胀。毫无疑问,信息通信、人工智能等技术的不断突破,使数据的采集、流转、加工、使用进入了大数据时代。毫无疑问,大数据正在成为经济社会发展中越来越重要的投入品。

更重要的是,数据会涉及非常复杂的权责利关系。在大数据时代,原始数据和加工数据有了各种各样的用途,这些用途在很多时候并不为数据投射物,或者数据投射物的拥有者所知晓、所愿意、所同意。这里的投射物,以及投射物的拥有者或管理者,很多时候是人或者人的团体。即使不是如此,大数据的用途也是直接或者间接针对人或者人的团体。也就是说,数据会牵扯人和人的团体,因此自然就会导致人的权责利问题。数据权责利与劳动权责利有很大不同,劳动对应的是人的个体,权责利相对容易界定,数据显然不是如此。而且,劳动最终需要个人的同意才能付出,而数据完全可以在没有获得人的同意的情况下就形成和使用。因此,人或者人的团体的数据权利,以及相关利益和责任,就成了一个基础性问题。

而数据权责利的源头和基石应该是数据采集。采集使得"状其物""状其情"第一次与人相关联,或者说使状态变成了人类认知的信息和数据。此后的数据转移、加工、使用都基于采集,所以与转移、加工、使用有关的权责利都由采集的权责利延展和衍生而来，尽管链条愈长与采集的关联愈小。而且，正因为数据采集很容易不为数据投射物或其拥有者和管理者所知晓、所愿意、所同意，所以投射物或其拥有者和管理者的权利很容易被忽视和侵犯。

对数据和数据权利有了这些认识，就不难理解为什么需要建立数据治理，而不仅仅是加强政府对数据的管理。第一，在一些情况下，数据投射物或其拥有者和管理者与数据采集者之间，以及后续的转移者和加工者、利用者之间，可以较好地达成自愿契约，以大致界定数据的权责利。这是一种典型的自治逻辑。第二，即使如此，后续的数据转移、加工、利用场景，可能超出当初形成契约时的想象，甚至数智化进程本身就会使数据的权责利不断超出此前的想象，所以演进式的基本法律和政府规制仍然十分有用，这就需要一个能够鼓励和引导探索、包容和接纳演进的治理框架。第三，数据不断转移、加工、利用，会使衍生数据与原始数据之间的关联性越来越弱，甚至人工智能等技术会对数据进行自动化的再创造，从而使数据之间以及不同权责利主体之间的关系越来越复杂，并难以辨清，甚至难以提前预知数据的使用场景和所生利益。显然，给主体多变、关系复杂的数据场景以自我探索和自我协调的空间，有极大的必要性。第四，不管数据场景如何变幻，国家甚至国际社会应该预置一些基本原则，譬如必要的透明度和诚实性，以及必要的相互制衡，对人类最基本权利和尊严的尊重，譬如为处于权利链条低端的个体和团体提供适度保护等，都属于人类进步的基本共识，应该体现在数据世界的实践中。总之，数据治理注定是一项极为重大的议题。此外，国与国之间也会存在关于数据权责利的分歧和纷争，从而需要国家之间的协调，也就是说，全球数据治理也有必要纳入我们的视野。

不过，构建数据治理也将是一项极为艰涩的工作。这主要是因为，作为数据治理基石的数据权利，至少在相当长时间里很难获得有基本共识的清晰界定。申卫星（2023）在对数据权利文献的相关争论进行了综合分析之后，指出了数据确权之难，并认为这个难度主要是因为数据非常特殊，不同于传统意义上的财产，并且涉及个体隐私等。申卫星的看法很有代表性，因为"数据确权难"在国内外几乎是一种共识。不过申卫星仍然强调了数据确权的重要性，许多学者也持类似立场。但从数据世界十分复杂的实际情形来看，很有可能的进路将是基于具体场景来大致分配数据的权责利。美国学者尼森鲍姆（Nissenbaum, 2010）可以算是这种进路的代表，她强调，对于数据而言，只能在"对场景的尊重"（respect for context）中实现数据的"场景性正直"（contextual integrity）。这个进路有两个关键元素：第一是场景，即数据权责利在不同的具体场景中可能大不相同；第二是正直，也可以理解为正义，即不管在什么样的场景下，数据会被怎样地采集和转移、加工、利用，必须遵循正直、正义原则。另一位学者瓦尔德曼（Waldman, 2018）也认为，数据权利边界需要根据其在具体场景中的合理期待来确定。

可以预料，在数智化时代，各种数字场景将超出目前的想象，使正直和正义面临许多从未考虑过的场景挑战，从而令数据治理与其他领域的治理有着显著不同。唯其如此，为数据治理寻找和确定底层逻辑才尤为关键。

二、数据治理的底层逻辑

底层逻辑之一：超越生产要素和财产的数据基本权利。

数据正在成为经济社会发展中越来越重要的投入品，但从治理角度考虑、从权责利角度审视，数据显然超越了生产要素，即使从经济学框架来看也是如此，因为所谓的生产要素具有高度概括性和抽象性，劳动、资本等生产要素的投入量都可以进行价值度量和经济增长贡献核算。数据难以被这样对待和处理。资本和劳动等生产要素也会在使用中被消耗。而且，数据的权责利绝不仅限于被当作生产要素的权责利，即使数据没有进入生产过程，没有产生经济价值，它仍然可能涉及人的基本权利，譬如人格权、隐私权，以及由此衍生的关于个体安全、个体尊严、个体独特性、个体自主性方面的关切等。这些基本权利和关切很难或不能、不应像财产和资产那样进行标价和交易，也不可能像所有权和产权那样进行界定。我国的民法典对人格权的阐述与对所有权、质权的阐述就是完全分开的，其中明确规定人格权包含生命权、身体权、隐私权和个人信息保护，列明了私人生活安宁、私人空间不愿为他人知晓的正当权利。因此，简单地把数据视为生产要素，以及资产、财产，并在此基础上进行数据资产的产权界定和资产交易，根本不能全部覆盖数据权责利的所有方面，甚至可能导致荒谬的思维和思路。试想，在人工智能环境中，数据政策如果仅仅盯着数据是否能产生最大化的经济价值，以及如何分配这些价值，这样的政策至少是不健全的，甚至是舍本逐末的。

目前，已经有许多学者对数据的权责利进行了大量讨论，为下一步厘清数据基本权利、构建数据治理底层逻辑提供了有益探索。时建中（2023）就强调，数据是信息的载体，被数据承载的信息或许关于个人，或许关于企业、国家，同时又指出数据变成了生产要素。他认为，数据作为信息载体，构建数据制度的优先目标是维护数据安全，而数据作为生产要素，构建数据制度的优先目标则是开发利用，这两个目标虽然不一致但必须统一；不过他也认为，对数据权利无法也不能做出类似所有权那样的权利安排。许可（2023）则聚焦于数据的财产属性，从财产权利的角度来构思数据权利，认为把数据权利分解为数据资源持有权、数据加工使用权、数据产品经营权，有调整改进的空间；并指出，个人数据、企业数据、公共数据实际上处于相互糅杂状态，很难截然分清。易继明和钱子瑜（2023）提到，个人数据权利保护事关个人财产和人格尊严的实现，而国家数据制度还涉及社会治理和国家战略，但他们主要还是论述数据的"财产权利"，把数据权利视为一种新兴财产权。不过他们也意识到，数据与信息之间存在一种特殊的紧密关系，并指出信息层面的在先权利无法对数据形成直接的支配关系。他们还提出了数据信息权的概念，但把数据信息权窄化为对结构化数据的权利界定和保护，从而将数据信息权视为新型知识产权，也就是说，终究是一种财产权利。其他许多对数据权利进行分析的文献还对数据资产、数据交易进行了讨论，但几乎都倾向于或局限于把数据作为财产，把数据权利指向数据产权。

把数据权利局限于产权很可能是一种错误的逻辑，从而难以构建正确的数据治理。在无节制的数据采集中，即使对隐私权受到侵犯的人给予经济补偿，也不能认为隐私权是一种产权，因为这种经济补偿不应该被视为产权收益，恰如对凶杀案受害者家属给予经济补偿，并不能将这笔金钱视为死者出售生命所得。因此，只有超越财产权利逻辑，才能找到数据治理的正确的首要底层逻辑。好在有一些研究已经意识到这一点，譬如，刘清生和黄文杰（2023）就强调了数据利益的特殊性，即其蕴含着人格利益和财产利益，明确指出了人格利益需要纳入数据利益的谱系。不过，他们又认为，在数据的集合利用中发展出数据的社会利益，从而引申出数据社会权的概念，但对此缺乏充分且必要的陈述。在现实中，数据权利的争端更是大量地涉及人格权，特别是隐私权；不管是国内还是国外，有关法律法规也含有这方面内容，只不过得到有效施行的程度并不是很高，而且不时处于争论和摸索之中。

正是这方面争论和摸索的存在，才给数据治理带来极端必要性和极大空间。在超越生产要素的数据基本权利逻辑中，数据治理思维就是要使那些初始的基本权利得到尊重和保护。确立了这个底层逻辑，数据治理的其他底层逻辑，以及数据治理的基础架构乃至具体制度，都将应运而生。

底层逻辑之二：数据采集者与数据投射物或其拥有者、管理者之间的合约。

作为信息载体的数据，在数智化环境中将会延展为长远的数据链条，而最容易把握也最应该得到尊重的初始基本权利，就是数据采集环节的知情权和同意权。不管数据是在怎样的场景中被采集，也不管初始采集的数据将得到怎样的加工和转移，数据采集都应该得到数据投射物或其拥有者、管理者的知情和同意，并且他们可以选择数据不被采集。进一步而言，数据投射物或其拥有者和管理者应该基本理解数据采集对其意味着什么。尽管在目前的现实中，要使这些权利得到保障似乎有些"奢侈"，甚至许多个体并不在乎这些权利，但数据治理必须秉持这样的思维，从而政府可以沿着这样的思维来确定一些基础性的简明规制政策，以便把数据规制融合在数据治理框架之中。

如何落实这个知情权和同意权？如何帮助数据投射物或其所有者、管理者获得对数据采集意义的理解？合乎逻辑的方式是订立简洁明了的契约，哪怕是自动契约。一些学者探讨了实现数据权利的方式，其中就涉及合约的订立。康宁（2023）就指出，数据持有、使用、交易的权利在实际中引发了大量争议，但传统理论和制度对数据确权存在解释力不足的问题，并认为整体确权有很大局限性且在实际中难以推行，所以应该实行进程确权，而进程确权则应引入合约逻辑。他虽然在总体上仍然没有摆脱产权思维，但其基于具体场景、承认数据链条的权利观应该是正确的，特别是其中的合约逻辑，即在不同场景的讨价还价中订立合约，应该是可行的进路。

在现实中，许多做法正是如此，尽管数据采集合约还很原始，甚至故意把合约内容设计得模糊隐晦，特别是以默认、勾选等自动化方式来淡化合约的存在。在我国，尤其是政府机构在对公民进行管理和服务时，常常采集公民个人数据，这就存在很大的灰色空间。陆学勤（2020）提到，在现实世界的数据采集中，虽然也能找到知情权、同意权方面的内容，但往往使用默认同意的模式，或者利用技术优势设计灰色隐私条款，这实际上侵犯了知情权和同意权。

不过就治理视角而言，不管数据采集的知情权、同意权被设计得如何隐蔽，引入初始合约的意义都是毫无疑问的；不管如何掩饰，合约的重点都应该是知情和同意的问题，然后才会有利益的分配、私人信息的使用，以及数据的私人信息含量等问题。当然，合约最好还应该包含数据投射物或其拥有者、管理者的数据访问权、删除要求权等内容。要增强知情和同意的力量，就应该在可操作性的法律中强化知情和同意的合约性质，譬如欧盟于2023年开始实施的《数据治理法案》就明确了数据共享行为的合约基础，即强调需要通过协议来促进个体直接或者通过数据中介向数据使用者提供数据，这无疑强化了合约的地位。

需澄清的是，这样的初始合约并不完全是关于财产权利的界定和利益的分配。此时，数据还不是资产、财产，而是被采集者的状态信息，或者是其所延伸的思维、情感等信息。这也就解释了为什么采集合约的重点是数据投射物或其所有者、管理者知晓哪些信息将被采集，这些信息对隐私、人格、安全以及社会关系和经济利益等会有什么影响，数据可能会有哪些用途或不会有哪些用途。当然，知情权和同意权并不排斥经济鼓励或补偿，但这不应该被视为在行使财产权利。而且，由于采集后的数据使用场景更加复杂，数据使用所能带来的经济利益也很难被预知和预算，所以初始合约的重点并不是经济利益分配。如果初始合约对数据使用承诺了足够的脱敏措施，那么很可能不会涉及第二次、第三次及更多次的经济利益分配，这将使初始合约摆脱此后数据链条延长时引致的利益分配纠纷，也有利于促进初始合约的标准化、规制化、法治化，譬如由政府统一设定默认的初始合约，由数据采集者单方面主动实施并担负履约责任。

当然，在采集环节的初始合约之后，每个环节都可以有各自的合约。为了使数据加工、转移、使用的链条能够延伸得尽量长并产生更多的有益用途，国家应该大力发展数据脱敏、隐私计算等技术，并推行广受信任、广被接受的数据脱敏标准，使之成为数据治理的基础性技术之一。国家也应鼓励一些探索性的数据模式与生态，譬如数据信托。在这样的基础上，初次采集者可以免于承担后续的数据转移、加工、使用可能带来的连带责任，从而构造比较合理的责任链条，使合约关系更加简洁和易于操作，使数据治理更加灵活化、多元化。

底层逻辑之三：对数据利他主义的鼓励与引导。

毫无疑问，数据治理的底层逻辑不应止于超越生产要素和财产的数据基本权利，而且这些基本权利也不限于数据采集环节的知情权和同意权。在采集之后，加工、转移、使用的场景将更加纷繁复杂，数据权责利结构，即涉及的个人和团体将远远超出采集之时，将使数据治理进一步复杂化。同时，数据脱密、数据合成等技术方法的发展，也可能使后续数据与初始的数据投射物之间的关系模糊化，从而改变权责利结构。不过这并不值得过分担忧，也不需要在数智化时代刚刚起步的今天就设计得一清二楚、完备健全，恰如在工业化刚刚起步的17～18世纪，哪个国家都难以设想和设计未来高度发达的工业化时代的产权和民权体系到底是什么样。只要我们对治理抱有信心，它就会向前演进。

因此，顺理成章的逻辑是，如何使采集后的数据得到更多的加工、转移、使用，强化数据提供和再利用的程度。在数智化时代，数据具有强大的驱动力，而且这个驱动力与被使用的数据体量、与数据的被使用次数成正比。为了促进这种局面的出现，除了可以给予被采集者一些经济补偿，还应该大力鼓励数据利他主义。这是因为，利他主义的盛行实际上最终可以利己，即更加发达的数智化也会使自己的生活、工作变得更加便利、繁荣和美好。鼓励数据利他主义，可以借鉴对献血和捐献器官的鼓励方法，即献血者和签订器官捐献协议者，在自己需要血液和器官移植的时候，有输血和移植器官的优先权。我们应该大力探索和发展数据利他主义制度，只要加入这样的协议、从事这样的行为，个人和团体就可以获得数智化接入、数智化服务的某些优先权或便利权。

事实上，欧盟于2023年开始实施的《数据治理法案》的一个重要内容就是引入数据利他主义，即为了增进公共利益和促进经济社会发展，而鼓励公共部门和团体释放和公开数据，从而促进数据的进一步转移、加工、使用；同时还规定了保护隐私和秘密、防止数据不当利用的措施。该法律对欧盟认可的数据利他主义组织如何注册、如何管理也提出了具体标准和合规性监管要求。我国一些学者也开始关注欧盟的数据利他主义制度。唐鸿宇（2023）分析了欧盟《数据治理法案（草案）》存在的数据利他逻辑和数据共享模式，并分析了这种双重逻辑的优缺点。张韬略和熊艺琳（2023）认为，欧盟的数据利他主义的本质是数据持有人基于公共目的向公众和机构提供数据，但也暗含着数据主体对该行为同样有利于自身的期许。从这些学者的分析和该法律的条款来看，欧盟的数据利他主义只是一个初步尝试，涉及范围还比较有限。

我国其实可以探索和试行更加广泛的数据利他主义政策，并将其纳入数据治理逻辑。一方面，数据利他主义完全可以从公共数据领域向非公共数据领域延伸；另一方面，数据利他主义不应该完全是民间化、自治化的行为，政府必须进行一些基本引导和监管。这与政府鼓励人们签订器官捐献协议是一样的道理,即器官不允许买卖,因为这涉及人类的基本道义观、伦理观。如果任由社会把器官捐献协议扭曲为变相的器官买卖,而由市场定价来配置器官资源,至少在目前阶段很难被大多数人接受。而由于数据涉及人格、隐私、安全等方面的关切,也不能任由民间社会把数据利他主义扭曲为变相的私密数据买卖行为。政府的引导和监管除了应该防止借"利他主义"幌子实行不正当的数据收买和数据黑市交易,主要应该聚焦于数据用途,即对任何将数据用于明显的欺诈、造假、侵权等行为,都要进行惩处;特别是在人工智能时代,数据的后续使用极有可能与数据的最初来源失去关联,数据用途可能会涉及社会安全和人类伦理,所以在数据利他主义框架中,政府职能的引入更应该着眼于数据用途。

底层逻辑之四:对用途的匡正与问责。

数据被采集、转移、加工的最终目的还是被利用。数智化时代的本质特征之一,也恰恰是对大数据的利用。因此,如果说数据治理的第一条底层逻辑是数据的起点,即数据采集,那么最后一条无疑应该是数据的落脚点,即数据使用。但遗憾的是,无论是研究文献,还是我国构建数据基础制度等方面的文件,很少对数据使用环节,特别是对其用途给予足够关注。仅有少数学者触及了数据用途,譬如方燕(2021)提到了数据用途的多种多样,指出对大数据和算法竞争的定性需要根据数据的具体用途。虽然她只是从反垄断的角度探讨数据用途,但是强调对用途的考察是非常有意义的。从逻辑上看,无论是数据规制,还是数据治理,在漫长的数据链条的中间环节,即加工、储存、交易、流动等环节来施加影响和控制,比较困难;而从入口和出口,即在数据采集和使用环节施加影响和控制，则容易得多。而且出口在一定程度上比入口更重要。因为一方面，出口的可见度要高得多，另一方面，数据的价值最终还是使用，不管数据链条有多长、绕多少弯，或者链条多么隐秘，也不管数据得到利用时与最初被采集者之间的距离有多远、对应关系有多模糊，数据最终还是要被使用，而使用就会显示其用途。

从人类的基本判断力来看，不管是什么用途，还是能够大致辨识其是否正当。尼森鲍姆（Nissenbaum，2010）强调的数据"场景性正直"，最应该也最能够在用途中得以体现，因此必须对数据用途进行匡正。恰如在工业化时代，强大的工业机器、工业能源不能用来随意拆除居民住宅，不能用来对人们施以酷刑一样；数智化时代的数据不能用来监控个人行为、窥探个人秘密，也不能用来刺激和放大人性弱点以实行诱使、欺诈、情绪控制等活动，当然也不能用来危害社会秩序与安全。如果数据用途涉及上述方面，政府和社会应该有一种自觉性和相应机制来匡正其用途。

同时，还应该对明显违背正当用途的行为进行问责。我国学者方燕和隆云滔（2021）评述了数据和算法的伦理责任问题，人工智能的剽窃和造假、对言论的诱导和干涉等问题，以及对不同个体的歧视性对待问题。但从更广泛的视野来看，数据用途和算法用途涉及的责任，肯定不仅仅是伦理责任，因为在现实中，许多用途已经明显触犯了已有法律规定的基本利益和基本秩序。除此之外，对数据和算法用途的问责还应该延伸到新公害领域。张文魁（2022）就论述了数智化新公害。他指出，工业化时代的污染、生态破坏等传统公害已得到广泛重视和治理，而数智化时代的数据与算力、算法结合在一起，使人工智能等新兴技术和业务平台具有十分强大的威力，一方面会造福社会，另一方面也会出现很多在工业化时代不曾有过或不曾引起广泛关注的新公害，譬如对数据和算法的利用很可能会极大地刺激注意力经济和致瘾性行为，从而使经济社会竞争走向扭曲、个体行为走向失控。此外，人工智能也很容易被用于偷窃、造假，甚至暴力、杀戮。显而易见，对新公害的防范、遏制和问责，应该作为数据治理底层逻辑中十分重要的内容。

总而言之，无论对数据和算法以及其他数智化技术和技能的使用有多么新颖，有多大创新，会多么有力地促进新兴战略性产业的发展，基本的问责机制十分必要。问责完全可以在相当程度上避免对创新精神的扼杀，因为对于明知故犯、恶意施害行为，不管是否涉及数据和算法，仍然是可以识别的；而对于创新中的无心之过、非恶之错，是可以宽容的。

三、数据治理的基础架构

数据治理的基础架构主要应该有如下四个方面。

第一是建立个体维权与利他通道。治理不等同于政府监管。治理最重要的机制之一就是个体获得较强的权利意识和维权自觉性，并且有正常合理的维权通道。建立数据治理的基础架构，首先就是要建立并畅通个体维权通道。

这里的个体，既包括个体自然人，也包括个体机构，企业当然也在其中。设立个体维权通道的目的显而易见，就是当个体得知数据被不知情、不同意或违背契约地采集、转移和使用时，不管数据是否产生经济利益，也不管个体自身是否受到伤害，都能有合适的通道来维权。这样的通道当然包括接受诉讼的法庭，以及所凭借的法律。特别是应该鼓励数据维权方面的集体诉讼。欧盟在颁布《通用数据保护条例》之后，这方面的维权通道即比较畅通。在欧洲一些国家，这方面的集体诉讼已经出现，并且对数据侵权者带来很大的震慑作用。此外，还应该发展公益诉讼，政府公共机构可以就当地的一些典型数据侵权现象代替老百姓提出公益诉讼。

同时，在目前数据法律还不太完善的情况下，应该有政府或半政府机构来受理非诉讼性质的投诉，譬如可以在消费者权益保护机制的基础上发展数据权利保护机制，并鼓励地方成立此类权益保护协会。

当然，也需要构筑良好的数据利他主义通道。数据利他主义与数据维权是相辅相成的关系，更好的维权体系可以成就更好的数据利他主义。我国不但可以考虑在有关法律法规中引入这方面的条款，也可以建立社会化的数据利他主义平台，以发挥宣传、引导、认证、交流方面的作用。

第二是构建自治平台与生态体系。可以预料，数据治理在较大程度上依赖于探索和自治。在这个过程中，主要的数据采集者、加工者、转移者和利用者与相对应的数据被采集群体之间，会有很多的协商、谈判以及争执、纠葛，因此，建立一些承担数据治理功能的平台十分有益。这些自治性平台可以以目前的互联网公司（其中许多就是平台化的互联网企业）为基础，但也不能是它们本身。当然这些互联网平台公司也要承担数据自律方面的责任。这样的平台不会只有一个或几个，它们之间也可以进行竞争，最后由整个社会来选择路规和秩序，从而促成数智化社会中的良好数据治理实践。

数据自治平台应该把主要的数据采集、加工、转移、使用主体，以及有关的技术开发和标准制定主体聚合起来，也应该把数据被采集者和数据用户聚合起来。在广泛聚合的基础上，自治性平台可以发挥数据社区功能，适时制定数据社区的路规，维护数据社区的秩序，促进数据社区的繁荣和发展。

也应该有一些重要的跨政府部门平台在数据治理基础架构中发挥作用。欧盟通过的《数据治理法案》授权欧盟委员会设立欧洲数据创新委员会，该委员会成员包括成员国数据管理部门代表，以及欧盟特定专业机构和特定行业代表、中小企业代表，不但为欧盟委员会建设欧洲共同数据空间提供咨询意见，而且推进成员国的最佳实践和互操作标准。我国也应该发展这样的平台。

这些平台将数智化浪潮中的各个重要参与方联系起来，形成互动与协商，有利于建立良好的数智化生态体系。在这个生态体系中，还可以通过数智化技术手段来防范和整治数智化违法行为，譬如可以采取隐私增强技术和脱敏技术来减弱数据与特定个体的关联性，减少数据后续流转和使用的障碍，促进数智化进程健康地向前推进。

第三是厘清数据专门管理机构的职能及其与其他部门之间的关系。新兴的数据治理体系绝对不能只停留于自治，而需要引入政府规制，尽管政府规制与社会自治之间需要给予彼此一定空间。这是因为一方面，对于数据引起的各种新兴的权责利，以及这些权责利对经济健康发展和社会良好秩序的影响，政府并不容易一时看清楚；另一方面，一些最基本的原理和准则，特别是那些涉及人类基本文明和伦理道德的原理和准则，不管是在工业化时代，还是在数智化时代，都亘古不变。恰如在各种飞行器和航天器飞向天空和太空的时代，不应相撞、不应毁损，以及空间不能独占、机会遵循正义等，就是亘古不变的原理和准则。

因此，政府有必要建立专门的数据管理机构。目前，一些国家已经设立和拟议设立这样的机构。欧盟的《数据治理法案》就规定，成员国应设置专门的数据管理机构，该机构应该独立于数据中介服务提供商或数据利他组织；数据管理机构有权要求停止侵权行为。我国已经设立国家数据管理局，全社会都期待其发挥良好作用。

不过，数据专门管理机构的职能需要谨慎界定。这样的机构应该促进大数据的合理与深度使用、推进基于规则的数智化进程，而不是构筑层层叠叠的管控体系。要防止这样的机构成为数据规则的独家垄断者，甚至数据资源的独家分配者，以及数据行为的全过程审批者。在数据规制处于渐进演化的过程中，这样的机构不应该拥有关于规则的垄断权和独家解释权，也不应该自设各种审批权和惩罚权。这样的专门机构最应该做的事，是成为一个平台化的集成者、获信任的整合者，从而推进规则构建和规制到位。因此，仍然应该允许其他与数据有关的政府机构的存在，包括行业性的数据管理机构或机构中的专门司局的存在。但在这种情况下，如何打破数据流动的烟囱化、数据管理的分割化状态，如何使不同领域的数据摆脱本领域数据管理机构的束缚，就显得特别重要。譬如，消费、医疗、交通、工业等数据，各由不同部门来管理，而且各地政府也有相应的数据管理部门，就可能导致数据的条块分割。数据是天然的可冲破物理障碍和地域隔阂的投入品，如果连数据都被条块分割，那将是数智化时代最大的绊脚石。因此，未来中央政府的数据专门管理部门在形成数据路规、构建数据秩序的同时，如何促进各领域、各层级政府积极地释放和共享数据，是一件十分重要又十分艰巨的工作。

第四是立法与设立法院。最后，需要一些基本的数据法律。无论是工业化时代的治理，还是数智化时代的治理，法治化是最好的皈依。目前，世界上有不少国家都在推进数据方面的立法，我国也有不少进展。不过值得指出的是，推进数据领域的立法可能需要更大程度地发挥司法体系在其中的作用，而不是把立法和司法截然分开。因为数智化和数据事务都是新生事物，处于快速的演进之中，非常需要通过最佳实践来提炼法律。这当然是法院的优势。这意味着，建立专门的数据法院有一定的必要性。

欧盟与美国签订的《跨大西洋数据隐私框架》就规定欧盟将设立独立的数据保护审查法院。设立这样的专门法院有利于在实际判例中将司法与立法融合起来。数字技术、数字经济仍处于快速发展与变动之中，已有法律条文和司法判例都不能应对涉及数据的争执与纠纷，从而在如何判定上存在很大困惑甚至巨大争议，即便诉诸法庭也未必可以得出被高度认可的判决，譬如国际上许多涉及数据的诉讼大多以和解方式了结。大量的此类情况恰恰说明数据立法的不易，也恰恰反映了设立数据法院的重要性。

我国也可以考虑尽快设立专门的数据法院。数据治理具有极强的专业性和新颖性，该领域的法律细则制定和法官人才培养，应该在司法实践中推进。这也是探寻数据规则、积累数据判例、培养数据法官的好方法。我国若率先设立数据法院，则可以在全球数字经济治理中谋得一定的主动权。

四、数据治理最佳实践与全球数据治理

即使有了上述数据治理基础架构,也很难说就有了数智化发展的清晰路标。实际上,在上述基础架构中,无论是个体维权与利他通道、自治平台与生态体系,还是数据专门管理机构的职能及其与其他部门之间的关系,以及立法与法院,都存在很大的空白和试错逻辑,都需要数智化行为的当事者、规制者、立法者、司法者,以及生态系统中的各参与者和相关者,去协商、争论、判断以及接受、认可。也就是说,需要在数智化发展的丰富实践中去寻求合适、有效且能促进经济社会健康发展的数据治理。这样的过程始终需要遵循本章强调的那些底层逻辑,从而不会失去人类社会的基本正直和正义。也就是说,数据治理应该追寻并强化最佳实践。

数据治理最佳实践实际上反映了人类社会的守正与创新之间的关系。在我国,一些涉及数据的重大诉讼及其判决,以及一些重大的规制政策的实施,已经开始体现数据治理最佳实践的思维。其他一些国家也是如此。在美国,联邦贸易委员会、司法部和一些州曾调查和起诉脸书、谷歌、亚马逊等互联网公司的数据问题,后来绝大多数都以和解协议了结,既保护了数据隐私等正当权利,又引导和鼓励了互联网企业的健康发展。在欧洲一些国家,也有不少类似案例。而欧盟设立欧洲数据创新委员会的目的之一,就是要在成员国推行数据治理最佳实践。我国推行数据治理最佳实践需要继续向前大踏步迈进。我国已经施行《个人信息保护法》《数据安全法》等法律和一些法规、指南和指导意见,但其中的条文规定仍然较为宽泛,并不易得到清晰判断和严格执

行。可以预料，数据和算法治理在我国并不会随着几部法律法规和文件的颁布实施而万事大吉，而更需要通过最佳实践来追寻合适高效的数据治理。

同时，我国应该加强与国际社会的良好数据实践交流、合作。数据天然地具有跨地域流动的特性，国与国之间的物理边界很难阻碍其转移。即使可以通过断开物理网络联结的强硬方式来阻碍这样的转移，但那将使数据链条被割断，从而形成数据孤岛，并对数智化的规模经济、范围经济、网络经济构成掣肘，造成自我束缚。但数据毕竟涉及隐私、秘密、安全，包括国家安全，同时数据规制和治理可能被认为是一种国家主权，因此数据治理的国与国冲突也就成为一个现实问题。事实上，即使在数据治理理念和规则比较接近的国家之间，譬如美国与加拿大、日本、欧盟国家之间，也存在这方面的摩擦和争执。不过，它们仍然在努力通过协商和谈判来尽量获得治理协调上的进展。我国应该通过数据治理最佳实践的国际交流来弥合数据治理的国际分歧，为全球数据治理做出贡献。

从长远来看，数据治理不仅可以而且有必要建立一个全球范围的数据权利（data rights）体系，就如过去几百年里，在工业革命浪潮中建立了一个包括物权、债权、股权等权利主张的产权（property rights）体系一样。与数据权利体系相配套，可能还需要建立算法责任（algorithmic responsibilities）体系。数据权利和算法责任体系应该告诉人类社会，数据的权利如何分配、如何确定、如何保护、如何重置、如何获利，算法和其他此类的自动化、智能化程序产生的行动应该如何界定责任、追究责任。尽管这是人类历史上一个前所未有的新范畴，不可能一蹴而就，但重要的是应该树立这样的意识，并以这个意识引导人们迈出坚定步伐。而且，数据治理虽然不可能摆脱各国特色，但终将有一些基本的全球共同规则。

本章参考文献

方燕．数据价值链、数据多用途性与反垄断初探［J］．产业组织评论，2021（1）：1－16．

方燕，隆云滔．数据变革、数据理论与数据治理：一个简要评述［J］．东北财经大学学报，2021（3）：15－27．

康宁．数据确权的技术路径、模式选择与规范建构［J］．清华法学，2023（3）：158－173．

刘清生，黄文杰．论数据权利的社会权本质［J］．科技与法律，2023（1）：29－38．

陆学勤．数据采集中的法律权利冲突与衡平［J］．重庆电子工程职业学院学报，2020（1）：32－36．

申卫星．数据确权之辩［J］．比较法研究，2023（3）：1－13．

时建中．数据概念的解构与数据法律制度的构建 兼论数据法学的学科内涵与体系［J］．中外法学，2023（1）：23－45．

唐鸿宇．欧盟数据治理域下再利用数据的经验与启示［J］．网络安全与数据治理，2023：34－37．

许可．从权利束迈向权利块：数据三权分置的反思与重构［J］．中国法律评论，2023（2）：22－37．

易继明，钱子瑜．数据权利界定的路径［J］．学习与实践，2023（3）：23－32．

张韬略，熊艺琳．拓宽数据共享渠道的欧盟方案与启示［J］．德国研究，2023（1）：84－106，151．

张文魁．数字经济的内生特性与产业组织［J］．管理世界，2022（7）：79－90．

Nissenbaum, H., 2010. *Privacy in Context: Technology, Policy and the Integrity of Social Life*. Stanford University Press: 129－244.

Waldman, A., 2018. A Statistical Analysis of Privacy Policy Design. *Notre Dame Law Review Online*, 93: 159－171.

第十三章
形式主义的经济学分析

　　形式主义在我国遭到批评和痛恨的程度，现在很可能超过官僚主义。官僚主义基本上是指长官意志，脱离实际，漠视下属和群众正当诉求，对本质工作敷衍塞责，工作态度蛮横无理等，比较易于理解。而形式主义如果仅从字面来看，无非是脱离内容的形式太多。但在我国，既然成为一种主义，并且长期遭到政府和人民反对，实际上却越反越严重，就不像字面那么简单。事实上，包括学者在内的许多人写了大量反对形式主义的文章，而没有清楚地定义和说明到底什么是形式主义。这样的定义和说明很可能有极大难度，因为所有的工作内容都必须通过一定形式才能得以完成，但我们不能把这些形式都界定为形式主义，否则世界上就不存在可以抛弃形式主义的工作，反对形式主义就成为伪命题。因此，本章开始的时候暂且回避定义，而从典型事件入手，以便于我们理解实际中的形式主义到底是什么。

　　从直觉和常识来说，无论在管理体系中，还是在治理体系中，官僚主义和形式主义都有可能大量存在。不过，在我国誓言推进治理体系与治理能力现代化的语境中，形式主义竟然如此猖獗，并且有时候愈演愈烈，基层干部和群众不胜其烦，这的确值得从学术上进行认真分析。也许，在认真的学术分析基础上，认清其本质和根源，才有利于最终将其根除，从而使我国在构建现代治理的正确道路上顺畅前行。

一、通过焦点事件和各级文件界定形式主义

形式主义是我国的一项顽疾。2012年12月，新一届中央政治局召开会议，审议通过了关于改进工作作风、密切联系群众的八项规定，明确规定精简会议、文件等，大部分内容旨在整治形式主义。从2013年开始，中央又开始集中整治"四风"，其中形式主义排在首位。此后几年里，中央整治形式主义的力度前所未有，也取得了很大成绩。但从实际现象和社会反映来看，形式主义在某些领域反而愈演愈烈。

本章将从重大的舆论事件入手，首先建立对形式主义的规范认识，然后寻找其根源，进而做一些理论化分析。本章的主要结论是，形式主义并不像大众想象的那样是工作作风问题，它主要是工作体系问题。这个工作体系由于形成了独特的成本结构和委托代理关系，使得大搞形式主义成为相关工作人员进行成本收益衡量时最合算的理性选择，因而整顿工作作风和工作方法不大可能削弱形式主义。

形式主义并不是新鲜事。根据罗平汉（2019）的考察，新中国成立前也有一些形式主义和官僚主义，成立以后无疑更多。我国对形式主义的新闻报道和社会评论非常多，但研究类文献非常少，一些期刊文章也多是罗列现象和严词批判。当然，也没有可用于计量分析的数据库。可以说，这一领域尚未有基础性研究。

在这种情况下，从具有易于理解的典型事例入手，以建立规范认识，然后在此基础上进行理论化分析，可能是较好的研究路径。在缺乏系统性数据和研究基础的情况下，一些重要的经济学家也曾这样开展研究，例如，克莱因等人（Klein et al.，1978）在研究资产专用性和合同时就从举例开始，阿克洛夫（Akerlof，1982）在研究劳动合同问题时，首要环节就是剖析已有实例。

本章从两个极受舆论关注的形式主义事件入手。这是两个非常典型的形式主义事件。2020年第一季度，我国爆发新冠疫情。在抗疫中出现了不少严重的形式主义怪事。2月3日，中央纪委官网上的文章提到，疫情防控中，"明明是同一件事，却有六七个部门要求报六七个不同的表格"，"走访花了6小时，填表却要2小时"。① 同日，中央政治局常委会在开会研究疫情防控时严厉指出，在疫情防控工作中，要坚决反对形式主义、官僚主义。② 2月6日，湖北省纪委和组织部发出通知，在疫情防控中坚决整治形式主义、官僚主义。③ 此后，武汉市有关部门开展了整治工作。在中央政治局常委会2月3日开会之后9天的2020年2月12日，中纪委官网转发的新华社调查表明，抗疫中的形式主义问题仍然广泛存在，记者于半夜两点在一个疫情防控指挥部看到工作人员还在填写表格，8个人从早填到晚；基层应对上级各类检查忙得团团转，很多检查流于形式；武汉一家医院急诊科主任在一个开

---

① 中纪委官网："坚决杜绝防控中的形式主义"，http：//www.ccdi.gov.cn/toutiao/202002/t20200203_210666.html。
② 中央政治局常委会新闻报道：http：//www.xinhuanet.com/politics/leaders/2020-02/03/c_1125527334.htm。
③ 湖北省纪委官网：http：//www.hbjwjc.gov.cn/xwtt/120275.htm。

会现场愤然离席，原因是各级领导到医院开了三拨会，每次都读最新文件；上级领导到医院为医护人员加油鼓劲，但有的领导却热衷于组织集中宣誓、拍照，基层不得不紧急安排场地、横幅等。① 3月9日，中央赴湖北指导组副组长在武汉市指挥部召开碰头会时重申，形式主义、官僚主义是抗疫的大敌，要少开会，要减少疫情报表，坚决避免多头向基层要数据、要报表的现象。②

再来看另一个事件。在疫情出现之前仅3个月，即2019年10月，湖南省湘西自治州永顺县桃子溪乡村学校女教师李田田在微信中吐槽，自己为应对上级各类检查而带领学生频繁打扫卫生。吐槽当天深夜，县教体局打电话要求她连夜从乡下赶几十里路到局里说明情况，而当夜大雨滂沱。③ 媒体记者还获得了该校28份材料，内容涉及党风廉政、疾病防控等，知情人说，"这些材料都是年底教导主任带领老师突击搞出来的，为了应付上级年终检查，实际上，领导来了看都没看"。为什么李田田的学校有那么多检查、打扫、造表造材料呢？主要是因为，国家有一项"县域义务教育基本均衡发展评估认定"，湖南省教育督导委员会据此下发了《关于县域教育均衡发展省级督查意见的通知》，省教育督导组于2019年4月到该县25所学校实地评估考核，共查出679项问题，该县县长被约谈2次，而10月将再次评估考核，

---

① 中纪委官网："揭一揭抗疫中的形式主义"，http：//www.ccdi.gov.cn/yaowen/202002/t20200212_211310.html。
② 中国新闻网："陈一新：形式主义、官僚主义是抗疫的大敌，民众最反感"，http：//www.chinanews.com/gn/2020/03-09/9118648.shtml。
③ 上游新闻："湖南乡村女教师发文后被深夜叫进城说明情况"，https：//new.qq.com/omn/20191016/20191016A0DMUJ00.html。

如果还不合格将不予申报全国县域义务教育发展基本均衡县。永顺县教体局是10月迎接评估考核的具体责任单位,镇政府也担负了一些责任,所以县和镇有关人员也会到学校参加会议或检查。但是,县教体局相关负责人并不认可存在形式主义的说法,"我们内部也开了会议,我们认为这是我们的正常工作"。①

这么严重的形式主义在抗疫时还如此猖獗,是之前没有对其进行整治吗?事实上,在疫情之前不久,从中央到地方,包括湖北省和武汉市,就开始大力整治形式主义。2018年9月,中央纪委颁发《关于贯彻落实习近平总书记重要指示精神 集中整治形式主义、官僚主义的工作意见》(以下简称《工作意见》)。《工作意见》明确了重点整治的四方面问题:第一,在贯彻落实党的路线方针政策、中央重大决策部署方面,重点整治严重影响党中央权威和集中统一领导、影响中央政令畅通的形式主义、官僚主义的突出问题。比如,对中央精神只做面上轰轰烈烈的传达,上下一般粗的传达等。第二,在联系群众、服务群众方面,重点整治群众身边特别是群众反映强烈的形式主义、官僚主义突出问题。比如,对群众合理诉求推诿扯皮、冷硬横推等。第三,在履职尽责、服务经济社会发展方面,重点整治不担当、不作为、慢作为、乱作为、假作为等突出问题。比如,乱决策、乱拍板、乱作为,编造假经验、假典型、假数据,瞒报、谎报情况,隐藏、遮掩问题等。第四,在学风会风文风及检查调研方面,重点整治频次过多过滥、浮于表面等突出问题。比如,检查考核过多过滥,

---

① 上游新闻:"李田田事件背后的频繁检查",http://www.yidianzixun.com/article/0NXM2Y6Y? appid = mibrowser。

多部门重复考核同一事项，表格多、材料多等。《工作意见》提出了九条具体举措，要求各级纪检监察机关加强督促，强化纠正整改。① 此后，各地颁发相应文件。2019年3月，湖北省纪委印发《集中整治形式主义、官僚主义问题2019年行动举措》，提出了重点整治文山会海、过度"留痕"、督查检查考核过多过滥等加重基层负担问题，确保文件、会议同比减三至五成，检查考核减一半以上等十大举措。② 2019年4月，武汉市纪委开始集中整治形式主义和官僚主义的工作，工作内容基本同上。③ 不仅湖北省，笔者查阅过的所有省份都发布了相应文件，而且查阅到一些县也发布了相应文件，基本都是大同小异的举措，甚至不同地方文件的许多用语和指标几乎完全一样。

集中整治行动取得了成效。2020年1月中旬，中央纪委发布了2019年12月全国查处违反八项规定问题统计表，首次向社会公开发布查处形式主义、官僚主义问题的条目。统计显示，2019年，全国共查处形式主义、官僚主义问题7.49万起，处理党员干部10.80万人。④

在上述焦点事件和文件中，形式主义与官僚主义混在一起。通过梳理上述典型事件和各级文件可以看出，被认为是形式主义的东西主要有如下方面表现：表格多、材料多、文件多，会议多、做作多、检查多，指标多、专项多、考评多。

---

① 中纪委官网：http://zgjjjc.ccdi.gov.cn/bqml/bqxx/201810/t20181014_181355.html。
② 湖北省纪委官网：http://www.hbdysh.cn/2019/0322/47421.shtml。
③ 武汉市政府官网：http://www.wuhan.gov.cn/2018wh/whyw/201904/t20190430_259300.html。
④ 中纪委官网：http://www.ccdi.gov.cn/toutu/202001/t20200120_208079.html。

这"九多"实际上是大量的模块化、格式化、流程化的工作表达方式，这些方式既可以展示工作内容，也可以偏离工作内容或选择性展示工作内容。这就是本章对形式主义的基本界定。

但问题在于，政府机关的日常工作恰恰又离不开这几个方面。譬如填表，到底填多少表属于正常统计，多少又是形式主义，就难以判断。正如永顺县教体局负责人所言，"我们认为这是我们的正常工作"。这就是形式主义的"点睛之笔"。也就是说，被外界批评为形式主义的许多东西，在政府部门思维中可能属于正常工作。

因此，必须认真思考，为什么这九个方面既可被当作正常工作，又会被视为形式主义。最具解释力的答案应该是：如果这九个方面不太多，就是正常工作；如果太多，就成了形式主义。

二、对层级体系和各层级任务的分析

不少人在批评形式主义的同时，也试图挖其根源。譬如，戴焰军（2018）就认为，形式主义的根源有主观和客观之分，主观根源在于懒政怠政、不敢担当、能力不足、邀功请赏，客观根源在于体制机制缺陷、社会环境变化、现象的模糊性、工作要求的复杂性。许多文章都泛泛提及凡此种种根源。

上节对两个焦点事件和诸多文件的梳理，显而易见地告诉我们，这"九多"涉及不同层级政府之间的工作互动，而不是同一层级政府各部门之间的工作互动；或者涉及同一层级政府的上级人员和下级人员之间的工作互动，而不是同级人员之间的工作互动。例如，抗疫中填表多，但都是由基层填写，要求基层填写的

"六七个部门"，当然是上级；抗疫中检查多，是"基层应对上级各类检查"；抗疫时"上级领导到医院"，基层紧急安排横幅，也是上下级之间的工作互动；湖南永顺县桃子溪学校赶材料、迎检查、备评估，也是学校、镇政府与上级政府的工作互动。

大致可以确定，分析形式主义的根源，要害在于分析政府层级体系。

我国政府层级之多可以说是举世罕见。从中央到省、地级市、县或区、乡镇，共有五个层级。村可以算半个层级的政府，尽管它名义上是村民自治组织。五级半政府构成了一个高耸型纵向体系。即使在一元制国家，这么多层级的纵向体系也极不寻常。而在联邦制国家，州政府并不属于联邦政府的下一层级，市政府更不隶属于中央，层级极少，属于扁平化体系。人口更多并不一定成为层级更多的理由，因为可以通过增加横向单位的数量，从而减少纵向层级的数量。

我国上一层级政府可以向下一层级政府传达方针、部署工作、下达指令，这些事务可以被统称为任务。相应地，上一层级可以对下一层级进行督察、检查、考核、评估。这些事务可以被统称为业绩衡量。

更重要的是，我国这个体系实行的是可穿透的纵向制，就是上面层级可以穿过其直接下层，对更下面的任何一个层级布置任务、衡量业绩。其方式可能是跳过中间层级直接由上层对基层，也可能是逐层传递。例如，国家教育部门对永顺县桃子溪镇的学校并没有直接布置工作，但其颁发的县域教育均衡发展文件及相应指标，通过省、自治州、县，逐层传递到桃子溪镇的学校。而湖南省教育部门则可以跳过自治州，直接到永顺县和桃子溪镇布置任务和检查工作。任务和指标逐层传递或逐层分解，其任务和指标的源头在更上面的层级。

需要指出的是，下面层级之所以接受任务和指标，一方面是因为下级必须服从上级的"组织纪律"，另一方面是因为上级向下级分配资源。譬如，实现县级教育均衡发展的相关指标需要资金投入，这些资金除了镇政府和县政府自筹，上级政府通常会给予一部分。上级对下级承担的任务投入资源的现象，在我国非常普遍，而且体量很大。这与政府对资源的筹集和分配方式有关。如果财税等资源主要由上级来筹集和掌控，上面层级不但可以分配给直接下层，还可以穿透式分配给更下面的各个层级，那么可穿透纵向制就会很有威力。如果政府部门和官员对这些资源的分配有较大的自由裁量权，无疑会加重可穿透纵向制的威力。

更确切地说，我国的体系实行的是可穿透的直线职能制。也就是说，上面层级政府的某个职能部门可以施力于直接下层的同类职能部门，也可以施力于更下面任何层级的同类职能部门，还可以施力于直接下层和隔级下层的整个政府。所谓施力，是一个概括性的说法，就是指任务布置、业绩衡量、资源分配等。例如，湖南省教育主管部门是省政府的一个职能部门，它可以施力于其直接下层的同类职能部门——湘西自治州教育局，也可以施力于其隔级下层的同类职能部门——永顺县教体局，还可以施力于其直接下层和隔级下层的整个政府——湘西自治州政府和永顺县政府，所以省教育督导组可以约谈永顺县的县长。

每个层级的政府有许多职能部门。除了教育主管部门，还有财政、发展改革、工业、商务、交通、卫生、生态环保、自然资源、市场监管、安全监督、网络管理、公安、政法、反腐、宣传等部门。此外,政府的各个辅助和服务机构,包括秘书机构、后勤机构,实际上是直接围绕政府领导开展工作的机构,它们虽然不是严格意义上的职能部门,但也有类似可穿透直线职能制的情形。每个层级至少有20个这样的部门。

需要说明的是,这个可穿透直线职能体系与工厂里的直线职能制有很大不同,工厂的车间虽然接受厂部布置任务并服从各职能部门的管理指导,但车间并无自身的本级任务,也不需要本级筹集和投入额外资源,更不负责保障本级工作人员的工资和当地民生,而地方政府完全不是这样。

图13.1是这个可穿透直线职能体系的示意图。这个体系共有5个层级,最多可穿透4个层级。图中L_I到L_V分别代表层级1到层级5;D_1、D_2和D_{20}分别代表职能部门1、职能部门2和职能部门20,譬如,D_1表示教育部门,D_2表示卫生部门,D_{20}表示环保部门。带箭头的直线表示上面层级可对下面层级布置任务和衡量业绩,实线表示直接的任务和业绩衡量,虚线表示穿透性的任务与业绩衡量。在这个示意图中,每个职能部门向下发出一个箭

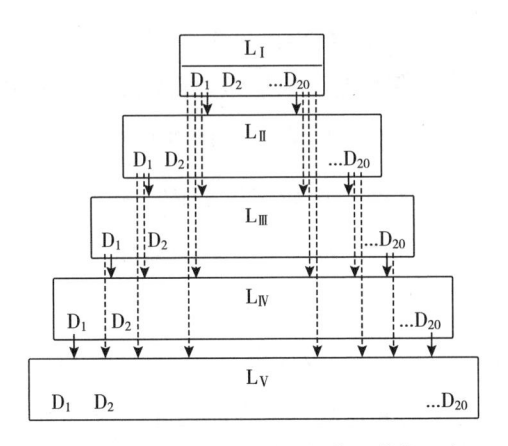

图13.1 我国可穿透直线职能体系简化示意图

支,意味着本章假定,在同一时期,一个层级的一个职能部门向下只布置一项任务,并进行相应的业绩衡量。

图13.1没有将政府领导个人发射的箭支单独标出。政府领导有若干人,分管不同的工作领域,这些领域各自对应一些职能部门。领导可能会通过各个职能部门发出箭支,但这并不是全部。领导个人也会直接发出箭支,经常会有工作设想及任务指示,会有意见和批示,都可以进行穿透。领导个人发出箭支的威力在一定程度上取决于领导个人掌握了多少可分配给下面层级的资源,如财税资源、土地资源,以及各种配额资源等。法治不足,人治有余,会加强领导个人发出箭支的力量,该体系就会沦为人治的变异直线职能制。

图13.1也没有将专项箭支单独标出。专项就是某一时段的重点工作,往往被冠以"某某专项行动""某某工程""某某计划"的名称。譬如,湖南永顺县执行的县域义务教育基本均衡发展工作,应该就是国家教育部门在这一时期推行的专项工作。有很多时候,对于某个特定事项和特定责任,层级之间要签订责任状,且会一层一层往下压,这些也可被视为专项工作。

图13.1表示的仅仅是政府层级之间的关系。在同一层级之内也存在不同级别的机构,同一机构内部也存在不同级别的部门。可穿透直线职能制在同一层级之内和同一机构之内也同样存在。因此,我国的可穿透直线职能体系,实际上比图13.1要复杂得多。

在图13.1中,每个层级只显示了2个职能部门,而层级5承受了8支箭。简单的算术就是,当职能部门增加到20个时,层级5将承受80支箭。即使假定层级1不会穿透3个层级而到达层级

5，那么层级 5 也会承受 60 支箭。不过理论上，层级 1 仍然可以穿透 3 个层级而到达层级 5。所以，这些箭支的数量指的是最大可能任务数量。各个层级的最大可能任务数量见表 13.1。

表 13.1 各层级的最大可能任务数量（5 个层级且每层有 20 个职能部门）

层级	接受的箭支数量
1	0
2	20
3	40
4	60
5	80

由此可见，在可穿透直线职能体系中，基层政府承受的最大可能任务数量是不可穿透体系的 4 倍。

需要澄清的是，某个层级的最大可能任务数量是指这个层级同时接受上面每个层级的每个职能部门的箭支数量。譬如，在同一时期，在教育领域，层级 5 接受上面 4 个层级的任务，且这 4 个层级的任务各不相同，也就是说，层级 4 向层级 5 布置的任务，并不是简单转达和分解层级 3 向层级 4 布置的任务，以此类推。因此，表 13.1 表示的是一种极端情形，而以下各节基于表 13.1 的成本分析，也是极端情形。但这种极端情形并非不存在，譬如在同一时期，湖南湘西某个乡镇政府接受了省、自治州、县教育部门层层分解的教育部规定的教育均衡发展任务，又接受了省教育厅布置的防止儿童视力下滑的任务、自治州教育局布置的提高儿童营养餐标准的任务、县教育局布置的防治流感的任务。

第十三章 形式主义的经济学分析 303

三、对各层级成本的分析

1. 基本成本

上面层级布置一项任务需要研判局势、筹划任务、确定指标等，其工作人员会付出工作努力，这就构成了上面层级的任务布置成本。下面层级完成一项任务，当然需要其工作人员投入相应的工作努力，这就构成了下面层级的任务完成成本。

针对每一项任务，上面层级需要投入相应力量进行业绩衡量。业绩衡量不但会在上面层级产生施加考核的主考成本，如调查了解任务完成的进展情况、设计考核指标和表格、收集表格和分析指标等；也会在下面层级产生接受考核的被考成本，如接待考察评估、撰写汇报材料、匡算指标和填报表格等。

因此，任务布置成本和主考成本是上面层级所需支付的基本成本，任务完成成本和被考成本是下面层级所需支付的基本成本。

下面根据各层级布置的任务量和接受的任务量，来考察各个层级工作人员的基本成本。

对于一项任务，把上面层级对任何一个下面层级的任务布置成本记为 C_g，把它对任何一个下面层级的主考成本记为 C_p；把下面层级对来自任何一个上面层级的任务完成成本记为 C_t，把来自任何一个上面层级的被考成本记为 C_e。

需要说明的是，在可穿透直线职能体系中，层级4、层级3、层级2同时兼有上面层级和下面层级的双重角色，它们的工作人员需要支付双重成本。

与图13.1的假定一样，在同一时期，一个层级的一个职能部门只向下级布置一项任务，并进行相应的业绩衡量。在只有一个职能部门的情形中，层级5会有来自4个上面层级的同类职能部门的成本 Ct 和 Ce，所以需支付的基本成本为 4（Ct + Ce）。由于层级4会有来自3个上面层级的成本 Ct 和 Ce，而且有对1个下面层级的成本 Cg 和 Cp，所以需支付的基本成本为 3（Ct + Ce）+1（Cg + Cp）。以此类推。当每层有20个职能部门时，各层所需支付的基本成本如表13.2所示。表13.2的成本分析基于表13.1的最大可能任务数量，所以显示的是各个层级的最大可能成本。这也是一种极端情形。

如果假定（Ct + Ce）≫（Cg + Cp），那么越往下层，需要支付的成本越会快速上升。有工作经验的人员都知道，这个假定符合事实。

表13.2　极端情形下各层级最大可能基本成本
（有5个层级且每层有20个职能部门）

层级	向下布置任务的数量	来自上面任务的数量	所有任务的成本
1	80	0	80(Cg + Cp)
2	60	20	20(Ct + Ce) + 60(Cg + Cp)
3	40	40	40(Ct + Ce) + 40(Cg + Cp)
4	20	60	60(Ct + Ce) + 20(Cg + Cp)
5	0	80	80(Ct + Ce)

表13.2的成本是一种极端情形，即共有5个层级，且每个层级的同类职能部门都会对下面各个层级布置任务和考核业绩。考虑一种比较常见的不极端情形。假定某个上面层级只对直接下层和穿透这层对更下一层布置任务和考核业绩。也就是说，这个可穿透直线职能体系只有3个层级。这种情形在实际中屡见不鲜，例如，湖南省教育部门对湘西自治州教育部门和永顺县教育部门

布置任务并进行考核，就属于这种情形。在三层结构中，假定也有20个职能部门，各层级工作人员需支付的成本列表见表13.3。

表13.3 常见情形下各层级最大可能基本成本
（有3个层级且每层有20个职能部门）

层级	向下布置任务的数量	来自上面任务的数量	所有任务的成本
1	40	0	$40(Cg+Cp)$
2	20	20	$20(Ct+Ce)+20(Cg+Cp)$
3	0	40	$40(Ct+Ce)$

由于$(Ct+Ce) \gg (Cg+Cp)$，显然，最下层级的工作人员的成本也非常高。

2. 任务束调整成本

除了基本成本，下面层级的工作人员可能还会面临另一项成本，就是任务束调整导致的成本。

来自上面层级各部门和各位领导个人形成的许多箭支，射到了下面某个层级政府，这些箭支就形成了下面层级的任务束。也就是说，下面任何一个层级政府执行的任务并不是单个任务，而是多个任务。但更重要的是，各箭支的轻重缓急程度并不完全一样。对于下面层级来说，如何分别各箭支的轻重缓急是一件日常基本功，因为最紧急的任务需要投入最多的资源和努力，最轻缓的任务将投入最少的资源和努力。

用L_1D_1代表层级1的D_1部门下达的任务，L_1D_2代表层级1的D_2部门下达的任务，以此类推，L_1D_{20}代表层级1的D_{20}部门下达的任务。则层级5会承受从L_1D_1到$L_{IV}D_{20}$共80支箭。

假定从L_1D_1到$L_{IV}D_{20}$的顺序也表示了各项任务轻重缓急的

顺序。80项任务构成的这个顺序就成为层级5的第一个可能的任务束。

一定还会有其他的任务束。如果L_1D_2的重要性、紧迫性超过L_1D_1，而其他78项任务的顺序不变，这就构成了第二个可能的任务束。

例如，当雾霾非常严重的时候，来自环保部门的箭支是最重急的任务，某个县政府会全力限制生产生活用煤引起的污染。但过了两三天，由于学校在冬季不能正常烧煤供暖而冻坏了学生，引起很大舆论反响，此时来自教育部门要求两天之内保证教室正常供暖的箭支，就会成为最紧急的任务。此时，这个县的任务束就发生了极大变化。只有识别任务束的改变，县政府才可以及时调整资源和工作努力的配置。

每个层级最多会有多少个可能任务束？根据数学中的排列方法，层级5最大可能任务束的数量为：

$$A(80,80) = 80 \times (80-1) \times (80-2) \times \cdots \times (80-80+1) = 80!$$

以此类推，可以得到每个层级最大可能任务束的数量。具体见表13.4。

表13.4 每个层级最大可能任务束的数量

层级	可能任务束的数量
1	0
2	20!
3	40!
4	60!
5	80!

第十三章　形式主义的经济学分析　　307

表中任务束的数量都是天文数字。当然这些都是理论数字，现实中不可能有这么多任务束。

如果某个层级接受的任务束发生变化，这个层级就需要重新配置资源和工作努力，这就是任务束调整成本，包括调整某个任务的领导小组成员名单、调整这项任务的预算和完成时限等。最大可能任务束的数量对应着最大可能任务束调整成本。假设任何一个任务束的调整成本都为 C_a，那么每个层级最大可能任务束调整成本如表 13.5 所示。

表 13.5 每个层级最大可能的任务束调整成本

层级	可能任务束的调整成本
1	0
2	$20! \times C_a$
3	$40! \times C_a$
4	$60! \times C_a$
5	$80! \times C_a$

这也是理论成本，现实中不可能有这么多任务束和这么高的调整成本。但可以考虑一种比较接近现实的情形：每个层级在所有任务中只对其中 5 项任务进行任意排列以形成任务束。显然，层级 5 可能任务束的数量是：

$$A(80, 5) = 80! / (80-5)!$$

以此类推，可以得出这种情形下每个层级最大可能任务束的调整成本，具体见表 13.6。

显然，不管怎样，每往下一级，任务束成本会显著增大。由于排列的数量取决于阶乘，因此，层级数量、职能部门数量的增加导致任务束调整成本增加的倍数，会远远高于层级数量、职能部门数量本身增加的倍数。

表 13.6　只对 5 项任务进行排列时每个层级最大可能任务束的调整成本

层级	可能任务束的调整成本
1	0
2	[20！／(20－5)！]×Ca
3	[40！／(40－5)！]×Ca
4	[60！／(60－5)！]×Ca
5	[80！／(80－5)！]×Ca

麻烦的是，不但下面层级对各箭支轻重缓急的理解程度会有差异，而且上面层级并不一定明确说明各箭支的轻重缓急程度，而且很有可能会随时调整。很多时候，任务束的改变是因为上面某个层级的某个职能部门，或者某位领导个人对任务的重要性，以及对各项任务所处环境或所处阶段的变化有了新判断。所以，任务束调整成本不可小觑。调整资源和工作努力的配置本身也是消耗资源和努力的任务。如果任务束的调整比较频繁，就会使下面层级疲于应付。

把表 13.3 和表 13.5 整合，就可以得到每个层级最大可能总成本，见表 13.7。

表 13.7　每个层级最大可能总成本

层级	总成本
1	80(Cg＋Cp)
2	20(Ct＋Ce)＋60(Cg＋Cp)＋20！×Ca
3	40(Ct＋Ce)＋40(Cg＋Cp)＋40！×Ca
4	60(Ct＋Ce)＋20(Cg＋Cp)＋60！×Ca
5	80(Ct＋Ce)＋80！×Ca

由于假定 (Ct＋Ce) ≫ (Cg＋Cp)，所以下面层级的总成

第十三章　形式主义的经济学分析　309

本远远高于上面层级的总成本。这就容易理解,为什么第一节中提到的那些整治形式主义的文件都把"增加基层负担"作为一项严重病症。

3. 如何节约成本

下一个问题,就是下面层级如何节约成本。一方面,由于工作人员的收入基本固定,另一方面,由于工作人员的数量不可能随意扩充,此外,政府预算总是有限的,因此,只要能够基本完成任务,节约成本是部门和工作人员的最基本动机。这样就可以使工作人员减少工作时间、减少全神贯注、减少疲惫,也可以避免财政陷入困境。

首先来看如何节约基本成本。第一项是任务布置成本 C_g。除了最下层级,其他每个层级都有任务布置成本。对于每个中间层级而言,在向下布置的任务中,有一些是转达、分解和适当包装的来自更上层级的任务,这就是本章第一节论述"穿透"时所说的"逐层传递"。这种向下的任务布置其实也是对上的任务完成,所以会涉及布置成本和完成成本。显然,成本最小的方式就是开会和发文,这样既完成了来自上面层级的任务,也实现了对下面层级布置任务。

第二项是主考成本 C_p。必须强调,业绩衡量是一件非常困难的事,本章第四节将会做更详细论述。要准确及时了解下面层级对任务完成的真实和全面情况,会导致巨大的信息成本,因此实际上是做不到的。针对任务的某些维度,设立几个典型指标,然后把这些指标设计成格式化的表格,让下面层级填写并上报,同时让下面撰写相应的文字汇报材料,是成本最小的业绩衡量方式。当然,单纯采取这种方式不但不够全面,而且上面层级也有可能被蒙蔽,所以,上面层级的工作人员到下面层级进行现场检查、视察、评估以及督导,也是常用的方式。

第三项是任务完成成本 C_t。这是最大的一项成本,特别是对最下层级而言尤为如此,因为在最下层级的各种任务中,已经没有再向下转达和分解来自上面层级任务的内容了。完成非转达的分解性任务,需要实实在在的工作投入。譬如,要实现绝对贫困人员"清零",最下层级就要派出人员到村子里常驻工作并帮助村民解决和协调具体问题,同时还要投入资金等资源。完成这种任务并没有更好的节约成本的方式。不过,由于上面层级根本无法支付非常巨大的主考成本,所以实际上往往出现难以避免的主考疏漏。在这种情况下,下面层级节约完成成本的最好方式,就是根据上面层级设定的指标、显示的倾向、所抓的重点,选择性地完成任务。所以,学好上面层级的文件、吃透上面层级的精神、领会上面层级的意图,就成为节约完成成本的基本功。

第四项是被考成本 C_e。在上面几项成本得到合理节约的情况下,节约被考成本就比较简单了。填好各种表格,写好各种材料,学好各种文件,做好各种汇报,以及搞好各种视察、检查、评估、监督的接待,包括并不包含在接待要求之内的打扫卫生,都可以很好地节约被考成本。

再来看如何节约任务束调整成本 C_a。这项成本非常高昂,所以节约成本极为重要。在任务束突然变化的情况下,虽然来不及调整资源配置和努力方向,但是,有一种方式的工作可以及时进行,这就是开会和发文。开会和发文其实是一种"显示"和"展现"活动,告诉上面层级,本层级正在致力于完成调整过的任务束。这样做不仅节约了本层级的被考成本,还有助于上面层级心照不宣地节约主考成本,实在是"一箭三雕"。

很明显,从节约成本的角度看,开会议、发文件、学文件、设指标、填表格、写材料、报材料、检查评估、迎来送往,以及各种做作、各种场面,一定会成为最通用、最基本的工作方式。

再次强调,本节分析了最大可能成本,而不是代表实际工作中的真实成本。真实成本当然小得多,而本节提供的从成本角度审视形式主义的分析框架,却是贴近实际的。

四、委托代理关系分析

形式主义泛滥还不完全来自上节分析的成本问题。每个层级及其工作人员对所担负的任务要承担责任风险。严格地说,责任风险也可纳入成本范围,但单列出来,不仅有利于开展分析,也有利于认清问题实质。

在可穿透直线职能体系中,批评和问责也是可穿透的。这可能是可穿透体系最有威力的元素。问责较轻微的方式是约谈、批评、曝光等。上面层级不但可以约谈和批评直接的下级官员,也可以穿透性地约谈和批评更下级官员。譬如,湖南省层面的督导组约谈永顺县县长,就穿透了自治州政府。批评和曝光尽管不是很正式的问责,但会给涉事政府和官员带来较大压力。这些批评和曝光往往通过媒体传播,反而会使涉事政府和官员弄不清有关工作的真实情况和上面层级的真实想法。问责较重的方式是警告、记过等处分。警告、记过等处分一般由本层级做出,但直接上层和更上层无疑可以实际上决定是否进行这些问责。免职是非常重的问责。职能部门官员的免职,从形式上看也是由本层级做出的,但直接上层和更上层实际上也可以决定是否免职。政府主要领导的免职，实际上也由直接上层和更上层决定。立案调查则属于比免职更严重的问责，这样的问责，直接上层和更上层有很大的决定权。因此，这个体系的问责也是典型的可穿透纵向制度。

最令下面层级担忧的是问责的不确定性。不确定性与任务束改变有一定关系。由于任务束改变主要来自上面层级，这些改变往往具有较大不确定性，如果下面层级不能及时领会和把握，且不能及时调整资源和努力配置，就有可能被问责。不确定性也有可能来自上面层级领导个人发出箭支的不确定性。领导个人发出箭支具有随时性和随意性，如果下面层级不能很好地应对，容易导致不确定性问责。最后，即使下面层级有责任，但责任到底有多大，到底适合多严重的处分，其实有较大的弹性空间，因为上面层级有较大的自由裁量权，这也会导致问责的不确定性。

上面层级对下面层级不但可以布置任务，还可以进行业绩衡量和问责。但是，上面层级要了解下面层级执行任务和完成任务的真实情况，需要付出很大成本，特别是很难清楚地掌握下面层级工作人员的努力程度。因此，这是典型的委托代理问题。

不过，这个体系的委托代理关系并不典型。下面层级作为代理人，接受可穿透的任务、考核、问责，这属于多任务委托代理。霍姆斯特朗和米尔格罗姆（Holmstrom and Milgrom，1991）对多任务委托代理进行了开创性研究，但在我们的可穿透体系中，多任务并不一定来自同一个委托人。多个层级的上级相当于多个委托人。也就是说，这个体系构成了多委托人的多任务委托代理关系。

尽管建立多委托人的多任务委托代理关系的数学模型存在一

些技术上的问题，但是，借助于霍姆斯特朗和米尔格罗姆的上述研究，和他们（1987）更早时候发展出的模型，以及克莱因等人（Klein et al., 1978）关于纵向一体化合同等方面的基础研究，也可以对这个委托代理体系进行一些基本分析。

首先，可以把这个体系中的委托代理关系理解为某种合同关系。尽管对我国政府体系做这样的理解并不准确，但在分析各自行为取向时，这种理解是简洁且合适的。为了使代理成本分析简单明了，霍姆斯特朗和米尔格罗姆（1987，1991）假定，代理人成本实际上就是代理人投入各项任务中的全部努力，也就是说，如果有一个多任务的任务束，代理人在某一项任务中投入更多努力，就只能在其他任务中投入更少努力。他们的模型表明，在这种多任务委托代理关系中，采用低能激励，即委托人与代理人形成较固定的雇佣合同，并投资形成专用资产，让代理人作为雇员来使用这些资产以完成各项任务，是比较常见的委托代理形式。这有利于代理人在各项任务之间分配工作努力，使各项任务完成得更加均衡，或者更加符合委托人的期望。我国的可穿透直线职能体系基本符合他们的假定。政府工作人员可以被看作代理人，而政府机构则是委托人，多层级政府机构，无疑是多个委托人。由于委托人对代理人的业绩衡量存在困难，所以，委托人对代理人的激励机制比较有限和贫乏，但有动机设立严格复杂的约束机制来限制代理人行为，一旦代理人的行为触动约束机制，委托人就对代理人做出惩罚。在本章的可穿透直线职能体系中，这样的情况非常普遍，也非常严重，不但本层级，而且多个上面层级都会对工作人员设立各种各样的行为规范和纪律约束。当然，任何组织，特别是政府组织，都会对工作人员设立行为规范和纪律约束，但我国的可穿透直线职能体系比较流行层层签订责任状和规定第一责任人的方式，这些责任状涉及许多方面，不仅限于本职工作方面的内容，甚至还有连带责任方面的内容，如果不注意，很容易触发责任条款，导致问责和惩罚。因此，在本章的委托代理关系中，代理人不但对业绩衡量非常在意，而且对各种规范、纪律、责任也非常在意，即使其本职工作的业绩衡量符合要求，但如果其他方面不符合要求，也会导致被问责和惩罚。这会极大地增加原本已很严重的对业绩的不确定性问责。因此，下面层级对可穿透性问责和惩罚的忧惧十分突出。

其次，在这个可穿透问责体系中，来自上面层级的问责和惩罚多种多样，除了最严重的追究刑责，最普通的方式就是变更甚至解除合同，包括降级、免职、开除。克莱因等人（Klein et al., 1978）对纵向一体化组织以及专用性人力资本的分析表明，当存在由于资产专用性而产生的可剥削准租金的时候，订立合同、监督合同的执行就具有很高成本。在本章的多层级体系中，政府工作人员的人力资本其实具有较高的专用性，他们善于撰写材料、准备场面、应付检查视察等，但是他们不善于产品研发、生产管理、市场营销。如果他们离开政府机构，或者哪怕仅仅离开现有的工作岗位、脱离现有的工作内容，他们的专用性人力资本就会急剧贬值。显然，政府机构，特别是上面层级的政府机构，作为委托人，相对于代理人而言具有更加强势的地位。由于合同执行的监督成本很高，也就是说，当出现合同纠纷时，委托人变更或解除合同，代理人往往无奈和无助。这只是就商业合同而言。本章只是把我国政府机构与其工作人员之间的关系比拟为合同关系，事实上，我国政府机构对工作人员的问责和惩罚没有那么麻烦，不需要考虑合同纠纷处理。无疑，工作人员非常清楚，如果上面层级变更和解除合同得不到下面层级的监督，也不需要下面层级当事人的同意，即使他们能够谋到新的工作，其专用性资产的贬值仍会导致收入下降、岗位贬低。可以想象，他们对合同的变更和解除怀着多大的忧惧感。因此，他们对任何的任务布置和业绩衡量举措，都会表现出表面上的全盘接受、照单全收。但是，由于前节分析过的成本问题，他们不可能不折不扣地全盘和照单完成。他们对任何行为规范和纪律约束及相应的责任状，都会表现出百依百顺、毫无怨尤。但由于存在不确定性问责的巨大风险，他们肯定会以自己的方式来尽力控制这一风险。

一方面，他们不可能全盘和照单完成任务，另一方面，他们要尽力控制不确定性问责风险，那么，怎么做才是理性行为？最可能节约成本的办法就是尽量采取"显露"和"展示"其工作的方式，告诉上面层级自己在努力完成工作，所以就会有声势浩大的做作场面、汇报材料、会议文件、检查督察等；他们还会尽量采取"显露"和"展示"的方式，告诉上面层级自己很恭顺并乐于接受约束，所以也会有工作要求之外的迎来送往和打扫卫生、张贴标语、高调表态等。所以，形式主义的普遍化、顽固化、严重化不可避免。

需要说明的是，大搞形式主义并不是不推进实质性工作、不完成实质性任务。毕竟，业绩衡量仍然具有准确性，完全搞形式主义骗不了业绩衡量者。而且，许多任务有很大的合理性，也配有一定的资源，完成这些任务符合本层级的利益。当然，政府工作人员中不少人有使命感，有责任心，有奉献精神。此外，一些形式的东西，也是一种程序、一种压力，对实质性工作会有某种程度的促进作用,只是由于这些形式太多而被斥之为"主义"。因此,在这个可穿透直线职能体系中,尽管可以看到很多形式主义,但在巨大的业绩衡量和问责压力之下,仍然有许多任务得到较好完成。特别是对于一些重点任务,例如上面层级重要领导亲抓紧抓的任务,下面层级会全力投入,努力完成工作,这种对资源和努力进行选择性配置的做法,与形式主义不但不矛盾,而且相辅相成。

再次,委托人也需要节约任务布置成本和业绩衡量成本。委托代理经济学似乎回避了对委托人行为的分析,把注意力集中在代理人身上。实际上,委托人也存在很多固有的问题。米尔格罗姆和罗伯茨(Milgrom and Roberts, 1987)分析了集权化成本问题,他们认为,一个组织的上面层级在做出决策时,也有相应成本。成本之一就是上面层级并不直接拥有决策所需的信息,而需借助下面层级提供,这就是决策信息成本。而下面层级则可能借此机会有意扭曲信息以提升他们的利益。他们把这些成本称为影响成本。他们虽然并不直接分析委托代理关系,但有关方法和结论对本章的可穿透多层级体系是适用的。上面层级政府要制定正确的方针、部署正确的战略、布置正确的任务,必须采集大量基层信息。为了节约信息成本,一方面,上层领导和官员需要亲自到基层进行一些典型调研,以获得直接的和感性的认识,另一方面,会将信息收集和加工工作向下转嫁,要求下面层级提供信息。所以,这会涉及下面层级迎来送往、汇报、编写材料、寻找典型实例、收集整理数据等工作。上面层级为了节约信息成本,会根据自己的个性化需求而设计完全供自己使用的数据表格和材料格式,因此,即使对于同一件事情、同一组数据,不同部门会要求下面层级分别填写不同的表格,分头报送。所以七八个部门即使索要同样的数据，这些部门也不会投入人力和时间去共同设计统一表格。这就是为什么抗击新冠疫情时会有"七八套表格"。而下面层级为了节约信息成本，也可能炮制典型、编造数据、文饰材料，并且可能提供故意扭曲的信息。同样，上面层级对下面层级进行业绩衡量，也涉及巨大的信息成本。在一个多任务，并且任务束有可能随时变化的体系中，准确衡量业绩尤为困难。可怕的是，上面层级拥有决定下面层级工作人员奖惩的优先权，但上面层级存在巨大的主考成本。对于多任务的工作而言，真正准确的业绩衡量，需要获得现场日常感知信息，而这对主考者来说是不可能获取的信息，因此主考者只能以考核指标信息来代替。恰如宰我是否真正孝敬父母，只有与他生活在一起的父母才知道，而孔子不可能准确了解，所以孔子只能以守孝是否满三年这样的考核指标来代替，这也就有后来一些儒士把守孝时间增加到四五年甚至更长，以显露自己如何孝，并折射自己如何忠。显然，这容易陷入形式主义。

总的来看，可穿透直线职能体系形成了这样一种非常奇特的委托代理关系，从而极大地强化了形式主义。对于形式主义与直线职能体系之间的关联，之前也有一些学者隐约意识到了这一点。例如，李永忠和李秀娟（2013）就剖析了"苏联模式"，认为权力过分集中的结构是形式主义的根源。他们认为，"苏联模式"有两个根本因素：一是权力过分集中的"议行监合一"的权力结构，即决策权、执行权、监督权高度重叠，由此形成绝对权力；二是自上而下层层任免干部的"等级授职制"的选人用人体制，由此固化并强化已形成的绝对权力，从而导致形式主义和官僚主义难以遏制。张文魁（2015）曾从央地关系角度提出这样一个问题：地方政府的授权机制和问责机制到底是来自上面层级还是来自本层级，如果是两者兼而有之，那么两者之间的边界在哪里。同时他还指出，未来，可能需要更多的当地化委托代理体制，让当地老百姓通过现场日常感知信息来对本地官员施加任务压力、进行业绩衡量和问责。但是，本章对可穿透体系委托代理的分析，可以更加系统地揭示形式主义的本质。特别是可穿透性问责的确会增强问责的威慑力，使国家权力向责任政府靠拢。对于一个现代国家而言，这本身不是坏事而是好事。但是，问责是一种惩罚机制，而惩罚机制与激励机制一样，既不可或缺，又不易正确把握和使用，正如一些经济学家（格尼茨和李斯特，2015）指出的，从行为经济学的角度来看，激励机制非常微妙。即使政府出于良好的意图而强化激励机制和问责机制，但若缺乏良好的机制设计，用之于实际就可能适得其反，或者即使压实了干部的责任，但又产生严重的副作用，如形式主义泛滥等。

综上分析，体制性根源造成的系统性形式主义，并无可能由于工作方法和工作作风的改进而得到根本性纠正。当然，除此之外，形式主义广泛存在，可能还有其他根源，特别是有着地方和部门领导者个人方面的根源。譬如，上面层级官员个人对信息获取可能存在无度和无用需求，他们会要求下面层级努力满足他们的这种需求。本质上，每个人对信息的需求是无限的，领导个人兴之所至就可能产生大量的信息需求，但这些过量信息对于掌握工作情况和做出工作决策并无明显的边际效果。而且，关于工作状况和工作过程的许多信息，转瞬就会失去价值。但是采集这些信息会导致巨额成本，如没完没了的数据、表格、情况、材料的收集整理和报送。这是滥求和滥采信息导致的形式主义现象。个人化的因素还包括好大喜功、随意使人、滥权诿过、求全责备等。当然，这些个人化因素造成的形式主义并非系统性形式主义，但会放大和加重系统性形式主义。而在健全的治理体系中，个人化的形式主义会得到较多约束。

五、结语

形式主义盛行并不是最可怕的事情，最可怕的事情是愈禁愈盛、对形式主义的根源没有正确认识。本章的分析表明，形式主义本质上是可以实现成本节约的表现主义和显露主义，并可以规避穿透性的胡乱问责。形式主义既然是一种节约成本和规避问责的行为，那么它在很多组织中都会广泛存在，要么是无内容的形式，即没有实质性工作内容，刻意通过形式来显示正在工作，要么是包含内容的形式，但形式太多从而喧宾夺主。客观地看，我国目前广受诟病的形式主义以后者居多。在我国可穿透直线职能体系中，大搞形式主义是成本支付、资源注入硬约束下的一种自发的、默契的、集体的理性选择。这是一种系统性的形式主义。本章并不全面分析评估可穿透直线职能体系，这个体系当然会有其优点，但严重的形式主义是一种无法避免的副产品。

既然是系统性形式主义，那么它一定是顽固的，但也会时轻时重。首先，可穿透直线关系并非一成不变，有时候会被强化，有时候会被弱化，可穿透直线任务及问责有时候多一些，有时候少一些。其次，非任务型工作，如学习活动等，也会有些时期多一些，有些时期少一些。这些都会对形式主义的流行程度产生影响。再次，尽管系统性形式主义不可能通过整顿工作作风得到根本解决，但是，当地干部个人工作作风浮华，好表现，讲排场，喜欢折腾下属等，会产生大量的非系统性形式主义。反之，非系统性形式主义就会少一些。非系统性和系统性形式主义可以相互强化，反之亦然。

在这样一个体系中，甚至在一个具体单位中，不管是大单位还是小单位，不管是机关单位还是企事业单位，就会出现一种自然而然的复制和效仿形式主义，以及官僚主义的强大倾向。也就是说，一个具体单位也可以搞成可穿透的、随意性很强的纵向体系，也可以盛行可穿透的胡乱问责，从而导致形式主义泛滥，并且诱发领导者个人因素进一步加重形式主义，从而败坏风气、腐化氛围。结果就是，全局的和局部的形式主义交织在一起，系统性和非系统性形式主义融合成一团，使得反对形式主义的任务更加艰巨。

本章参考文献

戴焰军. 形式主义官僚主义的危害、根源与治理 [J]. 人民论坛·学术前沿, 2018 (5): 6-11.
尤里·格尼茨, 约翰·李斯特. 隐性动机 [M]. 北京: 中信出版社, 2015.
李永忠, 李秀娟. 形式主义与腐败的逻辑关联 [J]. 人民论坛, 2013 (29): 28-29.
罗平汉. 中国共产党整治形式主义、官僚主义的历程与经验 [J]. 中国党政干部论坛, 2019 (8): 30-34.
张文魁. 中央和地方关系选择: 水平性分工与当地化委托代理 [J]. 改革, 2015 (6): 27-33.
Akerlof, G., 1982. Labour Contrcats as Partial Gift Exchange. *Quarterly Journal of Economics*, 97 (4): 543-569.
Holmstrom, B., and P. Milgrom, 1987. Aggregation and Linearity in the Provision of Intertemporal Intentives. *Econometrica*, 55: 303-328.
Holmstrom, B., and P. Milgrom, 1991. Multi-Task Principal-Agent Analysis: Incentive

Contracts, Asset Ownership, and Job Design. *Journal of Law, Economics, and Organization*, 7: 24 –52.

Klein, B. , R. Crawford, and A. Alchian, 1978. Vertical Integration, Appropriable Rents, and the Competitive Contracting Process. *Journal of Law and Economics*, 21: 297 –326.

Milgrom, P. , and J. Roberts, 1987. Bargaining Costs, Influence Costs, and the Organization of Economic Activity. Economics Working Paper 8731, Universiy of Califonia at Berkeley.

第十四章
通向韧性和进步性治理

在过去二三十年里,治理的理念、原则及相关政策、法律,在世界范围内得到了很大认同和推行,公司治理、社会治理、国家治理的框架在许多国家都得到了强化。不过,在新的时代环境中,治理也出现了新动向,遇到了新挑战。虽然治理本身就意味着更大的包容性和制衡性,但在不可阻挡的信息化、数智化和平权化、多元化的大潮流中,在风险与机会均易迅速扩散的大环境里,进一步增加治理的韧性和进步性,是必要的,也是可能的。通向韧性和进步性治理,必将是治理的未来之路。

一、治理面临的新挑战

治理之所以在全球范围内得到越来越广泛的认同和实行,根本原因在于,许多社会正在步入权利开放的道路。正如诺思等人(2013)分析的那样,开放准入秩序把包容、平等、参与、非暴力等因素纳入进来,是一种符合大多数人愿望的秩序,各个社会都存在向此转型的内在力量。当然,开放准入秩序也产生了功利主义效果,即促进了繁荣与发展。

不过，在一个全新的环境中，权利开放的治理也迎来了一些新挑战。首先，就是如何更迅速、更有力地应对风险与冲击。传统社会也有很多风险和冲击，但人们似乎更加麻木。而在一个开放性和流动性越来越强、联动性和躁动性越来越高的全球性社会中，风险的扩散速度和冲击程度远高于传统社会，人们对突发事件、紧急事态的敏感性也更加强烈。而且，随着这个世界的信息化程度空前提高，一时难辨真假的信息本身就可能形成猝不及防的信息冲击波。这给治理提出了一个问题：所谓良好治理，到底能不能比传统的统治加管理更好地应对风险和冲击？例如，新冠疫情的暴发与流行就激起了对治理的一些不满，同时又对治理提出了新要求。其次，治理面临的挑战也来自一些重要的全球性关切，这些关切在信息社会很容易在全球范围内找到众多同声相应的人群，并聚集起强大的共同力量。对生态环境恶化、气候变化等关切，对不同性别、种族、肤色、文化背景的人群如何实现平等对待等关切，治理不可能装聋作哑而不做出必要反应。这意味着，治理还需要进一步克服任何制度和框架都固有的刚性和惯性，继续提高包容性，但又不能因此而失序。例如，欧洲议会长期致力于制定一项公司治理方面的规定，即要求各成员国的大公司董事会中女性董事的比例不低于三分之一。为了订立这项带有女性平权内容的规定，欧盟花了十年时间来说服各成员国，终于该规定在 2022 年获得通过。[①] 近年来流行的 ESG 也在对治理产生影响，不但公司治理正在向这个方向发展，而且在国家治理层面，一些国家的绿党也已在议会中拥有越来越多的席位。再次，

---

① 见光明网的报道：https：//m. gmw. cn/2022－06/08/content_1302985916. htm。

治理在存异中如何求同也是一项重大挑战。在不同国家、不同社会，治理至少在形式上各不相同，在实质上的差异亦不鲜见。这些形式上和实质上的差异客观存在，但是在区域一体化、全球协调化的大潮中，又需要在差异中寻找共同方向。譬如，尽管德国公司治理具有独特性，但德国是欧盟重要成员，当欧盟在为这个共同市场制定通用的公司治理协调指引时，就大费周章。在国家治理层面，国与国之间的差异和分歧更大，因此可以想象，G20和OECD可以制定一套共同遵循的公司治理准则，却无法制定一套共同遵循的国家治理准则，这些国家之间如果发生关于国家治理的激烈争执，一点儿也不奇怪。

总而言之，治理因时代变迁而迎来了一些新挑战。在对新挑战的回应中，治理在全球范围内应不应该以及会不会得到重要的新发展，无疑值得关注和探讨。

二、给治理赋予韧性：研究与实践进展及局限性

引人注意的是，未来的治理应该以更大韧性来适应新的环境、应对新的挑战，这种思维正在得到广泛赞同和初步实践。韧性在冶金学中很好理解，就是指回弹性能；在生态学中也很容易理解，就是指自我复原能力。而将韧性与治理联系在一起，则意味着治理体系可以对重要风险和重大冲击做出正确反应、进行缓冲吸收，之后能够尽快复原，甚至得到更好发展。

治理从本质上看意味着更强的参与性、协作性，因而与统治加管理相比，实际上已经引入了韧性；但更加自觉、更加系统性地给治理赋予韧性，在很大程度上正是出于更好地应对风险和灾

害等重大冲击。

新冠疫情冲击就给治理带来考验，使一些学者更加意识到韧性在治理中的重要性。美国经济学家布伦纳梅尔（Brunnermeier, 2021）就指出，新冠疫情冲击暴露了社会脆弱性短板，但从不同国家的应对方式及效果看，韧性社会高出一筹。他强调，世界上很难消除风险和冲击，但较高的韧性可以使一个社会以协调的方式和有创造力的机制来应对，从而具有更好的恢复能力、调整能力、经济增长能力。他还强调，具有韧性的反应型社会契约（responsive social contract），通过政府作用、市场作用、规范与惯例作用的某种综合机制得以实施，所以涉及治理结构。

当然，并不是直到新冠疫情冲击，韧性才进入治理研究的视野。事实上，如何给治理赋予韧性，在21世纪初就引起了学术界的注意，譬如美国著名的中国问题专家黎安友（Nathan, 2003）就提到了在较为刚性、强硬的国家体系中如何增进韧性的问题，并引起了一些讨论。但遗憾的是，后来的更多学者则是从单纯的风险管理角度，甚至具体到如何应对自然灾害等突发事件的角度，来研究如何增强治理的韧性，以至于韧性治理的研究领域往往局限于城市管理、城市治理这一狭窄范围，譬如提出了韧性城市或城市韧性等基本概念，并得到了广泛呼应（吴佳、朱正威，2021；周霞、石宇、王楠，2021）。

不过，即使一些学者明确强调韧性治理，基本上也是从行政管理，特别是行政管理中的风险应对角度来开展研究。朱正威和刘莹莹（2020）认为，由于人们面临的灾害风险日益呈现复合型特征，传统的灾害与应急管理模式无法应对，所以有必要提出韧性治理的理论构想，并将韧性治理定义为一种全过程的灾害治理模式。也有一些学者把韧性治理的重点放在社区治理方面。张勤和宋青励（2021）认为，后新冠疫情时代，我国需要通过强化平安社区的"韧性之基"、打造数字化转型的"韧性工具"等方式，推行韧性社区治理。在国际上，韧性治理的理念以及学术界的相关研究主要也集中于如何应对风险和冲击。美国学术界就注重从新冠疫情冲击的视角来揭示治理方面的问题，强调构建韧性治理的重要性，并认为韧性治理具有"主动识别""共同行动""资源共享""积极适应恢复"等内涵（陈夏、曹蕗蕗、彭云，2022）。正如何继新和荆小莹（2018）概括的那样，韧性治理是基于城市化加速、社会复杂多变、自然灾害多发等情况而发展起来的一种新理念，主要就是让社会多元主体参与识别和筛选风险，利用智慧技术手段保障公共品提供的稳定性。

在城市管理、基层社会管理等实际工作中，韧性的概念和理念已经得到了一定程度的推行。譬如，位于通州的北京城市副中心，就按照韧性城市的规划开展建设工作，北京市还印发了《关于加快推进韧性城市建设的指导意见》。[1] 韧性城市的理念在我国也得到中央重视，十九届五中全会文件把发展"韧性城市"，与"提高城市治理水平，加强特大城市治理中的风险防控"等内容放在一起，表明中央对韧性治理的重视也集中于这方面。[2] 广州则在发展社区韧性方面做出了尝试，通过激发社区干部、社区居

---

[1] 见北京城市副中心报："北京城市副中心融入韧性城市概念"，2021年11月15日。
[2] 十九届五中全会《中共中央关于制定国民经济和社会发展第十四个五年规划和二〇三五年远景目标的建议》全文，见中国政府网：http://www.gov.cn/zhengce/2020-11/03/content_5556991.htm。

民、社区企业的广泛参与和互动,提高了社区应对突发事件的能力。① 我国研究人员蓝煜昕和张雪(2020)概括了社区的韧性治理,认为社区韧性主要体现为受到灾害等冲击后的稳定能力、恢复能力、适应能力,并提到了我国成都市在抗击新冠疫情时实行的联动式防控模式,以及美国于 2011 年开发的社区韧性系统(CRS)曾在 8 个社区试行的经验。

很显然,无论是国内还是国外,无论在研究中还是在实践中,尽管韧性、韧性治理的概念和理念已得到越来越多的重视,但这方面的研究和行动主要还是集中于风险管理和突发冲击应对,特别是局限于城市层面和社区层面。

也有一些学者的研究视角稍微宽广一些。杨宏山(2022)就从民主参与的角度认识和分析中国的韧性治理。他认为,中国通过大规模的政策试验行动,构建了跨层级、跨部门、跨界别的议事网络,使基层官员、专家学者、利益相关者能够参与政策议程,增进了决策者与不同群体之间的互动,促进了知识和信息的分享、交流,不仅提高了政策制定的科学性,而且形成了试验民主新模式。翟绍果和刘入铭(2020)则从技术变革促进社会变化的角度,特别是从信息化催生互联网社会的角度,分析了风险变化趋势,呼吁传统治理向整体性、包容性和韧性治理转型。不过,从能够搜集到的文献看,这方面的研究还比较薄弱,并且缺乏足够的事实描述和实证分析。

总的来看,到目前为止,关于增强治理韧性的有关研究的局

---

① 见《广州日报》:"超 2 万社会组织形成基层社区治理的广州新经验",2021 年 11 月 4 日。

限性是明显的，主要集中于城市和社区层面，重点在于如何应对重大风险与灾害的冲击。而在治理研究最活跃的领域，即公司治理领域，几乎找不到韧性治理的研究文献。在国家治理研究领域也是如此。事实上，无论是公司治理，还是国家治理，都需要面对重大风险冲击，以及要对新发展环境做出必要反应，因为正如前文提示的，一些重大的新挑战已经摆在治理面前。而在现实中，至少有一部分公司已经在应对这些挑战时做出了有益尝试，并体现在公司治理的最佳实践中，甚至体现在公司治理准则等文件中，尽管未必使用韧性治理这样的固定词语。在公共治理领域也有类似现象。也就是说，韧性治理实际上已经超出了城市治理、社区治理等领域，并且下一步可能会以更快的速度超出这些领域。因此，很有必要梳理分析 21 世纪以来，尤其是近十余年来，公司治理、国家治理等领域强化韧性的重要实践进展和法律规章变革，并在此基础上进行一些理论探讨，以为治理的未来发展寻找新的共同追求，促进治理进一步融入时代进步的正确潮流中。

三、公司治理中的韧性：最佳实践与最新进展

事实上，公司治理获得更大的韧性已经发生，并且正在进行，尽管这个领域很少把韧性治理作为专用词语来使用。公司治理的韧性当然与其他领域的治理韧性一样，首先意味着对风险和冲击的更好应对；此外，还意味着参与性和包容性的提高，以及由此带来的协同力与回弹力的增强，其实这更符合韧性的本义。

21 世纪以来，美国等国家强化和改进公司治理的行动很大程

度上就是出于对公司重大风险的应对。美国于2002年通过《萨班斯-奥克斯利法案》的直接促发因素就是安然和世通等公司突然崩塌，导致整个社会对公司治理不信任，特别是对这些大公司在风险管理方面的漏洞感到震惊。该法案要求，公司必须强化内控体系、加强风险管理，主要管理人员必须对财务信息的真实性承担责任。尽管该法案引起了很多争议，但在此后的岁月中，美国有关机构为了督促上市公司加强风险评估与预防，制定了一些强化会计和审计工作的规定，最新行动就是国会于2021年通过的《外国公司问责法案》（Holding Foreign Company Accountable Act），要求在美上市的外资公司加强信息披露，而美国证券交易委员会进一步要求在美上市的外国企业，如果其年报由外国注册会计师事务所审计，而该会计师事务所不接受美国上市公司会计监督委员会（PCAOB）检查，证券交易委员会就有权要求其退市。当然，这些规定的真实意图到底是什么，尚有争议。

对于重大风险，只有做到及时识别、判断与采取行动，才意味着回弹力和复原力。因此，韧性在较大程度上意味着敏捷性（agility）。迟钝、麻木、茫然、无动于衷或者手忙脚乱，是韧性的反义词。事实上，敏捷治理（agile governance）的概念也已经浮现，譬如世界经济论坛（World Economic Forum, 2018）就发布了一份《敏捷治理报告》，强调在多变世界和技术革命时代，应该以提高适应性、包容度来改善政策制定过程，从而提高快速反应和及时调整的能力。后来，这一概念得到一些人接受，但仍然集中于应急管理（譬如，王玉，2022）、智慧城市（譬如，谢小芹、任世辉，2022），或对数字产业等新兴产业进行监管（譬如，薛澜、赵静，2019）等领域。总的来看，他们似乎对敏捷的兴趣远远大于对治理的兴趣，甚至明显把治理与管理混淆了，背离了治理的本质。不过在现实中，公司治理的某些方面已经开始体现敏捷性理念，譬如强化了董事会对风险进行及时管理的责任，正如 G20 和 OECD（2015）发布的《公司治理原则》强调的，风险管理与公司战略密切相关，属于董事会关键职能；又譬如，为了应对大公司管理体系的臃肿庞大和反应迟钝，引入了独立董事、外部董事，试图对官僚主义化的"大企业病"进行医治。这些实践也说明，在治理框架中，提高韧性和敏捷性不仅与分工协作有关，也与问责制和能力建设有关，离开这些因素追求韧性，就有可能是追求空中楼阁。

　　增强公司治理韧性的行动也体现在如何提高治理的包容性和参与性方面。治理本身就意味着参与，而参与度的适当提高，当然是增强治理韧性的有效途径，因为更多利益群体的参与或者更多人的参与，只要符合公正、合理等原则，就可以避免不必要的疏忽、错误、冲突和对抗。参与也会激发更多人的主动性和自我实现感，这正是韧性的重要来源。在过去十几年里，美国学者布莱尔（2005）等人倡导的利益相关者理论，就主张提高普通员工在公司治理中的参与度，这种理论的政策影响已经体现于 OECD 制定的《公司治理原则》几个版本的变化中，其 2004 年版本显然受到了利益相关者理论的影响，专门指出公司员工和债权人作为利益相关者在公司治理中的作用（OECD，2005）。而 2015 年版本与 2004 年版本相比，特别强调公司治理应该为公司提供弹性，指出利益相关者的贡献是公司的宝贵资源，要促进利益相关者之间的合作，成为财务稳健性企业（financially sound enterprise）；公司治理还应兼顾公众利益，应成为遵守人权、环保等法律的模范，同时又应注意不同群体、不同法律之间的冲突风险（G20/OECD，2015）。2016年，G20杭州峰会发表的公报明确表示，"我们支持二十国集团/经合组织公司治理原则和中小企业融资高级原则的有效实施"。中国是公报的签署方之一①，因此，我国也是提高公司治理韧性的倡导者。

提高公司治理的参与性，当然更应该体现在小股东的参与上。小股东参与的重要性比职工参与的重要性更具实质意义，因为员工是利益相关者，而小股东持股比例再低也是股东。G20和OECD（2015）发布的《公司治理原则》强调了所有股东特别是小股东参与决策的重要性，包括选举董事和涉及修改公司章程的决策；以及让他们获得信息的重要性，具体方式包括强化信息披露机制，强化审计、法律服务等中介机构作用，通过各种便利的手段鼓励小股东进行投票。有的国家已经实施了一些实质性改革，以加强小股东在公司治理中的作用。德国就是一个典型代表。德国的大企业一直有着较高的股份集中度，但21世纪以来，特别是21世纪第二个十年以来，政府鼓励通过股份出售和上市等方式降低股权集中度，并修改法律鼓励小股东诉讼。在更大范围内，许多国家实行了小股东累计投票制度，这种技术性措施更是增强了韧性，因为小股东通过这种投票机制可以部分实现他们的愿望。

在公司治理框架的最高层面——战略决策层面，参与度也在提高。21世纪以来，许多国家的公司董事会构成发生了重大变

---

① 二十国集团杭州峰会公报见中国政府网官网：http://www.gov.cn/xinwen/2016-09/06/content_5105602.htm。

化，董事的来源从过去以大股东或管理层派出为主，变迁为外部董事、独立董事占有较大比重。欧美国家如此，亚洲国家也是如此。在有着职工参与制传统的德国，其应对时代和环境变化展示出的变革趋势，更是提高董事会韧性的典型。德国大公司的监督委员会——实际上相当于其他国家的董事会，长期以来实行较为固定的比例分配制度，工人委员会和工会、管理层及大银行各自能够分配到一定比例的监事名额。但这种制度在融入欧盟和全球的大背景中，显示的是刚性而非韧性，而且这些监事的独立性存疑，因为他们容易受到其所在利益集团的左右。德国也属于欧盟国家，欧盟公司治理条例更注重普遍性而非独特性，从而对德国传统带来了较大冲击。在这种冲击面前，德国不是固执地坚守传统，而是通过与工会界、银行界及法律界不断讨论与磋商，一步一步地修改公司法律，并允许德国企业注册为适用于欧盟法律的欧洲公司，从而给企业界提供了治理结构和决策制度方面的选择性和灵活性。这些改革举措有助于德国公司提高对环境的适应性，有助于德国公司在更大范围开展合作与竞争，所以是增强公司韧性的改革，而不是像表面看起来那样，因减少了职工参与而损害了韧性。

从上面的论述可以看出，非常有趣的是，从公司治理角度来分析韧性治理更有利于正确理解这一理念。这是因为这一领域的学者一般不会将公司治理与公司日常管理和生产经营控制混为一谈；即便涉及对风险和冲击的应对，也会着眼于权力和责任分配，而不是着眼于具体方式和技术方法。这与城市风险的灾害应对、社区疫病和失稳控制等意义上的韧性不是一回事。可以说，在城市和社区的韧性治理语境中，所谓的治理在较大程度上已经偏离了治理的本义，而趋向于管理和控制。而公司治理不但把治理聚焦于董事会功能、董事会与大股东和股东会关系、董事会与管理层分工协作，以及透明度、信息披露等内容，而且倾向于从各个机构和群体之间的权利结构角度来审视治理的实质，譬如张文魁（2007）就认为，公司治理是用以合理保护公司弱势利益人的合适利益的一套制度安排，及由此衍生的控制权分配和责任追究体系。这实际上就是治理的包容性和韧性的真正价值所在。

当然也需要澄清，提高韧性并不是公司治理的唯一发展方向，甚至未必是最重要的发展方向。更好的、更能适应环境和时代变化的公司治理，并不只有韧性这一个维度和衡量指标，也不是参与性、包容性、妥协性、协调性越大越好。公司应该致力于在市场竞争中胜出，应该致力于给股权投资者带来投资回报，否则利益相关者的利益便失去根源和依靠。即使对股权投资者来说，小股东参与度的提高也可能导致公司的短视，或者增加股东间的矛盾冲突，所以法国就在2014年通过了《弗洛朗热法案》，自动赋予长期股东双倍投票权。而对于公司风险的防范，也不应该过分到使公司失去必要的冒险和创新精神。所以，不管韧性治理得到多大的倡导，它也不应该成为市场竞争力的对立面，不应该对企业创新能力和企业家精神进行不当抑制。因此，具有韧性的公司治理未来到底会如何发展，的确值得继续观察。

四、公共和社会治理中的韧性：参与、公正、社会可信度及"用脚投票"

对公司治理的韧性有了较好理解，有助于考察公共和社会治理中的韧性。

第一，扩大参与无疑也是提高公共和社会治理韧性的重要途径。可以认为，个体的参与欲望和平等参与要求是与生俱来的。通过平等地参与话题讨论、参与对管理者的评判与选择，以及行使必要的投票权，个体不但会更加积极主动地融入体制框架，而且会更加乐观地看待公共事务，并增强奉献精神。在公共和社会治理中提高参与度，比在公司治理中提高参与度更为重要，因为公司毕竟是所谓的"资合"机构，出资人权利和利益是公司治理的基础，也就是说，股东之外的利益相关者的参与并不能与股东的参与相提并论。但在公共和社会治理中，个人的参与原则上应该带有全员性、平等性，只不过由于历史、文化、体制、技术等方面的原因，参与受到了抑制。诺思等人（2018）的研究表明，欠发达国家实现经济增长的过程，实际上也是从脆弱型有限准入，向初级型而后向成熟型有限准入秩序转型的过程。虽然这项研究没有论及韧性，但毫无疑问，他们所论述的脆弱性是韧性的反面。他们也指出，扩大参与的制度，譬如普通人的投票制度，比许多人想象的重要得多，因为这一方面可以提高解决方案的智慧度，另一方面也可以提高人的存在感和自我实现感，为消弭分歧与仇恨、消除对抗与暴力提供了机会。这两个方面都意味着韧性的增强。

第二，更多的公平（fairness）和公正（justice）无疑可以提高韧性。与公司治理相比，公平、公正对公共与社会治理具有更重要的意义，原因也在于公司是"资合"机构，可以基于出资份额行使权利。在公共和社会治理领域，如果参与度提高了，但公平性、公正性很低，这无疑是糟糕的组合。在公共和社会治理中，性别、种族、职业以及教育程度、居住地域、文化背景的差别，都有可能造成参与的不平等、不公正。正如罗尔斯（2011）指出的，人生而具有公正感，公平能够促进合作。而森（2012）则强调了以看得见的方式实现公平正义的重要意义。世界银行（2012）的发展报告提示，在提高参与度的同时，绝不要忘记司法公正是社会的最后防线，实施一些具体举措，譬如开设24小时法庭、设立基层司法所和女性法庭等创新型法院，就能有效提高司法的公正性与效率。

第三，增强信息真实性、披露及时性，也可以给公共和社会治理赋予更多韧性。脆弱性的来源之一就是谣言流行、阴谋论故事流传。也许，社会中许多人都有口耳相传的偏好，但从统治加管理转向治理，本身就意味着追求透明度和分权制衡，就有利于公开信息以提高可信度。公司治理也强调信息披露，但这还不够。如果社会缺乏质疑性和批评性信息，如果抑制争辩和争论，人们不能对信息进行足够好的鉴别和判断，就仍然对官方信息采取半信半疑的态度，人们的合作精神和能动精神就得不到发挥。特别是在科学时代，科学知识等信息的传播对提高社会韧性具有重要作用。但同时，伪科学知识也可能披着科学外衣迅速流行。互联网和其他数字化手段也会给假信息、伪科学、阴谋论的流行提供更加现代、更加强大的武器。因此，在数字时代，新的传播手段到底会助长治理的韧性，还是助长治理的脆弱性，实在难以判断。布伦纳梅尔（2021）在其论述韧性社会的著作中，就分析了这样的困境。不管如何，只有当严谨的、科学的信息在社会上占上风，使整个社会充满可信度，韧性才会提高。

第四，严厉打击腐败，以及对人情关系和社会网络力量的合理拒绝，也可以增强治理的韧性。在许多社会，猖獗的腐败不仅造成极大的收入和财富差距，而且不断摧毁公平公正，从而使参与变得没有实质意义，治理也沦为"木偶戏"。令人悲叹的是，腐败往往与传统社会长期存在的关系网和人情世故联结在一起，人们对此习以为常，从而给腐败罩上了温情脉脉的面纱，并不那么令人憎恨。所以，清理腐败与关系网面临巨大困难。世界银行（2012）的发展报告就揭示，腐败以各种形式、各种面目出现，不但会腐蚀司法和行政，更会腐蚀社会信心。显然，不信任、不合作、冷漠、仇恨会在这样的环境中大肆流行。可以说，清理腐败和关系网的行为也是提高社会可信度的行动。但毫无疑问，如何持续有效地消除腐败和腐蚀性"关系学"，会成为提高韧性的一项重要挑战。

第五，超出许多人想象的是，允许人们"用脚投票"在韧性治理中具有重要作用。"用脚投票"与普通大众所说的"不能把所有鸡蛋放在一个篮子里"是一回事。事实上，股份转让机制的出现和股票交易市场的设立，对提高公司治理韧性所发挥的作用怎么强调都不过分。转让自己持有的某公司股份，看起来是用手行使出售权利，而实际上就是"用脚投票"，即选择离开这个公司。在公共与社会治理领域，人们"用脚投票"主要是指可以比较自由地迁徙，改变自己的居住地。施瓦布和奥茨（Schwab and Oates, 1991）的研究指出，民众通过迁徙，即"用脚投票"的方式来表达自己对公共品提供的满意度和对公共品提供的选择，从而避免了"用手投票"的高成本和不现实问题。增强人员的地域流动也有利于让同一身份人群形成他们自己的治理，并开辟他们自己的发展道路，其实就是当年驶向美洲大陆的"五月花号"的途径。不过吊诡的是，这有可能强化"人以群分"，不利于不同族群的融合，反而走向韧性治理的反面。这也反映了治理的复杂与奥妙。

第六，与公司治理的韧性相比，公共与社会治理的韧性更加密切地与敏捷性和能力联系在一起，尤其是领导能力在充满风险和冲击、变化与挑战的环境中殊为重要。所以，韧性的增强不仅不应该损害领导和管理能力，反而应该增进这种能力，并形成它们之间的良性循环，从而能够对环境变化和技术变革做出迅捷反应。布雷迪和斯彭斯（2020）就指出，杰出领导力不但有助于选择正确战略，而且还能够在扩大参与的基础上实现不同群体之间的和解与团结，并通过提供正确信息等方法增强民众信心；他们悲叹，领导力却难以纳入经济学体系中。即使在公司治理中也是同样道理，张文魁（2017）的研究表明，L-C（leading shareholder-challenging shareholder）股权结构就比较有利于大股东领导力的发挥。这从一个侧面说明了韧性治理与领导力等能力之间的关系。有效有力、严明严格的管理当然也很重要，管理能力在韧性治理中也不可代替，不过令人沮丧的是，在提高管理能力的幌子下，官僚体系在许多地方变得日益臃肿和僵化，官僚主义已经成为韧性的强大敌人，如何在建设高效、敏捷的管理体系和管理能力的同时，有效克服官僚主义、形式主义，将是韧性治理领域一个十分重要的课题。

第七，发展市场经济，促进经济增长，也是提高公共和社会治理韧性的重要途径。或者可以说，发展市场化经济与提高治理的韧性可以相互促进、相互成就。很难说一个经济增长疲弱、缺乏足够数量和质量就业机会的社会，是一个韧性社会。在市场化的经济增长进程中，民营部门发展提供的就业机会，一般而言比公共部门的就业机会具有更强的公平性和多样性，这不但可以给不满的人提供其他机会、实现补偿，同时也能实质性地改善人们的生活，使人们提高对社会阴暗面的容忍度，也使人们提高对未来的信心。民营部门的发展还可以有效增加中产阶层的人数，使社会更加倾向于通过开展创造价值的经济活动，而非重新分配和掠夺性暴力活动，来提高收入和社会地位。这些都需要企业家精神得到发挥，从这个视角看，在治理框架中，如果能够造就更多的企业家，必定有助于增强韧性。

不过，也应该看到，提高公共与社会治理韧性的这些途径并非坦途。这些途径不但相互之间可能存在紧张关系，而且可能出现副产品。譬如增进参与，正如亨廷顿（1988）在较早时候指出的，如果制度化的步伐与参与度的提高相互脱节，反而会引发不稳定；而制度化应该包括适应性、复杂性、自主性、凝聚力等要素，且适应性是一种应对环境挑战的能力，其对立面是僵硬性。显然，亨廷顿强调的制度化在较大程度上意味着韧性。亨廷顿的学生福山（2015）对新近的参与现象进行了分析，他认为，政治衰败就是因为制度缺乏适应性，即不能适应环境变化，譬如不能适应新的社会群体的崛起以及他们的参与诉求，从而因为僵化而导致混乱和暴力。显然，福山的论述也隐含了对韧性的思考。从他们的研究来看，增强韧性的进程有可能反而会演变成释放脆弱性的过程，从而激化矛盾，引发冲突。尤其在互联网出现并得到广泛应用之后，在许多社会，同温层（stratosphere）更容易形成，同温层的认知闭锁（cognitive closure）更容易出现，几个激进同温层之间可能会形成强烈对立。例如，在2020年的美国总统大选中，民主党群体和共和党群体之间、拜登支持者和特朗普支持者之间，出现了前所未有的冲突，幸运的是，法治体系和制衡框架最终没有丧失其基本功能，平息了这场冲突。① 而到了 2022 年，美国支持和反对控制私人枪支的群体之间发生了激烈分歧②；最高法院关于女性堕胎权判决所引发的保守派和自由派民众之间，也爆发了强烈冲突③。这些分歧和冲突很难通过法治来解决。

由此可见，鼓励参与、扩大信息传播、允许讨论争论，演变成催生同温层、促进同温层激进化的步骤，从而带来了冲突困局。面对这种困局，是从治理退回到统治加管理？还是探索如何以新的韧性来改进治理？这将是一个关于治理的严峻问题。从经验上看，一段时期的强力统治加管理，有时的确能够消除严峻的暴力对抗。而从理论上看，正如勒庞（2014）在其名著《乌合之众》中阐述的，群体极端行为往往是群体极端情绪的产物，使用强力有可能制止情绪继续发酵。不过强力路线没有回头路，走下去只会更多地依赖强力，从而催生暴力崇拜。只有在治理的道路上前行，坚守治理的本质，坚持治理的基本机制，并开发增强韧性的新途径，才有可能走出困局。譬如美国 2020 年总统大选冲突困局，最终还是依靠治理的基本框架，即分权与制衡框架，才得到合理解决，即使在共和党执政的那些州，州政府仍然拒绝执行共和党候选人特朗普要求不认可选举结果的旨意，而联邦层级的

---

① 见和讯网 2021 年 1 月 7 日的报道：http://news.hexun.com/2021-01-07/202781720.html。
② 见光明网 2022 年 6 月 12 日的报道：https://m.gmw.cn/baijia/2022-06/12/1302993463.html。
③ 见央视网 2022 年 6 月 26 日的报道：https://news.cctv.com/2022/06/26/ARTICdTCbu-TsBYZV0dLoi8DC220626.shtml?spm=C94212.PBi4fu284lJm.EqrnPf7WDfbU.379。

国会也坚持对认可拜登当选的结果进行认证。也就是说，纵向和横向分权都发挥了关键作用。我国经济学家钱颖一等人（Qian and Weingast, 1996）曾指出，中国的纵向分权就是有益的改革。张文魁（2015）在对我国中央与地方关系进行研究时，也认为纵向关系中应更多地引入当地化委托代理关系。此外，作为治理的基本机制，独立开放的私人诉讼机制极为重要；堵塞私人诉讼渠道看起来避免了"撕破脸皮"，甚至成功实现了"调解"，但实际上是"和稀泥"，反而会增加社会脆弱性。

当然，从根本上说，公共和社会治理韧性的提高，有赖于人们通过参与、行使权利、开展合作、做出贡献来获得实际福利的提升。如果得到了实际"好处"，各个群体的认同感、满意度、合作意愿、奉献精神就会增强。特别是，传统弱势群体得到实际"好处"，可以在较大程度上促进他们以积极心态参与经济社会发展进程。世界银行（2018）的世界发展报告就强调了下层人口的生活状况改善有着重要意义。这是一个正向循环。因此，韧性治理虽然具有内在的价值导向，但也需要功利主义方式的支撑。

五、治理中的进步性

韧性在相当程度上与进步性联系在一起，如果领会进步（progressive）的真正含义的话。

英国 19 世纪法学巨擘梅因（2013）提到，古代也存在进步的进程，这可以从两个方面来衡量：一是提升多数人的幸福，二是提高女性的独立和平等地位。在这个过程中，自由契约逐渐发展起来并开始主导社会秩序，所以他说所有社会的进步运动都是一个从身份到契约的运动。布伦纳梅尔（2021）对社会契约的重申与这些先贤在思想上是一脉相承的。实际上，不仅在英国，许多社会在历史上和当代都存在这种进步性，只不过进步的速度不一。西方社会经过启蒙运动和法治进程的洗礼之后，进步的步伐显著加快。特别是美国于19世纪末和20世纪初形成了一个所谓的进步主义时代。这个时代的具体行动包括规制环境污染、食品不安全、劳动环境恶劣等负外部性，打击垄断和官商勾结以及广泛的其他腐败行为，扩展弱势群体的选举权等权利。王涵（2013）研究了美国进步时代的治理转型问题，认为进步运动促进了美国的多元治理，提高了人们的参与程度，推动了社会抗衡力量的形成，但由于缺乏整合各种不同利益的机制，所以也衍生新的矛盾和冲突。迪纳（2008）的研究表明，受到人性善的宗教信仰的激励，改革者们以福音传教士的热忱从事揭露社会阴暗面和反抗社会罪恶的斗争，引导民众组织起来参与选举和立法，推动实现女性选举权利和同工同酬权利，增加了边缘群体特别是妇女、儿童等群体对社会的参与和认同。从这些情况来看，进步性的确有助于提高韧性，当然新矛盾的出现也呼唤进一步提高韧性。

在此后一百年里，这样的进步方向逐渐蔓延到世界上的许多角落，不但欧美社会，而且亚非拉社会都在越来越多地接受这样的改革方向并成为社会共识，这种方向和共识也渗入了正式的治理构架。正如福山（2015）分析的，历史的发展把曾经的边缘群体，如普通劳工、妇女、儿童、原住民、少数族裔的权利，包容到治理框架中。例如在公司治理框架中，德国于2015年通过了《平等法》（Equality Act），规定在上市公司中，监事会的女性成员比例需超过30%，男性监事比例也不得低于30%。而欧盟于

2022 年通过的规定要求董事会中的女性成员比例不低于三分之一，这被誉为欧盟治理历史上划时代的里程碑。在公共治理构架中，欧美一些国家的中央政府和地方政府把女性或者有色人种进入政府高级岗位或进入最高法院，作为衡量进步程度的重要标志。例如在西班牙，2018 年桑切斯内阁的女性比例达到了前所未有的 61%，明显高于欧洲其他国家，因而被桑切斯本人称为"打造了一个现代化且亲欧的进步社会"。[1] 在社会和公共治理层面，对儿童的保护、女性权利的提升，都在越来越广的范围内得到认可。世界银行（2012）的研究报告就清楚地表明，女性参与性和流动性的提高，以及让她们参加工作和获得独立经济收入、拥有独立财产，不但可以提升一个社会创造经济价值的能力，也可以使暴力和冲突得到一定制约，使性别之间的不平等得到显著改善。显然，这是通过进步性提高韧性的有益步骤。

治理的进步性愈来愈表现为来自不同种族、肤色、宗教文化的群体中的人员在重要机构中的比重，使得"多元""多样"在较大程度上成为"进步"的同义词。例如在美国，无论在政府中，还是在法院中，来自少数族群的人员比例的提高，就被认为具有进步性。2022 年，拜登提名的杰克逊成为美国最高法院首位非裔女性大法官，就被认为是拜登的进步主义议程的一大步骤。[2]

---

[1] 见参考消息官方账号 2018 年 6 月 8 日的报道：https://baijiahao.baidu.com/s?id=1602675629579257641&wfr=spider&for=pc。

[2] 见腾讯网发表的高隆绪的文章"拜登的进步主义议程：理想与现实"，https://new.qq.com/omn/20220513/20220513A0BPAD00.html；以及邵宇、陈达飞发表于复旦金融评论上的文章"拜登的'罗斯福时刻'"，见 https://zhuanlan.zhihu.com/p/352511579。

第十四章　通向韧性和进步性治理

当然，这方面的进步性到底是提高了社会韧性，还是挑动了社会脆弱性神经，目前来看不易判断。一些舆论就认为，这种做法不但不科学，而且故意显示和放大社会各族群之间，尤其是种族、肤色、宗教文化之间的区别，反而加重了社会对抗。崔小涛（2021）就认为，拜登政府把女性、少数族裔的平权和平等，以及气候变化、环境保护、互联网自由、个人数据隐私等十分广泛的政策理念纳入带有进步主义色彩的政策议程，但又不能消除固有分歧，所以将不可避免地陷入严重困境。

在过去 10~20 年里，治理中的进步性还表现为对环境和生态的友好、对社会责任的尽力等方面。公司治理的 ESG 运动就是一个典型代表。黄世忠（2021）对 ESG 进行了分析，认为它作为兼顾经济、社会和环境可持续发展的从善向善理念，影响深远；伴随 ESG 的勃兴，价值创造导向将从一元转向多元，共享价值最大化将取代股东价值最大化。国际著名的明晟指数（MSCI）编制机构和传统的评级机构标准普尔公司，编制了一些大公司的 ESG 指数。我国也有越来越多的大公司对这个指标表现出重视。可以预料，在未来较长一段时期里，生态环境标签、社会责任标签，将牢固地粘贴在进步性列车的车头上。

在全球治理中，进步性也得到前所未有的彰显。2019 年开始实施的《全面与进步跨太平洋伙伴关系协定》，其名称中的"进步"一词就体现了这一趋势。这个带有强烈治理色彩的协定，明确规定贸易和投资需要在一定程度上与生态环境保护、透明度与反腐败、维护劳工权利等因素挂钩。而美国于 2022 年推出的"印太经济框架"，有更多这方面内容。未来，无论是哪一个经济体要融入全球治理，要在全球治理体系中获得一定的发言权，就不可避免地要或多或少采纳这方面的进步议程。

当然，这些进步举措也引发了一些争论。美国著名企业家，特斯拉公司的创立者马斯克，在标准普尔的 ESG 指数将特斯拉从中移除后，就发表十分不屑的意见，认为这个指数不过是"骗局"。[①] 而欧盟关于董事会成员必须有三分之一女性的规定，也曾遭遇了激烈反对，讨论了十年才得以通过。进步性很大程度上体现为对易受伤害的弱势群体给予更多保护，但在现实中，弱势群体的要求和主张并非永远合理，对他们的过分迁就会损害发展效率以及公平本身。所以，给治理赋予进步性并不能成为损害原则的"和稀泥"，而是需要在韧性治理的框架中逐步不断试错、凝聚共识、渐进开展。

六、一些讨论

治理的韧性和进步性毕竟是一个新兴领域，研究界的学术文献很少，社会上对这个领域的认识还在发展中。但是，它引起的关注却不容忽视，本章只是更深入的系统性研究的开始。

需要指出的是，尽管韧性的最初意义是回弹和恢复，但给治理赋予韧性的目的并不是恢复原状。无论是一个公司，还是一个基层社会、一个国家，需要不断发展，需要在竞争环境中经历优胜劣汰的残酷选择，而不是回到原来的状态。进步性更是意味着不断前进，而非"克己复礼"。增强治理的韧性和进步性，就是

[①] 见每日经济新闻 2022 年 5 月 26 日的报道：http://www.nbd.com.cn/articles/2022-05-26/2296935.html。

要在变化的环境中，在应对风险和冲击的过程中，通过学习和创造来实现改变和发展。韧性和进步性之所以在治理中占有越来越重要的位置，在于它们是学习和创造、发展和改变的垫脚石，而非绊脚石。尤其在一个全球化和信息化程度越来越高、开放性和躁动性越来越强的时代，韧性的重要性显著上升。进步性虽然是一个更古老的追求，但现代化进程使其有了更广泛的认同，并使其有了应对气候变化、维护生物多样性等方面的新颖内容。因此，强调韧性和进步性，实际上也是在行权与共治的基础上增强社会理性和社会协作性，并提高人们的积极参与精神和主动进取精神，这无疑可以为下一步如何改善治理提供方向。

还需要指出，提高韧性并不是治理的最高追求或者唯一追求。进步性同样如此。韧性和进步性都不能替代或者等同于效率、竞争力、价值创造和福利总量的提升。如果韧性和进步性与上述指标出现冲突，而必须牺牲一些韧性和进步性为这些指标让路，则一点儿也不奇怪。甚至韧性和进步性的提高也未必真正带来更多的平等，譬如一些边缘人群并不一定珍惜参与权利、重视合作机会，还有一些人天生并不具有足够的能力和智力。因此，韧性和进步性并不等于在任何情况下都将机会和权利在每个人之间平均分配，更不等于为了多元而多元、为了制衡而制衡，韧性治理并不是分散、多元、去中心的同义词。治理，不管其韧性与进步性有多高，都不能替代管理能力、领导能力，还有企业家的创新精神和敏捷反应等。尤其在一个竞争性环境中，过多的参与、折中、信息共享、合作行动，反而可能导致在竞争中处于下风。无论是在公共和社会领域，还是在商业领域，创新与开拓都是应对环境变化、风险冲击的很好办法，而开拓创新常常是少数人力排众议的结果，一般意义上的广泛参与、多元共治反而会阻碍杰出领导力的发挥和开拓创新精神的释放。因此，治理一方面应该增强韧性和进步性，另一方面应该建立与管理能力、领导能力、企业家精神、创新意识之间的合适关系，并形成良性循环。这些只有在实践中去探求和巩固，而这正是演化制度理论的精髓。

当然，对于韧性和进步性治理，也不应抱有不切实际的期望。韧性和进步性的提高在较大程度上意味着社群意识和共同身份意识，以及接纳和尊重意识的增强。这些意识能够促进相互之间的理解、妥协、鼓励、帮助、合作，并激发人的主动姿态和奉献精神。可是，当面对不同种族、宗教、肤色的群体时，当不同群体的意见和主张变得十分激进时，韧性和进步性显得尤为软弱，过多的掣肘、撕裂和冲突不但会导致发展受阻，更可能导致秩序崩溃。相反，统治加管理以其权威性和刚强性，显得魅力十足。特别是在数字科技等现代手段加持下，人们的参与和表现欲望、权力和利益意识会得到很大刺激，族群之间的敌意和冲突反而可能增强；虽然信息成本和参与成本大幅降低了，但侵犯隐私、控制舆论、歪曲事实、激化情绪也变得更加容易，族群之间可能更具对抗性。即使在高度发达、理性日益增强的现代社会，仍然会有相当一部分人容易被激进甚至极端思想蛊惑，而对自由的推崇可能使那些持有激进、极端思想的组织合法地大行其道，譬如借宗教自由、言论自由的名义对一些人实行洗脑和精神控制，乃至实行聚财、诈骗、贩毒、传销、性控制等犯罪活动，并以极端思想制造社会撕裂、族群对立，许多发达社会都存在的邪教就属于这一类。因此，韧性和进步性的步伐很可能赶不上敌意和冲突的步伐,从而给韧性和进步性治理造成打击。

最后需要强调的是,韧性和进步性治理很大程度上依赖各类参与者的责任感、能动性以及社会理性,而这不仅仅涉及治理框架和治理机制,更涉及一个组织、一个社会、一个国家的人们的道德水准和内心感召,并不是一些制度设计和机构设立能够解决的事情。特别是对于大型组织而言,官僚主义、腐败、群体之间的隔阂会严重侵蚀人们的责任感,使人们变得冷漠麻木。所以,人的善良、乐观、积极、奉献,可能比知识更加重要。以更长远的眼光来看,人性的优点总会在曲线运动中更多地克服人性的弱点,所以治理应该会在韧性和进步性的道路上获得发展,并同时促进繁荣与祥和。总而言之,韧性和进步性治理,终究是致力于保障权利、创造价值、共享安全与发展的高难度运动项目,而不仅仅是如何更好应对疫病、灾害等突发事件的花哨杂技。

本章参考文献

戴维·布雷迪,迈克尔·斯彭斯. 领袖与经济增长 [M]. 北京:中国人民大学出版社,2020:1-17.

陈夏,曹蘁蘁,彭云. 后疫情时代公共治理的理论探索与实践路径——第十届中美公共管理国际学术研讨会会议综述 [J]. 中国行政管理,2022(4):158-160.

崔小涛. 拜登政府的人权政策:动向、特点与困境 [J]. 统一战线学研究,2021(3):99-108.

史蒂文·迪纳. 非常时代:进步主义时期的美国人 [M]. 上海:上海人民出版社,2008:187-216.

弗朗西斯·福山. 政治秩序与政治衰败:从工业革命到民主全球化 [M]. 桂林:广西师范大学出版社,2015:19-45,419-424.

何继新,荆小莹. 韧性治理:从公共物品脆弱性风险纾解到治理模式的创新 [J]. 经济与管理评论,2018(1):68-81.

黄世忠. ESG 视角下价值创造的三大变革 [J]. 财务研究,2021(6):13-14.

塞缪尔·亨廷顿. 变革社会中的政治秩序 [M]. 北京:华夏出版社,1988:1-91.

经济合作与发展组织. OECD 公司治理原则（2004 年）[M]. 北京：中国财政经济出版社，2005：19-20.

蓝煜昕，张雪. 社区韧性及其实现路径：基于治理体系现代化的视角[J]. 行政管理改革，2020（7）：73-82.

古斯塔夫·勒庞. 乌合之众[M]. 北京：中央编译出版社，2014：1-124.

约翰·罗尔斯. 作为公平的正义[M]. 北京：中国社会科学出版社，2011：1-99.

梅因. 古代法[M]. 北京：商务印书馆，2013：75-112.

道格拉斯·诺思，约翰·约瑟夫·瓦利斯，巴里·温格斯特. 暴力与社会秩序[M]. 上海：格致出版社，2013：149-201.

道格拉斯·诺思，等. 暴力的阴影[M]. 北京：中信出版社，2018：362-387.

阿马蒂亚·森. 正义的理念[M]. 北京：中国人民大学出版社，2012：299-384.

世界银行. 2011 年世界发展报告[M]. 北京：清华大学出版社，2012：7-37，73-180.

世界银行. 2017 年世界发展报告[M]. 北京：清华大学出版社，2018：2-34.

王涵. 美国进步时代的政府治理1890—1920[M]. 上海：上海社会科学院出版社，2013：199-223.

王玉. 基于敏捷治理的社区应急管理研究[J]. 行政与法，2022（6）：39-49.

吴佳，朱正威. 公共行政视野中的城市韧性：评估与治理[J]. 地方治理研究，2021（4）：31-43，78.

谢小芹，任世辉. 数字经济时代敏捷治理驱动的超大城市治理[J]. 城市问题，2022（2）.

薛澜，赵静. 走向敏捷治理：新兴产业发展与监管模式探究[J]. 中国行政管理，2019（8）：86-95.

杨宏山. 试验民主与韧性治理：中国改革的行动逻辑[J]. 人民论坛·学术前沿，2022（5）：33-42.

张勤，宋青励. 韧性治理：新时代基层社区治理发展的新路径[J]. 理论探讨，2021（5）：152-160.

张文魁. 中国国有企业产权改革与公司治理转型[M]. 北京：中国发展出版社，2007：130-140.

张文魁. 中央和地方关系选择：水平性分工与当地化委托代理[J]. 改革，2015（6）：27-33.

张文魁. 混合所有制、非国有积极股东及L-C股权结构[M]//吴敬琏，主编. 比较. 北京：中信出版社，2017（1）：148-177.

周霞，石宇，王楠. 韧性城市——城市治理的理想方案[J]. 城市管理与科技，2021（6）：25-28.

朱正威，刘莹莹. 韧性治理：风险与应急管理的新路径[J]. 行政论坛，2020（5）：81-87.

翟绍果，刘入铭. 风险叠变、社会重构与韧性治理：网络社会的治理生态、行动困境与治理变革[J]. 西北大学学报（哲学社会科学版），2020（2）：160-168.

Blair, M., 2005. Closing the Theory Gap: How the Economic Theory of Property Rights Can Help Bring Stakeholders Back into Theory of Firm. *Journal of Management and Governance*,

9: 33 – 40.

Brunnermeier, M., 2021, *The Resilient Society*. Endeavor Liberty Press: 11 – 58.

Nathan, A., 2003. Authoritarian Resilience. *Journal of Democracy*, 14: 1.

G20/OECD, 2015. *Principles of Corporate Governance*. OECD Publishing, http://dx.doi.org/10.1787/9789264236882 – en.

Qian, Y., and B. Weingast, 1996. China's Transition to Markets: Market-Preserving Federalism, Chinese Style. *Journal of Political Reform*, 1 (2): 149 – 185.

Schwab, R., and W. Oates, 1991. Community Composition and the Provision of Local Public Goods. *Journal of Public Economics*, 44 (2): 217 – 237.

World Economic Forum, 2018. Agile Governance: Reimaging Policy-Making in the Fourth Industrial Revolution. www3.weforum.org/docs/WEF_Agile_Governance.

跋

本书共十四章，其中有多章已在一些期刊上公开发表，而第一章至第三章则由公开发表的文章大幅扩充形成。

治理这个词语和概念已在世界范围内，特别是在我国受到广泛追捧。不过，几乎难以找到对治理的本质、特性以及技术方式、演进方向进行系统论述和深入分析的著作；特别是不易找到将治理和管理，以及各自的适用范围和实现手段进行清晰区隔的文献。我认为，忽视这项研究有可能使治理误入歧途，并可能使人们无法认清形式主义、官僚主义等顽症的实质。这样看来，以这十四章构成《治理的性质》这部书稿并公开出版，确有必要。

本书的写作和出版得到了《比较》编辑室吴素萍主编的有力督促和大力支持，在此深表感谢！书中可能存在一些不足甚至错误，皆由我负责。

张文魁

2025 年 2 月